·北京外国语大学学术著作资助出版·

印度政治中的地区性政党

分配、联盟与精英

童宇韬·著

时事出版社
北京

中央高校基本科研业务费专项资金资助(Supported by the Fundamental Research Funds for the Central Universities)(项目名称:印度政治中的地区性政党:分配、联盟与精英;项目批准号:2023CB017)

前　言

“所有的政治都是地方政治。”美国前国会议员、众议院议长提普·奥尼尔在其早年第一次竞选失败后说了这句名言。对于今天的印度政治来说，这同样是一句真理。当前，纳伦德拉·莫迪领导的印度人民党（下文简称“印人党”）已连续赢得了2014年、2019年以及2024年三次大选，其中两次大选后在印度人民院占据超过半数的议席，同时还历史性地将影响力扩展至印度东北部地区，在印度近半数的邦握有执政权或与其他政党联合执政。然而，即便处于如此优势地位，印人党依然十分重视其在地方的影响力，也十分重视其与各个地区性政党的关系。20世纪80年代末以来，地区性政党的崛起与政治地方化是印度政治十分显著的特征和发展趋势。时至今日，地区性政党依然占据着印度人民院1/3左右的议席，是印度政治中十分重要的存在。地方的政党政治依然对印度全国的政治形势有巨大影响力，在中央执政的政党也有赖于来自地方的选票和地区性政党的支持。因此，印度的地区性政党与地方政治是观察印度政治发展趋势的重要窗口。

印度地区性政党数量庞大，至2023年，印度各邦大大小小的地区性政党约有2600多个。因此，研究印度的地区性政党和地方政治需要相应的抓手和切入点。本书期望从印度地区性政党中的“特例”入手，找出那些在政治上具有显著特征的地区性政党进行研究，以便将这些“特例”与其他地区性政党和国家政党进行比较，进而理解印度的地方政治乃至国家政治中的问题。鉴于印度在宗教、族群、语言等上的多样性，地区性政党通常被视为特定地域内特殊身份认同的产物。然而，所有在地方邦执政超过20年的地区性政党中，安得拉邦的泰卢固之乡党和奥里萨邦的比朱人民党却在没有长期利用特定身份认同进行政治动员的情况下多次获得选举胜利并长期执政。这两个政党的经验对研究印度政治的发展与变迁具有重要启示意义。

已有研究认为，印度的政党—选民关系总体上呈现庇护主义为主的特征。在这样的政治环境中，本书假设地区性政党的长期执政有赖于三个重要因素：地区性政党能否有效地将利益分配给关键选民群体从而获得选票支持；地区性政党能否构建灵活的政党联盟以获得中央政府的支持并且维持在地方的稳定执政；地方政治精英能否长期地维系政党的统一与生存。泰卢固之乡党和比朱人民党的案例证明，上述三个因素是这两个地区性政党多次获得选举胜利并长期维持执政的关键。在不同时期，泰卢固之乡党和比朱人民党都各自实施了有效的分配政策，从而获得了选民支持。这两个政党还以选举利益为导向灵活构建政党联盟，进而在邦议会稳定了执政基础，并取得了中央对其在地方邦执政的支持。同时，两党具有个人魅力和卓越政治领导力的政党领袖以集权化的管理模式成功地维持了政党的统一和延续。

总体而言，泰卢固之乡党和比朱人民党的选举与执政经验体现了印度地方政治的一些基本特征。第一，在印度的地方政治中，虽然大多数地区性政党依靠特定身份认同取得了选举成功，但仍有部分地区性政党不使用特定身份认同进行政治动员，而是通过向特定选民群体分配利益有效地获取了选民支持。第二，地区性政党的分配策略是以选举利益为基础的，具有很大的灵活性。第三，在印度特定的央地关系模式下，政党联盟对地区性政党的执政和选举具有重要影响。第四，地区性政党大多以地方政治精英为核心建立，这些政治精英能够直接影响政党的组建、分化、统一和融合。第五，在印度地方选举政治中，执政党对选民不公平的利益分配、选前的物质赠予、公共分配项目中的资源抽取、变动性较强的政党联盟关系、央地关系中的政党政治博弈、政党结构的集权化和家族化等现象十分普遍。

当前，印度已是世界政治舞台上十分重要的新兴大国，在国际格局中发挥着重要作用。印度与其他国家一样，其外交政策与内政有紧密联系。因此，观察和了解印度需要对印度政治进行深入分析。目前，国内学术界对印度地区性政党和地方政治的关注还不多。本书的根本目的是期望能起到抛砖引玉的作用，为了解印度地区性政党和地方政治提供一个思路，也为了解印度政治发展提供一个更为微观的地方政治视角，进而对印度政治中一些重要问题进行一些地方政治视角下的解释。同时，笔者也需坦言，受限于印度地方政治的研究资料较少、地区性政党的变动十分频繁、地方政治的多样性和复杂性较强等因素，本书还有不足之处。期望未来能同学术界同仁一道，努力完善这一领域的研究。

目　录

绪　论

一、问题的提出

（一）研究背景

从20世纪50年代开始进行邦议会选举至今，地区性政党一直存在于印度政治中。印度的每一个邦几乎都有地区性政党活动的身影。90年代以后，地区性政党开始走出地方进入国家政治舞台，对印度国家层面的整体政治形势产生影响。1996年大选开始，地区性政党占据印度人民院[①]议席的1/4至1/3已经成为一种常态。1989—2009年的历次大选中没有任何一个政党可以单独获得人民院过半的席位，印度进入了“悬浮议会”时代，在选举中获得相对多数席位的大党都需要与其他小党联合才可在中央执政。2014年，纳伦德拉·莫迪率领的印人党[②]在大选中获胜，成为30年来第一个在大选中独自获得超过人民院半数议席的政党。但是，印度政治地方化的趋势并没有发生根本性的转变，地区性政党在人民院所占议席规模实际上并没有缩水。[③] 2014年大选中，地区性政党依然能够赢得人民院席位的36.46%；2019年在印人党横扫大选的情况下，地区性政党也赢得了人民院近1/3（29.94%）的议席；

---

① 人民院为印度联邦议会的下议院。通常所说的“印度大选”指的就是人民院选举，在选举中赢得多数席位的政党或政党联盟有权组建内阁。

② 在印度政治发展史上，有各种不同的“人民党”。1975—1977年，为反对英迪拉·甘地领导的国大党而成立的“Janata Party”，在本书中译为“人民党”；1988年，由V.P.辛格领导，通过合并人民党数个派系分支建立的“Janata Dal”，为了在中文论述中与“Janata Party”区分，译为“新人民党”。20世纪90年代末，“新人民党”进一步分裂，形成了“Janata Dal (United)”，译为“人民党（统一派）”；另一个从“新人民党”中分裂出的政党“Janata Dal (Secular)”，译为“人民党（世俗派）”。而如今印度的执政党“Bharatiya Janata Party”，一般译为“印度人民党”，简称“印人党”，以便与其他“人民党”区分。

③ Louise Tillin, “Regional Resilience and National Party System Change: India's 2014 General Elections in Context,” *Contemporary South Asia*, Vol. 23, No. 2, 2015, p. 181.

2024 年大选中，随着印人党席位的减少，地区性政党在人民院的议席占比回升至 35. 54% 。[①] 时至今日，地区性政党依然是印度政治中的重要力量，它们通过与其他地区性政党或国家政党结成政治联盟，对全国大选的走向、执政党的执政基础、国家的政策制定、地区的发展政策走向乃至国家的部分外交事务产生影响。印度政治中的地区化与政治权力碎片化，已经成为印度政治发展的一个显著现象。

近 20 年来，一些地区性政党不断挑战国家政党的执政基础。1999 年，由于来自泰米尔纳德邦的地区性政党全印度安那达罗毗荼进步联盟退出了印人党领导的执政联盟，最终导致印度中央政府的解散并在当年 10 月重新举行大选。[②] 印人党在 1999 年之后的执政同样依赖一些地区性政党的支持，其中比较重要的就有泰卢固之乡党。在印度国民大会党（下文简称“国大党”）执政时期，中央政府的执政也十分依赖地区性政党。即使在印人党一党独大的今天，地区性政党依然能够不时发起对国家政党执政的挑战。2018 年 3 月，泰卢固之乡党曾威胁要退出印人党领导的执政联盟。[③] 该党还和另一个地区性政党 YSR 大会党一道，号

---

① 数据来自印度选举委员会和印度选举数据库，参见：“Archive of General Election 2014 and 2019，” Election Commission of India，https：//eci. gov. in/statistical – report/statistical – reports/；“PC Elections（Lok Sabha），” India Votes，2019，https：//www. indiavotes. com/；“General Election to Parliamentary Constituencies：Trends & Results，” Election Commission of India，June 2024，https：//results. eci. gov. in/PcResultGenJune2024/index. htm。根据印度选举委员会的标准，如果一个政党在 4 个及 4 个以上的邦被认可为政党，并在这 4 个及 4 个以上的邦人民院选举或邦议会选举中持续被认可，那么该政党在被这些邦认可的时期内就被视为是全印度范围内的国家政党。所以，有时一些地区性政党在选举委员会的统计中会成为国家政党，有时又变成地区性政党。比如，在 2019 年大选时，全印度草根国大党就被归类为国家政党。然而，在较长的时间内，有几个政党被长期认定为国家政党，即印人党、国大党、印度共产党（马克思主义）、印度共产党、民族主义国大党、大众社会党等。

② S. Kumaresan，“AIADMK Ditches BJP in 1999，DMK Makes Ties，” *The New Indian Express*，March 12，2019，https：//www. newindianexpress. com/states/tamil – nadu/2019/mar/12/aiadmk – ditches – bjp – in – 1999 – dmk – makes – ties – 1949968. html.

③ “The Real Politics behind TDP's Pullout，and Why Modi Can't Give What Chandrababu Naidu Wants，” *The Economic Times*，March 8，2008，https：//economictimes. indiatimes. com/news/politics – and – nation/tdp – versus – bjp – everything – you – should – know – about – the – andhra – tussle/articleshow/63215064. cms.

召其他地区性政党共同对莫迪领导的印人党政府发起不信任案。[①] 2019年，印人党再次在大选中取得压倒性胜利，获得人民院超过半数的议席。[②] 但印人党对国家议会的控制以及在地方的选举依然有赖于地区性政党盟友的支持。近年来印人党在印度东北部地区获得了前所未有的政治成功，其中的关键因素之一就是那加兰邦的民族主义民主进步党、梅加拉亚邦的国家人民党等地区性政党对印人党的大力支持。

一些地区性政党则在国家大党横扫全国的背景下，在地方的邦议会选举中独占鳌头。2019 年以后，地区性政党依然占据着 11 个邦议会的多数席位。[③] 其中，奥里萨邦的比朱人民党[④]不仅在国大党横扫全国的 2005 年和 2009 年大选中在奥里萨邦独占鳌头，也能在印人党独霸国家议会多数的 2014 年和 2019 年在邦议会压倒性胜过了国大党和印人党。[⑤] 此外，一些地区性政党则根据地方利益影响国家的外交和安全政策。2011 年，印度与孟加拉国的《陆地边界协议》遭到了在西孟加拉邦执政的全印度草根国大党以及阿萨姆邦的阿萨姆人民协会党等地区性政党的反对致使协议被搁置。[⑥] 2012 年，泰米尔纳德邦的达罗毗荼进步联盟影响了印度在斯里兰卡人权问题上的立场。

（二） 研究问题

通过整理分析 1951—2020 年印度选举委员会公布的 368 场邦议会选举数据，可发现，自独立以来先后有 34 个地区性政党在不同的邦取得过选举胜利并执政，同时计算出了各政党在各邦执政的时间长短。

---

① "How TDP Quitting will Affect NDA: 10 Points," *Times of India*, March 16, 2018, https://timesofindia.indiatimes.com/india/tdp-pulls-out-of-coalition-a-look-at-the-bjp-led-nda-governments-numbers/articleshow/63326980.cms.

② Lok Sabha, Parliament of India, "Seventeenth Lok Sabha: Party-Wise Representation of Members," 2021, http://loksabhaph.nic.in/Members/PartyWiseStatisticalList.aspx.

③ 2014 年大选以后，安得拉邦、比哈尔邦、德里、米佐拉姆邦、那加兰邦、奥里萨邦、锡金邦、泰米尔纳德邦、西孟加拉邦的邦议会依然被地区性政党占据多数。

④ 一些文献中将"Biju Janata Dal"译为"胜利人民党"，然而"Biju"一词源于奥里萨邦原首席部长、该党党主席之父比朱·帕特奈克（Bijayananda Patnaik，简称 Biju Patnaik），因此将其译为"比朱人民党"。

⑤ James Manor, "An Odisha Landslide Buries Both National Parties: Assessing the State and Parliamentary Elections of 2014," *Contemporary South Asia*, Vol. 23, No. 2, 2015, pp. 198-210.

⑥ 童宇韬：《印度国内政治行为体在领土争端问题上的作用——以印孟陆地边界争端为例》，《南亚研究》2019 年第 2 期，第 75—81 页。

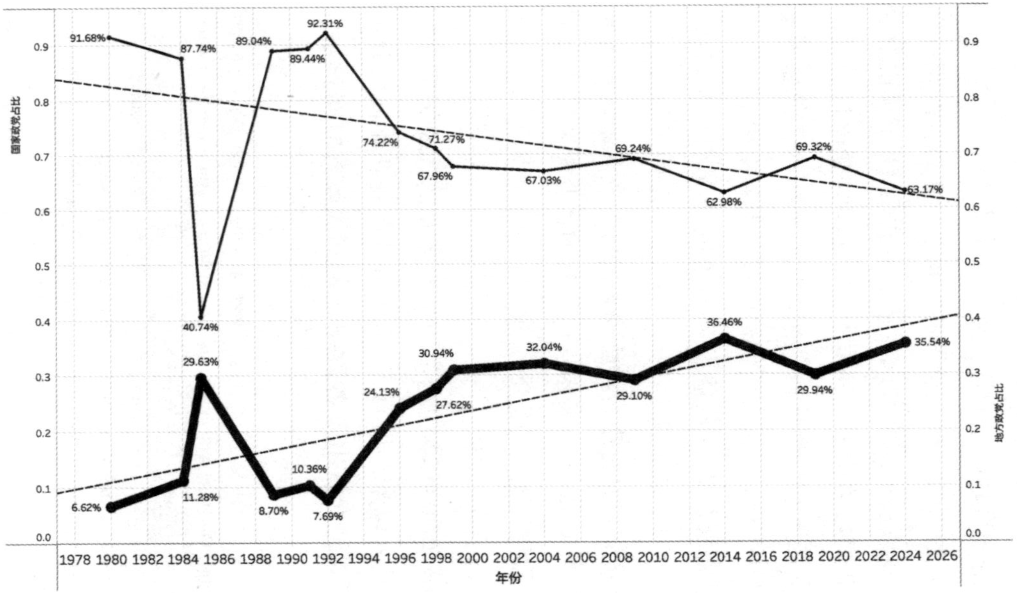

图 0－1　历届人民院选举中地区性政党与国家政党赢得的席位占比（1980—2024 年）

注：（1）图中粗线代表地区性政党在人民院席位占比的起伏变化，细线为国家政党的席位占比变化，虚线为占比变化的趋势线。（2）本图中的国家政党与印度选举委员会的定义一致，除了国大党和印人党之外，还包括大众社会党、印度共产党、印度共产党（马克思主义）、民族主义国大党等政党。（3）全印度草根国大党在 2019 年印度选举委员会的数据统计中被归类为全国政党，但由于该党的影响力主要集中在西孟加拉邦并且为了与之前的数据作比较，因此在本图的统计中将全印度草根国大党依旧归类为地区性政党；全印度草根国大党在 2019 年大选中赢得了 22 个人民院议席，如果将此记入国家政党的席位之内，2019 年的国家政党议席占比为 73. 38%，地区性政党的占比为 25. 88%。（4）该图的数据不包括无党籍独立候选人赢得的席位数，只计算各个政党的席位所得。（5）数据来自印度选举委员会与印度选举数据库（India Votes），https://eci. gov. in/statistical—report/statistical—reports/，https://www. indiavotes. com/，https://results. eci. gov. in/PcResultGenJune2024/index. htm。

截至2020年，印度30个邦议会中有19个邦议会曾经或正在由地区性政党占据多数。地区性政党执政过的邦大多集中在印度北部、东北部和南部地区。通过这些数据分析发现，安得拉邦的泰卢固之乡党和奥里萨邦的比朱人民党有明显区别于其他地区性政党的特征。

第一，除了泰卢固之乡党和比朱人民党以外，在地方长期执政的地区性政党大多来自具有特定族群认同或曾具有强烈分离主义倾向的地区，因此这些政党大多以地区性的族群认同为基础进行选举动员。如执政时间较长的全印度安那达罗毗荼进步联盟和达罗毗荼进步联盟都来自具有独特地区性族群认同的泰米尔纳德邦。那些执政时间较泰卢固之乡党和比朱人民党稍短的地区性政党大多也有鲜明的认同政治特征。在果阿邦，马哈拉施特拉果阿党代表的是那些在葡萄牙殖民统治结束之后长期遭受压迫和剥削的非婆罗门印度教徒的利益。[1] 在那加兰邦，相比对印度的国家认同，部落归属和那加认同对很多那加兰人来说更有意义。

与印度很多邦的情况相似，在安得拉邦和奥里萨邦内部确实都存在独立建邦的地区性诉求，但此类分邦运动与上述几个邦的分离主义和邦层面共有的某种特定族群认同不一样，它不能成为政党长期在邦一级执政的身份动员工具，原因有以下几点：其一，这里所指的“特定族群认同”或“强烈分离主义倾向”指的是在邦层面能够形成一定共识的身份认同和分离主义，只有这样政党才能通过这种邦内大部分选民支持的认同获得长期执政该邦的能力。例如，安得拉邦的特伦甘纳地区长期存在独立建邦的诉求。但泰卢固之乡党早年的政治口号“重建泰卢固人的自尊”强调的是“安得拉邦的泰卢固人”这一整体，本质上是为了排除“特伦甘纳人”这一地区性身份认同。[2] 其二，分邦运动或独立建邦的地区性诉求主要是在邦内的政治竞争中制造分野，这类议题通常会成为邦内各个政党的政治竞争工具。总体上，泰卢固之乡党等政党一般会基于特定政治形势，利用这种地区性的建邦诉求来获取政治收益，但这种邦

① “Maharashtrawadi Gomantak Party: All You Need to Know about the Kingmaker Party in Goa,” *The India Express*, March 11, 2017, https://indianexpress.com/elections/goa-assembly-elections-2017/maharashtrawadi-gomantak-party-all-you-need-to-know-about-the-kingmaker-party-in-goa/.

② G. Haragopal, “The Telangana People's Movement: The Unfolding Political Culture,” *Economic and Political Weekly*, Vol. 45, No. 42, 2010, pp. 51-60.

内某个地区的特定政治诉求很难让支持这一诉求的政党长期在邦层面执政。在2009年的邦议会选举中，泰卢固之乡党、国大党以及其他一些小党的参选人都公开承诺要支持特伦甘纳的诉求，然而这些个别党员和参选人的立场却没有任何可信度，也不是党内的共识。最为明显的是，当特伦甘纳独立建邦逐渐成为现实后，安得拉邦的每个政党才互相去指责彼此没有真心支持特伦甘纳建邦运动。泰卢固之乡党的领袖奈杜曾经在邦议会说，只要当时执政的国大党敢于启动特伦甘纳分邦的程序，泰卢固之乡党就支持特伦甘纳独立建邦。然而，当2009年12月9日联邦内政部长宣布将启动特伦甘纳建邦程序时，泰卢固之乡党则称这一决定在作出之前没有经过合适的辩论，因此泰卢固之乡党不支持该决定。本质上，泰卢固之乡党内部对于特伦甘纳建邦运动的态度是分裂的，也从未形成过统一意见支持该运动。[①] 而奥里萨邦西部地区的建邦诉求，目前来看还难以在邦层面形成强有力的政治共识，更不可能使支持该运动的政党在邦议会选举中长期获益。

第二，安得拉邦和奥里萨邦虽然存在语言上的特性，安得拉邦是以讲泰卢固语人口为主的地区，而奥里萨邦是以讲奥里亚语人口为主的地区，但是泰卢固之乡党和比朱人民党并没有以身份认同为基础开展过大规模的分离运动，更没有进行过以分裂国家为目的的武装斗争。泰卢固之乡党在早期的政治动员中，曾经使用过“重建泰卢固人的自尊”这类口号。但有学者指出，泰卢固之乡党和泰米尔纳德邦的达罗毗荼进步联盟不一样，后者主要是通过满足分离主义分子的期望来进行政治动员。同时，泰卢固之乡党也没有像阿萨姆邦的人民协会党、旁遮普邦的最高阿卡利党、西孟加拉邦的廓尔喀民族解放阵线以及马哈拉施特拉邦的湿婆军一样挑动他们所处的社群对外部他者和特定群体的敌视。[②] 同样，比朱人民党自从建党之初开始，就很少使用特定的群体认同来动员选民，而是期望成为代表奥里萨邦全体人民的政党。

---

① G. Haragopal, “The Telangana People’s Movement: The Unfolding Political Culture,” *Economic and Political Weekly*, Vol. 45, No. 42, 2010, pp. 51 – 60.

② Sanjay Kumar, “A Shift towards Regionalization of Indian Politics,” in Sudha Pai ed., *Handbook of Politics in India States: Regions, Parties, and Economic Reforms*, New Delhi: Oxford University Press, 2013, pp. 168 – 169.

第三，泰卢固之乡党和比朱人民党在20多年的时间里，避免了自身的分裂解体。除了那些在旁遮普邦等少数几个具有强烈分离倾向的邦的地区性政党之外，没有其他地区性政党能够做到这一点。印度的地区性政党在组织结构上普遍存在三个特点：单一领袖、家族化管理、容易从内部分裂解体。[①] 在泰米尔纳德邦、比哈尔邦、那加兰邦等，多个地区性政党都曾占据邦议会相对多数。很多地区性政党在地方政治中的竞争对手，就是从自身分裂出去的政党。地区性政党自身的分裂通常会对政党的执政和生存构成严重威胁。2016年在泰米尔纳德邦竞选上台的全印度安那达罗毗荼进步联盟，就是1972年从该邦的老牌政党达罗毗荼进步联盟中分离出来的。[②]

第四，泰卢固之乡党和比朱人民党虽然没有以地区性的族群认同为基础建立政党，但相较于其他地区性政党，泰卢固之乡党和比朱人民党拥有良好的选民基础和对邦议会更大的控制力，执政基础比较坚实。与其他地区性政党相比，泰卢固之乡党和比朱人民党选举获胜时所取得的平均得票率是比较高的，分别为42.61%和36.74%；而执政期间平均能掌控邦议会席位的62.31%和62.83%。同时，从泰卢固之乡党1983年成立至2019年，在安得拉邦的所有邦议会选举中，获得的平均得票率与其在邦议会的平均席位占比都要高于它在安得拉邦的主要竞争对手国大党。同样，比朱人民党自1997年成立后于2000年首次参加邦议会以来，获得的平均得票率与其在邦议会的平均席位占比都要高于它在邦内的主要竞争对手国大党和印人党。

综上所述，泰卢固之乡党和比朱人民党在安得拉邦和奥里萨邦的长期执政具有特殊性。首先，印度地区性政党能够长期占据邦议会相对多数的邦当中，很多是族群认同强烈、分离倾向较为严重的地区。在这些地区，身份认同与政党政治动员之间存在相互塑造的关系。当地的社会特性为地区性政党的诞生以及开展政治动员提供了有利的外部环境。然而，同样是由地区性政党长期执政的安得拉邦和奥里萨邦却没有基于族

---

① Satish Misra, "Regional Parties and India Politics," Observer Research Foundation, October 7, 2016, https: //www. orfonline. org/expert – speak/regional – parties – indian – politics/.

② Shanthie Mariet D'Souza, "All India Dravidian Progressive Federation," *Encyclopedia Britannica*, https: //www. britannica. com/topic/All – India – Dravidian – Progressive – Federation.

群认同的反叛传统。其次，很多在地方长期执政的地区性政党，都以地方特定的身份认同为基础进行选举动员，以便持续地稳定自己的执政基础。在一些地区，虽然没有以邦为单位的特定族群认同，但是地区性政党也能以邦内特定群体的认同为基础进行选举动员。但是泰卢固之乡党和比朱人民党却并没有长期进行身份认同上的政治操作。再次，泰卢固之乡党和比朱人民党还在近 20 年的时间里维持了组织结构的稳定，没有分裂解体。最后，泰卢固之乡党和比朱人民党还有较为坚实的执政基础，能够获得较高的得票率并且能够在执政期间有效地控制邦议会。

因此，一个有价值的核心研究问题是：从印度独立至今，在安得拉邦和奥里萨邦这样不存在分离主义的邦，为什么泰卢固之乡党和比朱人民党在没有长期利用特定身份认同进行政治动员的情况下，能够长期占据邦议会相对多数并进行执政？

表 0-1　泰卢固之乡党和比朱人民党自建党以来在历次邦议会选举中获得的席位占比与得票率的平均值

	安得拉邦（1983—2019 年）	
政党	平均席位占比	平均得票率
泰卢固之乡党	44.13%	40.43%
国大党	29.10%	30.12%

	奥里萨邦（2000—2019 年）	
政党	平均席位占比	平均得票率
比朱人民党	62.83%	36.76%
印人党	14.85%	20.18%
国大党	15.79%	27.90%

注：（1）泰卢固之乡党成立于 1983 年，成立之后就赢得了当年的邦议会选举；比朱人民党成立于 1997 年，成立之后在 2000 年首次迎来邦议会选举并获胜。（2）多年来，泰卢固之乡党在安得拉邦的主要竞争对手是国大党。2009 年之前，比朱人民党在奥里萨邦的主要竞争对手是国大党，在这期间比朱人民党与印人党是联盟关系；2009 年之后，随着国大党的衰落，比朱人民党在邦内的主要竞争对手是印人党。（3）数据来自印度选举委员会，http://eci.nic.in/eci_main1/ElectionStatistics.aspx。

（三）研究意义

首先，研究印度地区性政党对理解印度政治的发展变迁十分重要，而泰卢固之乡党和比朱人民党是印度政坛上有重要影响力的政党。在印度政治中，政治地方化和地区性政党的崛起是十分显著的趋势。独立之后，在印度这样一个庞大且多样化的国家形成了一个联邦架构，为邦政治提供了一个共同的舞台，而且邦政治与国家政治有显著的区分。各个邦开始意识到自身自治权的重要性并且能够形成集体声音来共同反对中央；同时，在市场经济建设方面，各邦在获取资源或吸引国内外私人投资等方面还展开了相互竞争。另外，每个邦都发展出了独特的地区性特征，并且拥有自身比较独立的政治舞台。地方化也逐渐成为了印度政治发展的趋势之一。① 在这样的背景下，很多地区性政党崛起，而泰卢固之乡党和比朱人民党则成为其中比较重要的两个政党。泰卢固之乡党是印度政治中重要的地区性政党，它不但长期执政安得拉邦，而且是国家政治中的重要政党。纳拉·钱德拉巴布·奈杜领导的泰卢固之乡党在中央促成了由印人党领导的1996年联合阵线政府②，成为印人党执政不可或缺的支持者。之后，泰卢固之乡党又促成了2014年全国民主联盟政府的上台。③ 在2009年大选中，印人党失败的一个重要原因在于失去了一些地区盟友的支持，其中就包括失去了奥里萨邦的比朱人民党的支持。④ 2014年大选时，在安得拉邦和奥里萨邦，地区性政党紧紧握住了地方议会的多数议席，抵抗住了印人党席卷全国的浪潮。⑤ 在赢得2014年大选的全国民主联盟内部，安得拉邦的泰卢固之乡党是需要被重视的政治力量。⑥ 2014年的大选，印人党的获胜得益于马哈拉施特拉邦的湿婆军以及安得拉邦的泰卢固之乡党的帮助。⑦

其次，研究安得拉邦和奥里萨邦的地方政治与地区性政党具有一定的现实意义。安得拉邦是印度全国选举政治中的关键邦之一。根据选区

---

① Sudha Pai ed., *Handbook of Politics in India States: Regions, Parties, and Economic Reforms*, New Delhi: Oxford University Press, 2013, pp. 1 – 2.

② 1996年大选产生的是一个悬浮议会，国大党（140席）和印人党（161席）都远没有取得议会过半席位。

③ P. Subramanyam and B. V. Chalapathi, "Regional Political Party in Andhra Pradesh," *The Indian Journal of Political Science*, Vol. 67, No. 3, 2006, p. 499.

④ Christophe Jaffrelot and Gilles Verniers, "Re – Nationalization of India's Political Party System or Continued Prevalence of Regionalism and Ethnicity?" *Asian Survey*, Vol. 51, No. 6, 2011, p. 1103.

⑤ Louise Tillin, "Regional Resilience and National Party System Change: India's 2014 General Elections in Context," *Contemporary South Asia*, Vol. 23, No. 2, 2015, p. 182.

⑥ Michelguglielmo Torri, "The 'Modi Wave': Behind the Results of the 2014 General Elections in India," *The International Spectator*, Vol. 50, No. 2, 2015, p. 59.

⑦ Priya Chacko and Peter Mayer, "The Modilahar (Wave) in the 2014 Indian National Election: A Critical Realignment?" *Australian Journal of Political Science*, Vol. 49, No. 3, 2014, p. 523.

划分，目前安得拉邦在人民院有42个议席，在人民院中席位数排名第三。此外，奥里萨邦在人民院也有21个议席。[①] 由于印度上议院（联邦院）的议员大部分由各邦议会选举产生，此外再由总统提名12位议员，因此，控制地方议会不但可以在人民院的立法中有发言权，而且还可以间接影响联邦院的立法。联邦院在央地关系的立法方面具有重要作用。[②] 例如，涉及地方邦的土地使用和征用的立法权就需要联邦院批准。在印度政治中，一些重要问题往往涉及央地关系的本质，因此联邦院的作用是重要的。所以，像安得拉邦和奥里萨邦这样能够在联邦院有一定议席的邦，它们邦内的政治形势对全国的政治形势也会具有显著影响。

在安得拉邦和奥里萨邦等地，地区性政党在邦一级的政治中已经成为占据主导地位的一方，而国家政党则降格成为了它们的次级伙伴或竞争对手，并且国家政党的影响力一直处于相对衰落中。事实上，在安得拉邦和奥里萨邦等地，印人党很久以前就已接受了这种成为地区性政党辅助角色的现实。[③] 1998年，印人党在安得拉邦的邦议会选举和国家大选时，成为了泰卢固之乡党的次级伙伴。1999年大选时，印人党在奥里萨邦成为了比朱人民党的次级伙伴。[④] 同时，国大党和印人党等国家政党在安得拉邦和奥里萨邦等地还长期处于一种衰落的进程中。在奥里萨邦等地，国家政党的衰落始于2004年；在安得拉邦，由于特伦甘纳分邦问题，国家政党于2014年在安得拉邦遭遇了明显的衰落。[⑤]

安得拉邦和奥里萨邦的地区性政党和地方政治受族群认同和分离主义影响相对较小。通常认为，印度的地方政治被种姓、宗教、民族等身份政治议题占据核心舞台。对2009年和2014年两次大选后的民调数据

---

① "State/UT Wise Seats in the Lok Sabha and their Reservation Status," Election Commission of India, http://eci.nic.in/eci_main1/seats_of_loksabha.aspx.

② Rajya Sabha, Parliament of India, "Rajya Sabha – An Introduction," https://rajyasabha.nic.in/rsnew/about_parliament/rajya_sabha_introduction.asp#top.

③ Ashutosh Kumar, "Electoral Politics in Indian Punjab," *South Asia Research*, Vol. 37, No. 1, 2017, p. 39.

④ Eswaran Sridharan, "Coalitions and Party Strategies in India's Parliamentary Federation," *Publius*, *Vol.* 33, No. 4, 2003, pp. 144 – 145.

⑤ Louise Tillin, "Regional Resilience and National Party System Change: India's 2014 General Elections in Context," *Contemporary South Asia*, Vol. 23, No. 2, 2015, p. 189.

进行统计后发现，印度选民当下关注最多的是饮用水供给、就业、道路等基础设施建设、物价浮动等经济发展议题。① 一些学者认为，自印度独立以来，安得拉邦就是印度政治发展进程中的引领潮流者，对印度的政治发展有重要贡献。② 在印度政治议题越来越注重发展的今天，引领安得拉邦走在印度经济改革前沿的泰卢固之乡党以及经常在奥里萨邦以发展问题和福利政策取胜的比朱人民党对印度的政治发展方向具有重要的启示意义。治理、福利和发展等议题，在印度地方政治中的作用越来越突出。在这样的背景之下，政党对选民的吸引不能再简单地归结为意识形态或身份认同方面的影响，而是需要研究印度政党与选民关系的新模式和新发展。

另外，泰卢固之乡党与比朱人民党在印度政坛中还是十分耀眼的存在。泰卢固之乡党在1983年由电影明星罗摩·拉奥创立。在成立仅仅9个月之后，泰卢固之乡党就成为了安得拉邦的执政党。在1983年1月的邦议会选举中，泰卢固之乡党赢得了46%的议席。而在此之前，安得拉邦一直被认为是国大党的大本营之一。③ 如今，泰卢固之乡党在印度政坛明星奈杜的带领下，一边推进着大胆的经济发展计划，如吸引了来自日本等国的国际直接投资，参与建设智慧型城市阿马拉瓦蒂，并把该城市作为该邦的新首府；④ 一边又激烈抨击执政党和中央政府独裁、忽视地方利益，以此撬动整个印度政坛。比朱人民党则在1997年由奥里萨邦前首席部长、人民院前议员比朱·帕特奈克之子纳文·帕特奈克创立。比朱·帕特奈克曾经是新人民党党员，在奥里萨邦有极高的政治声望。比朱人民党秉持世俗主义，在2000年邦议会选举获胜之后，通过灵活的政策与国大党和印人党都进行过合作或联盟，至今维持着对该

---

① CSDS Data Unit, "National Election Survey Questionnaires," http://www.lokniti.org/national-election-studies.php.

② P. Subramanyam and B. V. Chalapathi, "Regional Political Party in Andhra Pradesh," *The Indian Journal of Political Science*, Vol. 67, No. 3, 2006, p. 499.

③ K. C. Suri, "From Dominance to Disarray: The Telugu Desam Party in Andhra Pradesh," in Sudha Pai ed., *Handbook of Politics in India States: Regions, Parties, and Economic Reforms*, New Delhi: Oxford University Press, 2013, p. 166.

④ "Chief Minister Seeks Japan's Help to Do a Tokyo in Amaravati," *The New Indian Express*, July 13, 2017, http://www.newindianexpress.com/states/andhra-pradesh/2017/jul/13/chief-minister-seeks-japans-help-to-do-a-tokyo-in-amaravati-1627989.html.

邦的执政。[1]

最后，研究印度的地区性政党还有一定的理论意义。从理论上来看，印度多个地区性政党与国家政党并存的现象与政党制度的相关理论有所冲突。采取单一选区相对多数制[2]的印度却产生了数目繁多的地区性政党，并在国家议会与地方议会中都获取了大量议席，这与迪维尔热定律相违背。该定律认为，简单多数制会导致两党制。[3] 对安得拉邦和奥里萨邦这两个个案进行研究，可以清晰地描绘出地区性政党在邦政治和国家政治中的发展轨迹，有助于理解为什么采取单一选区相对多数制的印度能够诞生如此多的地区性政党，并在印度政坛上发挥相应的影响力。

二、文献综述

现有的研究成果中，一部分文献试图从理论上解释政党成功和持续执政的原因，这类文献大多以多个国家或多个政党为例，试图从整体上解释影响政党表现和政党执政的因素。另一部分文献则是专门针对印度政治与政党的研究，其中有很多涉及印度地区性政党。

（一）关于政党成功和长期执政的理论与实证研究

目前，关于政党的成功、政党的表现、政党为什么能赢得选举、政党执政时间长短以及执政党连任的研究和解释是多角度、多方面的。总体而言，相关的理论解释可以分为两个方面：一类解释侧重于从政党“内部”去寻找政党成功以及影响政党表现的原因；另一类则侧重于从政党“外部”去寻找原因。一些政治学家认为能够代表全民的政党才是最好的政党类型，因此在衡量政党的表现时，党员、选民忠诚度、政策纲领、对政策议程的控制力以及对政治人物的选择等因素具有重要的

---

① James Manor, “An Odisha Landslide Buries both National Parties: Assessing the State and Parliamentary Elections of 2014,” *Contemporary South Asia*, Vol. 23, No. 2, 2015, pp. 198 – 210.

② 也称为“First – Past – the – Post”，指仅通过一次投票，候选人在该选区内获得相对多数选票，即获得领先票数，就可胜选。

③ Michael Gallagher and Paul Mitchell eds., *The Politics of Electoral Systems*, Oxford: Oxford University Press, 2005, p. 547.

影响。[1] 政党“内部”因素的解释是多层次的，既有政党组织层面和执政绩效层面的解释，又有政党成员个人层面的解释。这两类解释大致又分为以下几个方面。

1. 政党的组织结构因素

很多研究认为，包括政党的组织结构、所拥有资源的多寡以及资源的分配、政党的代表策略在内的所有组织层面的因素，都会影响政党的政治参与模式与代表性。[2] 例如，一些关于拉美国家的政党在政治危机之后如何存续的研究认为，政党能够获取的资源对政党的存续与复兴有深刻影响。由于必要的资源能够使政党的组织结构得以维持，使得政党在地方的总部、委员会，甚至是政党的附属武装组织能够维持运转，进而使政党在地方选举中具有较强的竞争性，因此政党所拥有的资源决定了政党能否在危机中生存下来以及如何生存。[3]

2. 政党的执政绩效因素

关注政党“内部”因素的研究中有很多侧重于研究政党的绩效与政党表现和政党执政时间长短的关系。一些研究关注影响现任政府连任成功与否的因素，认为政党执政时期的特定经济政策对政党连任有显著影响。[4] 同时，有很多研究指出，政府的执政时间长短与政府的绩效和表现有密切的关系，一般认为执政时间越长的政府，其执政表现会越好。例如，贝斯利和凯斯的研究发现，在美国政治中，由于那些任期有限、难以获得连任的州长们所获得“激励”较低，因此政府的执政时间长短就会影响他们在财政绩效上的表现。[5] 阿尔特、梅斯基塔和罗斯

---

① Otto Kirchheimer, “The Transformation of Western European Party System,” in Joseph La Palombara and Myron Weiner eds., *Political Parties and Political Development*, Princeton: Princeton University Press, 1966, pp. 177 – 200.

② Susan E. Scarrow, Paul D. Webb and Thomas Poguntke eds., *Organizing Political Parties: Representation, Participation, and Power*, Oxford: Oxford University Press, 2017, pp. 1 – 30.

③ Jennifer Cyr, *The Fates of Political Parties: Institutional Crisis, Continuity, and Change in Latin America*, Cambridge: Cambridge University Press, 2017.

④ Daniel L. Bennett and Jason T. Long, “Is it the Economic Policy, Stupid? Economic Policy, Political Parties & the Gubernatorial Incumbent Advantage,” *European Journal of Political Economy*, Vol. 58, 2019, pp. 118 – 137.

⑤ Timothy Besley and Anne Case, “Does Electoral Accountability Affect Economic Policy Choices? Evidence from Gubernatorial Term Limits,” *Quarterly Journal of Economics*, Vol. 110, No. 3, 1995, pp. 769 – 798.

在对美国各州的研究中发现，那些任期有限的政客在财政绩效方面的表现要明显逊色于那些能够连任的政客。① 费拉兹和菲南对巴西的实证研究也显示，在那些领导人能够连任的地区，腐败现象相对较少。②

然而，也有一些研究显示相反的结论。科维耶洛和卡格利亚多奇研究了意大利市政当局的公共采购，发现任职时间越长，结果就越糟糕；政府任职时间越久，当地政客与受青睐的企业之间的勾结越深。③ 另一些研究则认为政党执政时间与政府绩效之间的关系是复杂的，影响因素很多。戴温和米亚特在对英国政治的研究中发现，如果政府执政时间预期较长，官员们的表现就更好；而政府的生存则有赖于其受欢迎的程度，而受欢迎程度又取决于政府的表现。同时，影响政府受欢迎程度和表现的很可能是一系列随机事件，当一系列负面冲击将政府的受欢迎程度推至一个特定的临界阈值以下时，就会引发一场涉及政府绩效迅速崩溃的信心危机。④

3. 政党的个人层面因素

还有很多研究认为，政党的表现还可以从个人层面来解释。官员的政绩提高可以归因为他的政策成就，丑闻则会损害他的政绩。同时，立法人员的表现也可以通过他的出镜率和政策倡议来衡量。⑤ 一些研究指出，执政党寻求连任时具有较大优势，但一些关于美国政治的实证研究则认为现任政治人物的个人优势相比执政党的影响力对政党连任有更大的影响。⑥

---

① James Alt, Ethan Bueno de Mesquita and Shanna Rose, "Accountability and Competence in Elections: Theory and Evidence from Us Term Limits," *The Journal of Politics*, Vol. 73, No. 1, 2011, pp. 171 – 186.

② Claudio Ferraz and Frederico Finan, "Electoral Accountability and Corruption: Evidence from the Audits of Local Governments," *NBER Working Paper*, 2009.

③ Decio Coviello and Stefano Gagliarducci, "Tenure in Office and Public Procurement," *American Economic Journal: Economic Policy*, Vol. 9, No. 3, 2017, pp. 59 – 105.

④ Torun Dewan and David P. Myatt, "Dynamic Government Performance: Honeymoons and Crises of Confidence," *American Political Science Review*, Vol. 106, No. 1, 2012, pp. 123 – 145.

⑤ Samuel Berlinski, Torun Dewan and Keith Dowding, "The Length of Ministerial Tenure in the UK, 1945 – 97," *British Journal of Political Science*, Vol. 37, No. 2, 2007, pp. 765 – 766.

⑥ Anthony Fowler and Andrew B. Hall, "Disentangling the Personal and Partisan Incumbency Advantages: Evidence from Close Elections and Term Limits," *Quarterly Journal of Political Science*, Vol. 9, 2014, pp. 501 – 531.

4. **政党的外部环境因素**

关注政党“外部”因素对政党表现和执政持久性的研究也有很多。这类研究侧重于政党之外的因素，认为社会环境或制度因素影响政党的表现，而政党则只是环境的被动接受者。[①] 一些研究以不同国家的执政党为研究对象，研究政党执政可持续性，这些研究得出的结论强调政府类型、国家元首的宪法权力、议会结构、选举制度等制度因素对执政党执政时间和政党连任失败有重要影响，并认为一党执政的政府确实比任何其他类型的政府持续的时间更长、强势的议会会导致政府执政相对比较脆弱等结论。[②]

（二） 关于印度地区性政党的研究

目前，关于印度地区性政党和地方政治的研究大多来自国外的文献，国内所涉及的文献十分稀少。这些中英文文献大多从印度政治的整体出发，讨论地区性政党作为一种政治力量崛起的原因，以及地区性政党对印度政治的整体发展以及其对特定地区、特定问题所造成的影响。专门针对某个地区或某个地区性政党的研究并不多，而专门针对安得拉邦和奥里萨邦的讨论则更少见。总体上，针对印度地区性政党的研究大致把印度地区性政党产生以及发展壮大的原因梳理为四点：对国大党长期执政的反感促进了地区性政党的崛起；印度固有的社会和认同分化给地区性政党带来了政治动员的能量；地区性政党的治理能力和政绩维持了它们的执政；印度的选举制度和政治环境变迁促进了地区性政党的发展。

1. **对国大党长期执政的反感**

很多文献指出地区性政党的产生和发展壮大要归功于选民对国大党在地方执政的不满加深，这种不满促使选民去寻找其他的政治选项。桑杰·库玛就认为，选民对地区性政党的支持主要出于对国大党长期执政的不满，在国家议会和地方议会都是国大党长期一党独大的政治格局

---

① Serenella Sferza, “Party Organization and Party Performance: The Case of the French Socialist Party,” in Richard Gunther, José Ramón Montero and Juan Linz eds., *Political Parties: Old Concepts and New Challenges*, Oxford: Oxford University Press, 2002, p. 167.

② Jaap Woldendorp, Hans Keman and Ian Budge, *Party Government in 48 Democracies (1945 – 1998): Composition – Duration – Personnel*, Dordrecht: Springer, 2000, pp. 77 – 97.

里，选民逐渐认识到国大党无法兑现自己的选举承诺，当国大党独大的体系失败后，选民更愿意回归传统的种姓、族群、宗教、地区归属以及对某个标志性人物的认同上。选民对国大党的不满以及国家政党中的反对党的无能促成了地区性政党的诞生。① 贾弗雷罗和威尼尔斯的研究指出，国大党能够长期执政主要是因为其能够在印度社会的各个阶层、族群和种姓群体中获得相当比例的选民支持。印度发展中社会研究中心的数据显示，直到20世纪80年代，国大党依然能够吸引任何社会群体中35.8%—50.5%的选民。在安得拉邦和奥里萨邦，泰卢固之乡党和比朱人民党诞生和崛起的部分原因，也可以归因于国大党失去了地方一些阶层和群体的支持。1984年英迪拉·甘地遇刺，对甘地家族和国大党的同情似乎也没能影响到安得拉邦在1985年的邦议会选举，那些支持泰卢固之乡党的社会阶层依然继续把选票投给了该党。② 詹姆斯·马诺尔也提及，在奥里萨邦那些曾经帮助国大党去接触"草根"群体的政治团体，在比朱人民党执政之后都转向了比朱人民党。③

2. 固有的社会和认同分化

理论上，一般认为地区性政党的产生主要是由于地方的社会分化。乔安妮·贝·布热津斯基指出组建地区性政党的原因在于，在国家内部的某一个特定地区拥有独特的利益和政治关注，但又不能通过现有的政党来满足这些利益和诉求。④

很多研究印度地区性政党的文献都强调了印度社会中长期存在的语言、族群、种姓、部落以及阶级分化因素是地区性政党崛起原因，并认为这些因素一直是地区性政党进行政治动员的主要工具。贾弗雷罗和威尼尔斯的研究提到，印度地区性政党的崛起与族群政治的抬头紧密相

① Sanjay Kumar, "A Shift towards Regionalization of Indian Politics," in Sudha Pai ed., *Handbook of Politics in India States: Regions, Parties, and Economic Reforms*, New Delhi: Oxford University Press, 2013, p. 149.

② P. Subramanyam and B. V. Chalapathi, "Regional Political Party in Andhra Pradesh," *The Indian Journal of Political Science*, Vol. 67, No. 3, 2006, pp. 504 – 506.

③ James Manor, "An Odisha Landslide Buries both National Parties: Assessing the State and Parliamentary Elections of 2014," *Contemporary South Asia*, Vol. 23, No. 2, 2015, p. 201.

④ Joanne Bay Brzinski, "The Changing Forms of Federalism and Party Electoral Strategies: Belgium and the European Union," *Publius*, Vol. 29, 1999, pp. 45 – 70.

关。从20世纪90年代开始，带有族群色彩的选举动员和投票开始在印度政治中占据主要位置，即使是国大党获胜的2009年大选，族群问题依然占据着选举的大部分议题。[①]

另一些研究承认认同差异在印度政治中作用，但认为其他因素与认同因素一起发挥着作用。斯姆里蒂·帕塔纳伊克针对1945—2002年全球范围内37个民主国家的研究显示，地方存在的认同差异等政治分歧并不会必然导致政党体系[②]的分化，而政治去中央化才是增加地区性政党力量的最重要因素。[③] 同样，哈珀和苏尔亚那拉亚纳的研究指出，虽然族群等认同因素在印度政治中有明显的作用，但是经济因素与认同因素是混合产生作用的。族群间的经济不平等和政党体系的族群化之间具有相关性，而且当两个不同群体成员的收入有差异时，他们的投票模式也会有差异。研究结论显示，当选民的经济福利与他们的群体认同相关时，以认同为基础的投票行为是最强的。[④]

3. 地区性政党的治理能力和政绩

很多研究认为，一些地区性政党往往通过提出让普通大众都能受益的经济和社会政策来赢得竞选。苏帕拉马尼亚姆和查拉帕西指出，罗摩·拉奥在创建泰卢固之乡党时，向民众保证他将保护“泰卢固的荣耀”并为人民提供一个诚实的政府。在初次选举时，泰卢固之乡党提出的主要政策包括：禁止政治背叛、保证媒体自由、为农民阶级的发展奋斗、承诺将大米价格稳定在每千克2卢比、按期完成博勒沃勒姆项目[⑤]、保护女性权利、为女性提供财产权、根除失业、为学生提供午餐、建

---

① Christophe Jaffrelot and Gilles Verniers, “Re – Nationalization of India's Political Party System or Continued Prevalence of Regionalism and Ethnicity?” *Asian Survey*, Vol. 51, No. 6, 2011, p. 1090.

② “party system” 在很多中文著述中被译为“政党制度”。《比较政治学》中认为，政党体系指的是一国政治中活跃的政党数量、各自的规模以及政党之间复杂的互动关系，并将“party system”译为“政党体系”。笔者认为“政党体系”更贴切所论述内容。详见：王正绪、耿曙、唐世平主编：《比较政治学》，复旦大学出版社2021年版，第85页。

③ Smruti S. Pattanaik, “Federalising India's Neighbourhood Policy: Making the States Stakeholders,” *Strategic Analysis*, Vol. 38, No. 1, 2014, pp. 31 – 48.

④ John D. Huber and Pavithra Suryanarayan, “Ethnic Inequality and the Ethnification of Political Parties: Evidence from India,” *World Politics*, Vol. 68, No. 1, 2016, pp. 184 – 185.

⑤ 博勒沃勒姆项目是指在安得拉邦境内的戈达瓦里河上修建的多用途综合灌溉项目。

立女子大学。这些政策帮助泰卢固之乡党在第一次参加邦议会选举时就获得了胜利。泰卢固之乡党的大米价格补贴政策以及在特伦甘纳废除古老的村级官员制度，也是该党获得 1985 年邦议会选举胜利的主要原因。[①]

一些研究则指出，地区性政党之所以能长期执政，是因为它们有更强的执政和治理能力。奥里萨邦的比朱人民党在一些事务上表现出很强的能力。詹姆斯·马诺尔指出，2013 年龙卷风“费林”袭击奥里萨邦时，纳文·帕特奈克领导的比朱人民党政府转移安置了近 100 万受灾群众，把伤亡降至最低水平。比朱人民党还加强了奥里萨邦的公共分配制度，为贫困家庭补贴食物。该邦的公共分配制度在近年来有明显改善，奥里萨邦的农村公共分配水平要高于印度的整体平均水平。此外，比朱人民党在吸引投资、打击犯罪、扶贫方面也做出了一些成绩，尽管这些成绩可能对选举的影响有限。纳文·帕特奈克本人还被广泛认为是能严格管理官僚队伍和党组织的领袖，他集权化的领导模式减少了腐败和玩忽职守现象。[②]

近年来的一些研究则指出，地区性政党之所以能执政，是因为它们能够为民众带来切实的经济和社会福利，改善人民的生活。戴维·乔什认为地区性政党可以提高选民投票率以及促进地方的人类发展水平。[③]秦玛雅·霍拉的研究则更进一步，利用《印度人类发展调查》数据进行研究，比较了同时期在地方执政的国家政党与地区性政党，发现在地方执政的政党类型改变对建设公共卫生间有显著影响，对减贫、水供给、社会保障则没有显著影响。[④] 对于安得拉邦，约翰·哈里斯的研究指出，泰卢固之乡党的执政对安得拉邦的减贫甚至是人类发展指数的提

---

① P. Subramanyam and B. V. Chalapathi, "Regional Political Party in Andhra Pradesh," *The Indian Journal of Political Science*, Vol. 67, No. 3, 2006, pp. 501 – 506.

② James Manor, "An Odisha Landslide Buries both National Parties: Assessing the State and Parliamentary Elections of 2014," *Contemporary South Asia*, Vol. 23, No. 2, 2015, pp. 204 – 206.

③ Devin K. Joshi, "The Impact of India's Regional Parties on Voter Turnout and Human Development," *Journal of South Asian Development*, Vol. 7, No. 2, 2012, pp. 139 – 160.

④ Chinmaya U. Holla, *Welfare Implications of Regional Parties and National Parties in India: A Comparative Analysis*, Master, Public Policy Dissertation, Georgetown University, 2017.

高都有促进作用。[①] 还有一些研究则强调地区性政党在促进经济发展和投资方面的作用。亚当·齐格菲尔德指出比朱人民党在促进经济发展方面有很好的声誉，是因其在奥里萨邦创造了有利的营商环境。[②]

另外一些研究则不认为地区性政党的执政对地方发展有具体影响，这类研究指出是否为地区性政党执政并不重要，对一个邦的经济发展有影响的重要因素在于邦内部政党竞争的激烈程度。奇贝尔和努尔丁的研究认为，邦政治中的政党数量影响了地方对发展项目的投入。利用1967—1997年的宏观经济数据结合大选之后的民调，发现相比存在多党竞争的邦，只有两党竞争的邦能够为社会提供更多的公共产品。该研究还进一步指出，像安得拉邦这样只存在泰卢固之乡党与国大党两极竞争的邦，才能够将一半左右的预算花在发展项目上；而多党竞争严重的北方邦，对发展项目的预算支出少于40%。[③]

4. 选举制度和政治环境变迁

一些学者指出，单一选区相对多数制对地区性政党是否能够获得选举胜利有很大影响。然而，在现实案例中单一选区相对多数制到底有利于国家政党还是地区性政党，答案似乎并不明确。贾弗雷罗和威尼尔斯认为，在2009年国大党占尽优势的大选中，国大党虽然在安得拉邦和奥里萨邦赢得了多数议席，然而在选票份额上并没有赢，原因主要在于单一选区相对多数制。[④] 相反，露易丝·迪琳则指出，在印度很多地区，地区性政党虽然能够获取更多的选票份额，但由于地区性政党无法把它们分散在各个选区的选票聚集起来，因此普遍存在难以把选票聚集

---

① John Harriss, "Do Political Regimes Matter? Poverty Reduction and Regime Differences Across India," in Peter Houtzager and Mick Moore eds., *Changing Paths: International Development and the New Politics of Inclusion*, Ann Arbor: University of Michigan Press, 2003, pp. 204 – 232; Loraine Kennedy, "The Political Determinants of Reform Packaging. Contrasting Responses to Economic Liberalization in Andhra Pradesh and Tamil Nadu," in Rob Jenkins ed., *Regional Reflections: Comparing Politics across India's States*, New Delhi: Oxford University Press, 2004, pp. 29 – 65.

② Adam Ziegfeld, "Coalition Government and Party System Change: Explaining the Rise of Regional Political Parties in India," *Comparative Politics*, Vol. 45, No. 1, 2012, p. 82.

③ Pradeep Chhibber and Irfan Nooruddin, "Do Party Systems Count?" *Comparative Political Studies*, Vol. 37, No. 2, 2004, pp. 152 – 187.

④ Christophe Jaffrelot and Gilles Verniers, "Re – Nationalization of India's Political Party System or Continued Prevalence of Regionalism and Ethnicity?" *Asian Survey*, Vol. 51, No. 6, 2011, p. 1091.

成席位的问题。然而，在安得拉邦和奥里萨邦等地区，地区性政党却成功做到了把选票份额转化为议会中的席位。① 总体而言，单一选区相对多数制并不一定有利于特定的政党，而是取决于在特定选举中的特定形式。

还有一些研究从印度的选举制度设计和整体政治环境中找原因。威尔弗雷德·斯维登认为，民主化和经济自由化为印度的地方政治打开了更大的空间，从前印度中央政府对融合和统一印度的各个地方十分坚持，在近几十年里则逐步转变为适应各地的自治要求。② 亚当·齐格菲尔德则认为1989年大选后产生的联合政府，是刺激印度地区性政党在20世纪90年代崛起的主要原因。1989年的联合政府表明地区性政党对中央政府的组建至关重要，因此促使很多政客在此之后开始建立地区性政党或者加入地区性政党。③

5. 国内相关文献

除去上述外文文献之外，目前国内文献只有少数几篇讨论印度的地区性政党与地方政治的问题，都从宏观角度解释了印度地区性政党发展壮大的原因。陈金英的《印度地方政党及其政治影响》把地区性政党分为种族民族主义、教派主义、种姓主义三类；认为主要是由于农村阶级结构的变化、种姓结构的变化以及国大党的高度集权导致了地区性政党的发展壮大。④ 王子涵的《多元社会背景下印度地方政党的崛起——基于1951—2011印度人民院及地方选举统计资料分析》认为，印度社会的多元性和异质性以及印度的选举制度和政治制度安排是导致地区性政党崛起的原因。⑤ 谢超的《印度政党政治碎片化的成因和历程》认为，制度设计因素导致了印度政党体系的碎片化，即印度宪法关于国家

---

① Louise Tillin, "Regional Resilience and National Party System Change: India's 2014 General Elections in Context," *Contemporary South Asia*, Vol. 23, No. 2, 2015, p. 187.

② Wilfried Swenden, "Centre – State Bargaining and Territorial Accommodation: Evidence from India," *Swiss Political Science Review*, Vol. 22, No. 4, 2016, pp. 491 – 515.

③ Adam Ziegfeld, "Coalition Government and Party System Change: Explaining the Rise of Regional Political Parties in India," *Comparative Politics*, Vol. 45, No. 1, 2012, pp. 69 – 87.

④ 陈金英：《印度地方政党及其政治影响》，《南亚研究季刊》2007年第3期，第45—51页。

⑤ 王子涵：《多元社会背景下印度地方政党的崛起——基于1951—2011印度人民院及地方选举统计资料分析》，华中师范大学硕士学位论文，2013年。

制度的条款及选举的法律法规决定了印度政党政治的发展方向。[1]

（三） 现有研究文献的不足

总体而言，目前对于政党表现和政党执政持久性的研究解释是多方面和多角度的。这一方面体现了政党成功的原因是多样的；另一方面也体现了不同国家政治环境的不同，各个政党也有自己的特殊性。对政党的成功原因、执政时间长短寻求一个统一而普遍的解释具有很大难度。因此，寻求构建一个能在全球范围内解释政党成功和持续执政的普遍理论是不切实际的，重点在于通过解释印度特定地区性政党的成功，对印度政治的总体发展趋势和普遍存在的现象进行理解。已有的相关研究说明，不论是从政党“内部”还是“外部”去解释政党的成功和失败都有局限性。因此一些学者认为，研究政党的发展不仅要从政党“外部”去研究，也要从政党“内部”去研究，要把政党内的政治与资源问题同政党间竞争联系起来。[2] 对于印度政党的解释还需要更具体和更具有针对性的研究，也期望从政党的“内部”和“外部”总结出特定几个关键因素，来解释泰卢固之乡党和比朱人民党的成功。

现有的关于印度地区性政党的研究文献大多从宏观角度出发，从多个方面解释印度地区性政党崛起的原因。然而，对于特定的邦和特定的地区性政党来说，这些解释有一定的局限性。此外，现有文献并没有解释为什么在分离主义和族群冲突不明显的安得拉邦和奥里萨邦，地区性政党也能够长期执政。也少有文献提及随着印度经济社会的发展，地区性政党的选举动员策略以及它们与选民的关系是否出现了转变。这类文献存在的不足具体体现在以下几个方面。

第一，将地区性政党崛起的原因归因为国大党在印度政治中的衰落，确实可以部分解释一些地区性政党的产生和兴起。但是，国大党在特定时间点的政策失误并不能用以解释为什么在安得拉邦和奥里萨邦这样的地区，地区性政党能够长期获得选民的支持并进行执政。与此相

---

① 谢超：《印度政党政治碎片化的成因和历程》，《国际政治科学》2015 年第 4 期，第 42—71 页。

② Serenella Sferza, “Party Organization and Party Performance: The Case of the French Socialist Party,” in Richard Gunther, José Ramón Montero and Juan Linz eds., *Political Parties: Old Concepts and New Challenges*, Oxford: Oxford University Press, 2002, p. 167.

对，国大党在地方衰落后留下的政治空间并不意味着都能被地区性政党占据。国大党的衰落并不会直接导致地区性政党的崛起。直到今天，国大党在拉贾斯坦邦、中央邦等地区，面对的主要对手并不是地区性政党，而是印人党等其他国家政党。因此，国大党在地区的衰落可以成为地区性政党产生的条件之一，但并不是决定性的条件。

第二，认为身份认同和社会分化是地区性政党执政的原因也不能完全解释地区性政党在安得拉邦和奥里萨邦的长期执政。首先，安得拉邦和奥里萨邦并没有出现过泰米尔纳德邦、旁遮普邦以及印度东北部那样强烈的分离主义倾向。其次，安得拉邦和奥里萨邦的语言认同虽然独特，分别为泰卢固语和奥里萨语，但泰卢固之乡党和比朱人民党并没有长期使用语言认同作为主要的政治动员手段。[①] 尤其是比朱人民党，其主要领袖竟然不能流利使用当地语言。最后，在种姓认同方面，泰卢固之乡党在崛起时依靠了特定种姓群体的支持，但是泰卢固之乡党在之后长期的政治动员过程中却很少使用种姓认同为工具；而比朱人民党的种姓色彩更弱，它的领导层来自少数高种姓精英阶层，这本身就限制了其在其他种姓阶层中的动员能力。

第三，关于政党执政能力以及经济和社会福利方面的解释大多只是在宏观层面比较地区性政党与国家政党，很多关于安得拉邦和奥里萨邦的观点只是来自相关文献中附带的一些论述和判断。要得出地区性政党比全国政党更加关注地方发展、更有执政能力的结论显然是不科学的。大量案例也可以证明国家政党依然能为地方带来巨大的社会和经济福利，例如，印人党在古吉拉特邦以及印度共产党在喀拉拉邦的执政为当地带来了巨大发展效益。因此，这方面的解释还不够具有针对性，也不够系统。此外，简单地评价某个地区性政党的执政能力是否比其他政党强也是困难的，因为缺乏衡量执政能力的标准。有一些文献，强调了包括泰卢固之乡党和比朱人民党在内的地区性政党集权化倾向较强、对领导人个人魅力过于依赖的特点。然而，这一点很难单独解释地区性政党的长期成功。泰卢固之乡党和比朱人民党都有集权化的组织结构，而且突出领导人的个人魅力。但是，这种集权结构却难以与政党组织的发展

---

① 安得拉邦在20世纪50年代出现过要求建立语言邦的政治运动，这远在泰卢固之乡党成立之前。

以及防治腐败取得平衡。在印度很多邦，政党募款的集中化导致了政党组织结构的集权化。以国际标准来看，印度的新自由主义经济改革还远不完善，这给政客们留下了很多"自由发挥"的空间。在权力集中的邦，级别较高的政客们可以给予企业特许权进而暗中获得来自企业的捐献。在基本生活用品价格飞涨的时期，使用企业特许权能够从企业手中获取利润丰厚的回扣。奥里萨邦矿产资源丰富，政府与矿产企业达成了很多协议，外界虽然相信比朱人民党领袖的清廉和自律，但依然怀疑该邦的执政党存在腐败的可能。①

第四，政治制度和政治环境方面的解释能够说明地区性政党崛起的大背景和大环境。然而，这类解释无法很好地理解泰卢固之乡党和比朱人民党长期执政的原因。政治制度和政治环境无法解释为什么一些地区性政党失去了政治权力甚至解体，而另一些则维持了相当时间的地方执政乃至影响国家层面的政治。环境因素可以解释整体的政治现象和趋势，但不能完全解释个别的案例。

三、研究设想与研究框架

（一） 基本假设

为什么特定的地区性政党在不长期使用身份认同进行政治动员的情况下，依然能够在地方邦长期执政，并且能够有效应对其他地区性政党带来的挑战？针对这一核心问题，研究重点应当放在政党与选民关系上，问题的实质是：在印度的选举政治中，政党与选民之间的关系是什么样的；相对于其他邦的地区性政党，泰卢固之乡党和比朱人民党与它们各自选民之间的关系是如何建立和稳固的；泰卢固之乡党和比朱人民党的独特之处是什么；安得拉邦和奥里萨邦的独特之处是什么。对于安得拉邦和奥里萨邦来说，在这两个邦长期执政的地区性政党表现出了一些不同于其他地区性政党的特征。

其一，泰卢固之乡党和比朱人民党并没有在选举动员中过分强调族群认同或是煽动特定群体对于外部他者的敌意。安得拉邦和奥里萨邦也

① James Manor, "An Odisha Landslide Buries both National Parties: Assessing the State and Parliamentary Elections of 2014," *Contemporary South Asia*, Vol. 23, No. 2, 2015, pp. 198 – 210.

不像其他长期被地区性政党执政的邦那样，具有很强的分离主义倾向和统一的族群归属感。相反，在特定的宗教和认同问题上，泰卢固之乡党和比朱人民党的立场是中立的、世俗化的。相比目前正在中央执政的印人党，泰卢固之乡党和比朱人民党也显得更加世俗化。

其二，重视对福利项目和公共服务的投资是这两个地区性政党共同的特点。泰卢固之乡党和比朱人民党都依靠一些旨在满足底层贫困选民的基本生活需求的福利项目获得过广泛的选民支持。此外，这两个政党也越来越重视对邦内公共服务的投资。从相关数据来看，安得拉邦和奥里萨邦在基础设施建设方面的成绩很突出。在21世纪第一个10年里，通过基础设施建设授权法给予各邦的基础设施发展项目数量和投资额排名中，安得拉邦排名第二，奥里萨邦排名第七。[①] 因此，执政党对福利项目的分配和公共服务的投资以及选举之间的关系值得深入研究。

其三，泰卢固之乡党和比朱人民党的政党联盟策略都十分灵活和有效，能够与中央执政党维持较好的关系。在选举上，泰卢固之乡党曾经与印度共产党（马克思主义）、印人党乃至国大党都进行过联盟或合作。同样，比朱人民党也与国家政党印人党以及地区性政党贾坎德解放阵线、民族主义国大党以及左翼政党展开过联盟或选举上的合作。泰卢固之乡党和比朱人民党的政党联盟与政党合作并不受意识形态因素影响，而是以实际的选举利益和政治利益为基础。

其四，泰卢固之乡党和比朱人民党的建立都是地方政治精英集团分化斗争的结果，个别政治精英对这两个政党的生存和发展有重要影响。泰卢固之乡党的建立与安得拉邦雷迪种姓集团的崛起有直接关系，该党最初的选举获胜本质上就是一些地方政治精英崛起的直接结果。而比朱人民党的建立，本质上也是该邦政治精英集团内部分化的结果。纳文·帕特奈克之所以建立比朱人民党，本质上是部分追随纳文·帕特奈克的地方精英从新人民党中分离出来的结果。除了安得拉邦和奥里萨邦，纵观印度各个邦，包括那些由国家政党执政的邦，都会发现地方政治精英在印度现有的选举政治中占有举足轻重的地位。政治精英是研究印度地方政治不可缺少的要素。

① Nikita Sud, "The State in the Era of India's Sub - National Regions: Liberalization and Land in Gujarat," *Geoforum*, Vol. 51, 2014, pp. 233 - 242.

综上所述，地区性政党的长期执政需要具有相对稳定的政党与选民关系基础。因此，问题的核心在于，为什么地区性政党能够在一些邦构建起稳定的政党—选民关系，地区性政党是如何做到这一点的，印度的地方政治中政党和选民的关系是否有特定的模式？在现代的印度地方政治中，认同政治、族群政治对印度地区性政党是否还有绝对的影响作用，在一些特定的地区它们还是不是地区性政党长期执政的重要影响因素？印度的政治精英又对地区性政党的执政有什么样的影响？针对这一系列问题，需从泰卢固之乡党和比朱人民党的成功和多次选举胜利出发，对印度地区性政党的成功进行新的分析和研究。通过对印度的政党—选民关系的演变进行整体分析后，本书认为印度的政党与选民关系本质上是一种“庇护型”的关系。在这一体系中，政党想要多次获得选举胜利，就需要有效地为特定选民群体输送利益。本质上，政党与选民之间不是以某种特定的意识形态或一套纲领性的准则为基础，选民选择政党是为了获得特定的物质或服务利益，政党则用利益分配动员选民。为了有效地进行利益分配和维持执政，政党不但需要从地方获得利益和资源，也要从中央获得相应的支持。同时，政党要想长期维持内部的团结与稳定，地方政治精英集团的分化与组合以及个别政治精英也是十分重要的影响因素。因此，本书提出三个基本假设：

假设一：由于印度的政党—选民关系是以庇护主义为基础的，因此地区性政党选举成功与否取决于政党能不能为特定的选民群体分配利益并有效地获得选票回报，即政党对特定选民群体的高效利益分配。

假设二：为了选举胜利和维持执政，地区性政党需要从印度的整个政治权力网络中获取资源。因此，地区性政党多次获得选举胜利并维持执政的一个重要条件在于其能够利用政党联盟和央地关系来获取资源。

假设三：在庇护主义普遍存在的选举环境中，地区性政党的核心主要由地方政治精英集团构成。因此，地方政治精英集团的分化与组合是影响政党统一与分裂、成败与存续的重要因素。

（二）　研究框架

上述三个假设是地区性政党长期执政的必要条件，如果政党能同时具备这三个条件，那么政党长期执政的概率较大。三个假设所提出的三个因素是相互支撑和相互依赖的关系。

假设一即“政党对特定选民群体的高效利益分配”，是政党获得足够选民支持以及获得选举胜利的条件。然而，如果政党只具备这一条件，并不能保证政党能够长期执政，因为以利益分配获取选票回报的前提有很多，比如政党对关键选民群体的识别，关键选民群体对政党的选举回报要具有可预期性、稳定性和持续性，竞争对手采取的策略等。最为重要的是，政党还需要有可持续的资源供给以便维持一定规模的利益分配。假设二所说的“资源获取”也并不能成为政党长期执政的单一条件。政党联盟虽然可以给政党带来外部的资源支持，但是如何分配资源，并使政党的分配转化为选举上的回报也是十分关键的，这一切都要取决于假设一所说的政党能够有效分配利益并获得选举回报。如果地区性政党满足假设一和假设二所提出的两个条件，那么政党获得选票的能力会增强，进而具备了赢得选举的重要前提条件。但是，选举竞争是复杂的，其他竞争者也会用各种方法吸引选民或者破坏对手的支持基础。更为重要的是，政党本身还会分裂或瓦解。地方政治精英的利己性决策很可能会导致新政党的产生，也可能会导致政党的分裂和瓦解。一些具有忠实选民支持者的政客离开某个政党而加入别的政党很可能会导致选举局势的改变。因此，假设三所提出的条件是假设一和假设二的前提和基础，但假设三所说的党内政治精英的团结和稳定也需要假设一和假设二的支持。如果某个政党虽然能够长期维持政党内部的团结，但是无法取得选举胜利，那么党内的地方精英也是无法长期留在政党内的，大规模的叛党或分裂将成为必然。

在第一章，将结合理论和实证分析，对“政党对利益的高效分配”“地区性政党是否能够在整个权力网络中获取资源”以及“地方精英的利益关系”这三个假设的提出进行全面论述。

在第二章，重点讨论第一个假设，即地区性政党如何有效为特定的选民群体分配利益，并以此换取选举回报。本章对泰卢固之乡党和比朱人民党在执政的各个阶段所采取的分配政策和福利政策进行梳理，并对这些措施与选举之间的关系进行研究。这一章也会涉及泰卢固之乡党和比朱人民党如何在邦内维持这种分配模式，以及如何从邦内抽取资源进行选举。同时，安得拉邦和奥里萨邦的相关情况会与那些由国家政党长期执政的邦进行比较。

在第三章，重点讨论第二个假设，即地区性政党是如何利用政党联盟获得中央的执政支持，以及影响中央对地方的政策。在这一过程中，地方的政治与国家层面的政治明显具有互动和关联。印度的国家政党和地区性政党以及地区性政党与其他地区性政党之间的联盟关系需要被纳入考虑的范围。印度联邦制下的中央和地方的权力分配也是本章研究的重点。同样，泰卢固之乡党和比朱人民党与其他政党的联盟、对抗关系将被重点探讨，在论述的过程中也会将它们的情况与其他邦进行比较。

在第四章，将重点讨论第三个假设，即地方精英与地区性政党长期执政的关系。精英政治是印度政治的重要特征之一。精英阶层在地方的利益分化与统一是地区性政党能否长期存续的关键。相比于其他章节，本章的研究会更加微观，会对地方政治中各个利益集团的分化与合作进行相应的研究，也会对泰卢固之乡党和比朱人民党党内政治精英之间的关系做梳理总结。在论述中，泰卢固之乡党和比朱人民党的情况也将与其他国家政党和地区性政党进行比较。

在最后的结论部分，将对印度地区性政党长期执政的要素进行总结。同时对印度整体政治的发展趋势做相应的分析和判断。地区性政党影响力的长期存在是无法否认的现实，即使今天的印人党已在联邦层面一党独大，地区性政党仍然在印度政坛上占有重要位置。此外，分析印度的地区性政党，也对印度选举政治的基础——地方选举政治有更进一步的认识，因此这部分也会对印度地方政治的发展与演化进行总结。

四、研究方法与概念界定

（一）　研究方法

主要采用比较政治的研究方法，把安得拉邦的泰卢固之乡党和奥里萨邦的比朱人民党与其他邦的地区性政党进行比较研究。在具体论述中，也会涉及与其他国家的情况进行比较。本书不是只关注单个邦的案例，而是在次国家层面进行案例比较。因为在次国家层面进行比较，便于解释公共政策在不同地区的形成与实施的差异。对各个邦进行比较，有助于识别出各个邦之间的异同，也能够避免研究落入错误的例外主义或错误的普世主义的陷阱。[①] 一些学者认为，此类错误在印度地方政治的研究中十分常见。[②] 也有学者指出，在印度联邦制下选取不同几组邦进行比较，可以使研究者在控制那些非政治变量的同时，更好地关注那些促成不同邦的社会政策背后的政治因素。[③]

在案例选择上，之所以将泰卢固之乡党和比朱人民党作为重要研究对象，是因为这两个政党没有长期使用特定身份认同进行政治动员，但却实现了长期在邦一级执政。因此，着重研究泰卢固之乡党和比朱人民党可以对身份政治这一印度政治中普遍存在的变量进行控制，以便找到印度地方政治中一些长期存在并且对地区性政党政治产生重要影响的因素。而在具体论述中，会将泰卢固之乡党和比朱人民党同其他印度政党进行比较。例如，为了说明上文提出的三个假设是泰卢固之乡党和比朱人民党这样长期没有使用身份认同进行政治动员的政党能够长期执政地方邦的重要条件，在具体的论述中会选择曾在哈里亚纳邦执政的地区性政党哈里亚纳发展党与泰卢固之乡党和比朱人民党进行比较。哈里亚纳发展党也没有使用特定的身份认同进行政治动员，但是该党由于在政党联盟方面的失败以及内部精英的问题，使其没能长期执政哈里亚纳邦。哈里亚纳发展党作为泰卢固之乡党和比朱人民党的反例，在第三章和第四章的结论部分有具体的比较论述。此外，其他地区性政党和地方邦的例子也会在各个部分的具体论述中与泰卢固之乡党和比朱人民党的案例进行比较和说明。

本书通过搜集大量选举数据、福利分配数据，利用印度选举委员会数据库、发展中社会研究中心选举数据库以及其他一些印度宏观经济数据库的数据，做一定的量化分析，进而研究泰卢固之乡党和比朱人民党的特定经济政策和社会政策对其执政和选举产生的影响。同时，利用

---

① Richard Rose, "Comparing Forms of Comparative Analysis," *Political Studies*, Vol. 39, No. 3, 1991, pp. 446 – 462.

② James Manor, "What Do they Know of India Who Only India Know? The Use of Comparative Politics," *Journal of Commonwealth and Comparative Politics*, Vol. 45, No. 4, 2010, pp. 505 – 516; Louise Tillin, "National and Subnational Comparative Politics: Why, What, and How," *Studies in Indian Politics*, Vol. 1, No. 2, 2013, p. 235.

③ Richard Snyder, *Politics after Neoliberalism: Reregulation in Mexico*, Cambridge: Cambridge University Press, 2001.

Tableau、R 语言等数据处理工具，对数据进行分析，实现数据的可视化，研究变量之间的相关性。

在撰写该著作期间，笔者曾在印度对当地的学者、媒体记者和来自安得拉邦和奥里萨邦的青年学生进行过实地调研访谈，[①] 也在印度和美国搜集过相关的文献资料、数据，以充实资料。

（二） 概念界定

印度选举委员会把在印度参与竞选的政党分为国家政党、邦级政党、已注册政党三类。[②] 而在定义这三类政党之前，印度选举委员会首先定义了一个概念，叫作被认可的政党。印度选举委员会规定，满足条款 A 或者条款 B 的政党，可以在地方邦被认定为政党。

> 条款 A：持续 5 年开展政治活动；参与了最近的某个邦的人民院大选或邦议会选举，并且至少获得该邦所占的人民院议席总数的 1/25 或者邦议会议席的 1/30。

> 条款 B：该党所有参选的候选人在某个邦的最近一次人民院选举或者邦议会选举中，所取得的选票份额不少于该邦人民院选举或邦议会选举有效投票总数的 6%。

如果人民院或者邦议会的某个议员在人民院选举和邦议会选举之后才加入某个政党，那么该政党不适用条款 A 和条款 B。在该规定中所说的邦包括德里国家首都辖区和本地治里中央直辖区。

被认可的政党又可分为国家政党和邦级政党。如果一个政党在 4 个及 4 个以上的邦被认可为政党，并在这 4 个及 4 个以上的邦的人民院选举或邦议会选举中持续被认可，那么该政党在被这些邦被认可的时期内就被视为是全印度范围内的国家政党。例如，在 2014 年大选中，国大

---

① 2018 年 12 月至 2019 年 1 月，笔者在印度与来自奥里萨邦达利特群体的尼赫鲁大学学生、泰卢固语报纸《安得拉之光》报社驻德里分部副主编、发展中社会研究中心主任等学者和普通市民谈话。所有的访谈都在取得受访人同意之后进行了录音，笔者保留有所有原文录音。

② "FAQs – Registration of Political Parties," Election Commission of India, http://eci.nic.in/eci_main1/RegisterationPoliticalParties.aspx.

党、印人党、大众社会党、印度共产党、印度共产党（马克思主义）、民族主义国大党都是国家政党。[①] 而2024年大选中，有6个政党被印度选举委员会定义为国家政党，它们是印人党、国大党、印度共产党（马克思主义）、大众社会党、国家人民党以及平民党。[②] 如果一个政党在4个以下的邦获得认可，并在这4个以下的邦的人民院选举或邦议会选举中持续被认可，那么该政党在获得这些邦认可的时期就被视为邦级政党。

另外，根据1951年的《公民代表法》，所有自称为政党并且期望获得1951年《公民代表法》第4条A款所规定权利的公民组织，都必须到印度选举委员会进行注册。

根据上述分类对印度的地区性政党进行定义。地区性政党，指的是印度选举委员会规定的邦级政党以及其他所有参与选举的已注册政党。这类政党只在特定地区参与选举，它们的选民基础也只集中在特定地区。同时，在具体的研究和分析中，由于本书涉及一定的时间跨度，为了方便比较，会将极个别在2019年大选时才升格为国家政党的地区性政党依然视为地区性政党。

此外，在讨论的过程中还涉及一个重要概念，即"政党的长期执政"。政党在邦一级的长期执政，指的是地区性政党在邦一级多次执政，并不特指政党的连续执政，重在关注和比较地区性政党执政的时间加总。

五、创新之处

本书的创新之处主要有以下三个方面。

第一，认为泰卢固之乡党和比朱人民党的案例挑战了长期以来学术界普遍持有的一个观点，即地区性政党在特定地域内的成功是某种特定地区性身份认同的结果。在印度一些邦的政党政治中，对于政党的长期执政和多次选举成功来说，身份认同因素的影响作用是有限的。传统

---

① "Party Wise Performance and List of Party Participated 2014," Election Commission of India, http://eci.nic.in/eci_main1/GE2014/Party_Contested_GE_2014.xlsx.

② "National Parties," Election Commission of India, March 14, 2024, https://old.eci.gov.in/files/category/1649-recognized-national-parties/.

上，针对印度地区性政党的研究认为身份认同是地区性政党执政的基础。没有身份认同上的分裂，就不会有地区性政党的执政。从安得拉邦和奥里萨邦的政治发展来看，在缺少分离主义和族群冲突作为政治动员力量的情况下，泰卢固之乡党和比朱人民党这样的地区性政党依然能够长期有效地动员选民支持。此外，认同因素虽然对于地区性政党的形成和崛起具有很强的促进作用，但对于地区性政党长期的选举动员以及长期执政并不一定有效。

需要承认的是，印度拥有自己独特的社会和政治发展进程，因此印度的政党竞争模式明显有别于西方国家以意识形态为基础的竞争模式。在多样性极强的印度社会中，各个社会群体以各自的族群、宗教、语言等身份特征为认同基础，通过政党政治寻求自己所属群体的权利和利益。这就是在印度政治中身份认同显得十分重要的原因。很多地区性政党也正是基于特定的族群或地区认同而建立的。一些学者因此认为印度政党竞争的基础是“寻求承认的政治”。[①]

然而，在印度的一些地区，依赖于某种特定身份认同并不能让地区性政党获得长期成功并在邦层面长期执政。因为“寻求承认的政治”的本质是特定的群体期望在社会、政治和经济上获得相应的权利和认可。在印度的地方社会中，邦一级的身份认同固然存在，比如泰米尔纳德邦有共同的泰米尔人认同、旁遮普邦有锡克教认同、安得拉邦有泰卢固人认同，但是，这种邦层面的共同身份认同对于地区性政党的邦议会选举来说依然显得过于宽泛。在邦层面以下，地方的身份认同差异以及利益分歧会进一步分化，选民群体也随之进一步分化为持有各种各样次级身份认同的小群体。在这样的环境中，地区性政党很难再依靠某种单一的认同因素获得邦层面的多次选举胜利。在某种单一地区性认同较为强烈的邦，特定的身份认同更像是政党进入邦一级选举市场的入场券，持有地区性身份认同的政党能够因此在这一地区开展选举竞争，但政党能否获胜则是另外一回事。而在大多数地区性政党执政过的邦，国家政党也能有机会取得邦政府的执政权，政党的身份特征对选举胜利并不具有决定性作用。同时，在地方的选举市场中，来自当地能够代表地方特

① Pradeep K. Chhibber and Rahul Verma, *Ideology and Identity: The Changing Party System of India*, New Delhi: Oxford University Press, 2018.

定认同群体的政党层出不穷，一些较宽泛的地区和族群身份对于政党的选举竞争来说会逐渐失去作用。在这一过程中，身份认同对于地区性政党的选举会变得越来越不重要。

第二，认为地区性政党长期执政靠的是在庇护主义的政治体系中对资源的有效控制和分配。一些研究指出，由于地区性政党体系化不强，选民对它们的忠诚度也不高，为了维持政党与选民的关系，地区性政党执政的政府更有动力去向中央争取更多的财政支持以促进地方的发展，以便于维持地区性政党与选民之间的裙带关系。[①] 显然，长期执政需要构建更加精密的政党—选民关系，这是一个复杂的体系。地区性政党必须能够在有效控制资源的同时，还能高效和精确地把资源分配给地方的特定选民群体，进而获取选举回报。泰卢固之乡党和比朱人民党的一些政策和具体做法，都是对这种资源控制和分配的体现。

另外，地区性政党在邦层面的长期执政之所以更多依赖对特定群体的有效利益分配，是因为当区域内有各种持不同身份认同的群体通过政党政治寻求自己权利和利益时，政党就有更多机会通过特定的分配模式换取关键选民群体的选举支持。

第三，认为印度地方政治精英集团对政党的生存和延续有重要影响，甚至对地方的政党政治有塑造的作用。已有研究大多强调政党体系、选举制度、选民偏好变化等系统性因素对政治精英的影响。然而，不但地区性政党的存续和发展与地方精英的分化和统一密切相关，地方精英甚至可以塑造地方的政党体系乃至选民的偏好。在印度特殊的政治、社会和文化背景之下，选民对政治精英及其家庭有较高的忠诚度。很多地方政治精英基于自己的政治利益，不但可以决定自己的政党归属，随意变更党籍，只要具备足够的实力，还可以选择创建新的地区性政党或让自己领导的政党与其他政党合并。然而，在一个基于庇护型政党体系中，政治精英的这些行为却不会伤害自己的选民基础，地方选民愿意跟随地方精英的步伐。这就使得地方政治精英在政党政治中具有十分强大的影响和作用。

---

① K. C. Suri, Carolyn Elliott and David Hundt, "Democracy, Governance and Political Parties in India: An Introduction," *Studies in Indian Politics*, Vol. 4, No. 1, 2016, pp. 1 – 7.

第一章

印度的政党—选民关系与政党竞争

通过将理论与印度的政治现实相结合，本章将对印度地区性政党成功的关键因素进行分析和说明。首先，对不同类别的政党—选民关系进行定义和分类。其次，对印度的政党—选民关系在国家层面和地方层面的发展变化过程做简单梳理，指出今天的印度政治中政党—选民关系大致呈现庇护主义特征，政治精英在地方的政党—选民关系中具有重要作用。最后，从政党竞争模式来看，印度的政党竞争与西方国家有显著的差别。印度的政党竞争不是像西方国家那样基于阶级、中央与国家、城市与农村、宗教与世俗的分化而展开的一种高度意识形态化的政党竞争，而是围绕对各选民群体的利益和权利分配问题展开的竞争。通过上述理论与印度实践相结合的分析，本书认为在印度政党政治中，基于庇护主义的有效物质利益分配、在政党体系中持续获取可分配的利益以及地方政治精英的分化与组合，是印度地区性政党长期获取成功的三个关键因素。

第一节　政党—选民关系的理论背景

为什么选民会支持某一个政党？要讨论这一问题就需要讨论在特定政党体系下的政党—选民关系特征。政党吸引选民支持的方式是多样的，而选民选择政党的理由也是多样的。在不同国家和不同的政治环境中，政党—选民关系具有不同的模式和特征，在不同形式的政党—选民关系中，政党取得成功的途径和办法并不一样。从政党—选民关系出发，可以更有效地理解政党如何维持自身的支持基础。

一、政党—选民关系的类别

关于政党—选民关系类型的研究有很多。有的研究认为，选民与政治精英之间的关系是多样的，大致可以分为克里斯马型（或魅力型）、庇护型、纲领型三类。[①] 而有的研究，则从政党—选民关系出发把政党体系分为“纲领型政党体系”“施惠型政党体系”以及“民粹型政党体系”。[②] 在理论部分，综合各类文献的定义，本书将政党—选民关系主要分为纲领型、庇护型以及克里斯马型三类。

第一类，纲领型的政党—选民关系，指的是政党为选民提供一整套的政策选项，政党通过间接的、非选择性激励的方式补偿选民。不论选民是否支持执政党，政党政策的再分配都会让所有选民受益。[③] 纲领性政治是在规则约束下面向全体公民或社会中的广大群体分配物品、服务或国家能力，进而获得选举支持。具体而言，由于政策通常是由那些平等地影响全体公民或公民中特定阶层的规则构成，所以政党或政客在选举中只有通过承诺或提供公共政策来获得政治支持。[④] 在纲领型政党体系中，政党和选民主要是通过制度化的关系网络连接在一起的。在对政府权威有多种审查和制衡机制以防止政府独断专权的前提下，政治上中立的官僚机构基于政党的政策平台，把国家资源分配给选民。纲领型政党竞争主要沿着对经济问题的不同看法（即经典的左右区别）展开，或者是沿着某种文化层面的分歧展开。[⑤]

实际上，一些纲领型政党也会服务于特定的利益寻租集团，尤其是

---

① Herbert Kitschelt, “Linkages between Citizens and Politicians in Democratic Politics,” *Comparative Political Studies*, Vol. 33, No. 1, 2000, p. 845.

② Paul D. Kenny, *Populism and Patronage: Why Populist Win Elections in India, Asia, and Beyond*, Oxford: Oxford University Press, 2017, pp. 34 – 36.

③ Herbert Kitschelt, “Linkages between Citizens and Politicians in Democratic Politics,” *Comparative Political Studies*, Vol. 33, No. 1, 2000, p. 850.

④ Adam Ziegfeld, *Why Regional Parties? Clientelism, Elites, and the Indian Party System*, New York: Cambridge University Press, 2016, p. 53.

⑤ Paul D. Kenny, *Populism and Patronage: Why Populist Win Elections in India, Asia, and Beyond*, Oxford: Oxford University Press, 2017, pp. 34 – 35.

在那些政党高度碎片化、一些较小的选区还有自己的政党的国家中。然而，只要这些政党的寻租政策在分配利益时是合理合法的，适用于某个特定选区的公共政策是使该选区的全体选民都受益的，它们就不算是庇护型政党。事实上，通常很难区分某项公共政策是以寻租为导向还是以提供公共物品为导向。①

第二类，庇护型的政党—选民关系，指的是通过直接的、个人化的以及物质性的给予来维持政党与追随者之间的关系。对于“庇护主义”或“侍从主义”的定义有很多。作为一种选举动员方式，它指的是提供物质商品以换取选举支持。在现实中，这种“物质商品”不仅可以以利诱的形式出现，也可以以威胁的形态出现。② 例如，施惠者可以威胁选民不要支持特定的选举对手，否则就剥夺特定选民的一些权利。庇护主义中涉及的物品和服务分配，通常指的是对来源于国家的物品和服务的分配，包括福利项目、国家经营的医保项目或教育资源的分配，同时也包括对来自私人的“礼物”以及金钱的分配。③

在庇护型政党体系中，政党与选民关系主要是以物质主义的或庇护主义的交换关系为基础。在这类政党体系中，当选官员在分配由国家提供的工作和服务时拥有很大的自由。政治竞争不是以多元主义的观念为基础在各种利益部门之间围绕政策本身而展开竞争。④ 官员们可以任意通过“掮客”分配国家资源，以此换取选民的选举支持。⑤ 在庇护主义盛行的民主国家中，一个成功的政党，不论它是国家政党还是地区性政党，都需要通过对物品、服务或国家能力的任意分配，提供给选民能够

---

① Herbert Kitschelt, “Linkages between Citizens and Politicians in Democratic Politics,” *Comparative Political Studies*, Vol. 33, No. 1, 2000, p. 850.

② Susan C. Stokes, “Political Clientelism,” in Robert E. Goodin ed., *The Oxford Handbook of Political Science*, Oxford: Oxford University Press, 2011, p. 649.

③ Adam Ziegfeld, *Why Regional Parties? Clientelism, Elites, and the Indian Party System*, New York: Cambridge University Press, 2016, p. 53.

④ Kanchan Chandra, *Why Ethnic Parties Succeed: Patronage and Ethnic Headcounts in India*, Cambridge: Cambridge University Press, 2004.

⑤ Paul D. Kenny, *Populism and Patronage: Why Populist Win Elections in India, Asia, and Beyond*, Oxford: Oxford University Press, 2017, p. 35.

获取这些资源的预期或希望，只有这样政党才能赢得选票。[①]

此外，庇护型政党—选民关系涉及两个层面的交换关系：其一，资源富有但选票较少的选区给予政治人物资金上的支持，当政治人物当选后分发相应的物质回报给这一选区；其二，选票较多但资源较少的选区在选举前和选举后接受来自特定政治人物的物质激励，以确保该选区对这位政治人物的支持。庇护主义既有互惠和自愿的特征，也有剥削和支配的特征。[②]

第三类，克里斯马型的政党—选民关系，指的是政治领导人通过个人能力和说服力逐渐灌输给追随者一种信念，让他们认为这位政治领导人有能力终结他们的苦难，给他们带来更好的未来。克里斯马型的政治人物趋向于给予全体人民所有的承诺，以此来保持对自身所属政党的战略拥有最大限度的裁定权。[③] 在克里斯马型的政党—选民关系中，政党与选民之间的关系维系，主要依靠的是选民对个别政治领导人的个人魅力与能力的认可和信赖。政治领导人在选举中发挥着巨大的作用，而不是政党的政绩或价值取向。

克里斯马型的政党—选民关系与民粹主义有一定的联系。对于“民粹主义”的概念，学术界尚未形成共识。目前，在已有研究中，民粹主义被定义为一种政治话语、意识形态、领导能力、运动、现象、策略、风格、综合性现象等等。[④] 在政治学领域，比较主流的做法是从三种不同路径定义民粹主义，即观念路径、政治策略路径以及社会文化路径。[⑤] 克里斯马型的政党—选民关系与民粹主义的政治策略路径有一定的联系，很多克里斯马型的政治领导人都使用民粹主义的动员策略获取了大量选民的直接支持。

---

① Adam Ziegfeld, *Why Regional Parties? Clientelism, Elites, and the Indian Party System*, New York: Cambridge University Press, 2016, p. 50.

② Herbert Kitschelt, "Linkages between Citizens and Politicians in Democratic Politics," *Comparative Political Studies*, Vol. 33, No. 1, 2000, p. 849.

③ Herbert Kitschelt, "Linkages between Citizens and Politicians in Democratic Politics," *Comparative Political Studies*, Vol. 33, No. 1, 2000, p. 849.

④ Ghiţa Ionescu and Ernest Gellner eds., *Populism: Its Meanings and National Characteristics*, London: Weidenfeld and Nicolson, 1969.

⑤ Cristóbal Rovira Kaltwasser, Paul Taggart, Paulina Ochoa Espejo and Pierre Ostiguy eds., *The Oxford Handbook of Populism*, Oxford: Oxford University Press, 2017, p. 13.

二、政党—选民关系类别与其他概念的区别

在对印度地方政治和政党进行研究时，政党—选民关系应当定义为庇护型而不是施惠型。此外，特定地区、特定时期的特定政党—选民关系还表现出很强的克里斯马型特征。印度政治虽然具有民粹主义的特征，但在印度的政党—选民关系中，克里斯马型特征更为明显。

首先，由于印度地区性政党以及地方政治具有多样性特征，因此印度的政党—选民关系的总体特征也是一个相对宽泛的概念。相较而言，"庇护主义"的概念更加宽泛，总体来看"买票"以及"施惠政治"都属于庇护主义。[①]

庇护主义与"买票"的区别在于，对庇护主义所说的选举支持可进行宽泛的解释，此类支持可以是自己投票支持，也可以是帮助施惠者获得其他人的选票，"买票"则仅限于通过支付特定的"商品"来换取选票，这种"商品"可以是特定的利益或某种保护。[②] 庇护主义应当与"买票"这一概念做严格的区分，庇护主义的特征在于分配资源时的"个人化"以及"任意化"。"个人化"指的是政党或政客在分配资源时瞄准的是特殊的群体，而不是像女性、年轻人、穷人、农民或少数族群这样具有广阔覆盖面的群体。政党在分配资源时可以针对一个十分小的选民群体，他们可以是特定街区的特定家庭或居民。"任意化"指的是政党和政客所做出的分配可以是一些基于临时决策的个案。[③]

庇护主义与"施惠政治"相比较，对于"施惠政治"来说，执政者通常通过分配公共资源来换取选举支持，最为典型的公共资源就是政府公职。与庇护主义不同，"施惠政治"的利益分配标准是：你有没有投票给我以及你会不会投票给我？在这一点上，"施惠政治"与广义的庇护主义有了区别。庇护主义所指的那些相对有权力的政治行为体，不

---

① Susan C. Stokes, "Political Clientelism," in Robert E. Goodin ed., *The Oxford Handbook of Political Science*, Oxford: Oxford University Press, 2011, p. 650.

② Susan C. Stokes, "Political Clientelism," in Robert E. Goodin ed., *The Oxford Handbook of Political Science*, Oxford: Oxford University Press, 2011, p. 650.

③ Adam Ziegfeld, *Why Regional Parties? Clientelism, Elites, and the Indian Party System*, New York: Cambridge University Press, 2016, p. 52.

一定要担任公职，因此也不一定要对受惠者做出可信的承诺以确保受惠者获得公共资源。“施惠政治”中的施惠者是那些控制着公职、有权分配国家资源的行为体。[①] 一些学者指出，庇护主义与早期的“施惠政治”有区别，“施惠政治”一般建立在长期的地方关系之上，这种地方关系是顺从的、雇佣的、有信用的，面对外部权威时具有代表性而且通常是强制性的；而庇护主义的关系则是讨价还价的性质更加明显并且是短期的。[②] 另一些学者则指出，庇护主义的关系也具有一定的连续性和忠诚度，并能持续经历数次选举。[③]

庇护主义和“施惠政治”的区别与梅迪纳和斯托克斯所说的“经济垄断者”和“政治垄断者”的区别相呼应。经济垄断者指的是那些不被选举结果影响，可以独立控制利益分配的施惠者；而政治垄断者指的是那些只有当选后才能掌控利益分配的施惠者。[④] 区分选民与政客的关系大体上是庇护主义的还是施惠关系的，主要看这一关系是基于经济垄断还是政治垄断。在政治垄断关系中，选民想要将一个施惠者赶下台可能会面临着集体行动的困境，因为施惠者的存在本身就代表着一种公共产品，即使在大部分的选民都投票支持施惠者，只有小部分反对施惠者的情况下，这小部分选民依然有可能受到施惠者的报复。由于在对不受欢迎的施惠者进行投票时，每个选民都想把自己的风险最小化，收益最大化，从而会继续支持不受欢迎的施惠者，而期望让其他的选民去反对这个施惠者。由于绝大多数的选民都会做这样的考虑，最后的结果就是不受欢迎的施惠者依然会继续当选执政。[⑤] 对于印度地方来说，经济

---

① Susan C. Stokes, "Political Clientelism," in Robert E. Goodin ed., *The Oxford Handbook of Political Science*, Oxford: Oxford University Press, 2011, pp. 650 – 651.

② Carolyn Elliott, "Clientelism and the Democratic Deficit," *Studies in Indian Politics*, Vol. 4, No. 1, 2016, p. 24.

③ Herbert Kitschelt and Steven I. Wilkinson, "Citizen – Politician Linkages: An Introduction," in Herbert Kitschelt and Steven I. Wilkinson eds., *Patrons, Clients and Policies: Patterns of Democratic Accountability and Political Competition*, New York: Cambridge University Press, 2007.

④ Luis Fernando Medina and Susan C. Stokes, "Monopoly and Monitoring: An Approach to Political Clientelism," in Herbert Kitschelt and Steven I. Wilkinson eds., *Patrons, Clients, and Policies: Patterns of Democratic Account – ability and Political Competition*, Cambridge: Cambridge University Press, 2007.

⑤ Susan C. Stokes, "Political Clientelism," in Robert E. Goodin ed., *The Oxford Handbook of Political Science*, Oxford: Oxford University Press, 2011, p. 651.

垄断和政治垄断事实上是并存的。在本书第四章中，将指出一些垄断地方政治的政治精英往往出身于垄断经济阶层。因此在对印度政党体系中的政党—选民关系的总体特征进行定义时，使用宽泛的概念更为妥帖。

其次，当前与印度政治相关的学术著作中，“庇护主义”和“施惠”两个词时常是混用的，但总体而言，使用“庇护主义”进行研究更为准确。齐格菲尔德在其著作中就承认，他所定义的庇护主义，与钱德拉所说的“施惠关系的民主”是十分相似的。[①] 即使一些以“施惠”为题的著作，作者在具体论述时依然说的是庇护主义。一些研究认为，长期以来当政治学家提及施惠关系时，他们都同意将其理解为庇护主义。对于他们来说，这个概念意味着支付商品与服务以换取政治支持。[②]

在另一些学术著作中，学者还用“非纲领性的政治”作为一个很宽泛的概念来指代庇护主义和“施惠政治”。[③] 但另一些学者认为使用庇护主义更为准确，当政党和政客通过对物品、服务或国家能力进行个人化的任意分配，从而获得选举支持时，庇护主义就出现了。[④] 很多研究南亚地区“施惠政治”的著作，都习惯使用“庇护主义”这个词汇。由于重点是研究印度地方的政党与选民关系，庇护主义的定义更加符合印度政治的现实。

在印度的政党—选民关系中，一个显著特征是很多政党以克里斯马型政治领导人为核心建立政党，以政治领导人的个人魅力吸引选民，而民粹主义则是克里斯马型政治领导人动员选民的工具。因此使用克里斯马型的政党—选民关系来定义那种以克里斯马型政治领导人为核心，采用民粹主义方式进行选举动员的政党与支持它的选民之间的关系。

---

① Adam Ziegfeld, *Why Regional Parties? Clientelism, Elites, and the Indian Party System*, New York: Cambridge University Press, 2016, p. 56.

② Anastasia Piliavsky ed., *Patronage as Politics in South Asia*, Delhi: Cambridge University Press, 2014, p. 7.

③ Susan C. Stokes, Thad Dunning, Marcelo Nazareno and Valeria Brusco eds., *Brokers, Voters, and Clientelism: The Puzzle of Distributive Politics*, Cambridge: Cambridge University Press, 2013, pp. 6–18.

④ Adam Ziegfeld, *Why Regional Parties? Clientelism, Elites, and the Indian Party System*, New York: Cambridge University Press, 2016, p. 52.

首先，使用民粹主义定义政党—选民关系是片面截取了民粹主义的部分定义和内涵，而忽视了民粹主义的其他一些特征。在论述民粹主义的政党体系的相关著作中，认为在这一体系中大多数政党的制度化程度都很低，政党领袖通过媒体、集会以及其他各种大众沟通方式直接与选民构建联系。① 这一定义实际上是以“政治策略路径”定义民粹主义。政治策略路径认为民粹主义最好被定义为个性化的领袖基于大量无组织的大众所提供的直接、无中介的以及非制度化的支持，进而获取或应用政府权力的策略。②

然而，除了政治策略路径，民粹主义还可以从“观念路径”和“社会文化路径”进行定义。③ 观念路径认为民粹主义是一种意识形态，它认为社会最终会分化为两个同质且互相敌对的群体，即“纯朴的人民”与“腐败的精英”的对立，政治应当是人民意愿的表达。④ 社会文化路径则把民粹主义的定义建立在一个二维空间之上，这个空间的纵轴上端是精英文化和高级政治文化（反个人权威、法治、制度化路径等），下端是大众文化和低级政治文化（个人权威、强人政治等），横轴的左右两端则对应经济和政治上的左翼和右翼。民粹主义就是这个二维空间中的大众文化和低级政治文化。在这个空间里可以找到各式各样的民粹主义与反民粹主义。⑤ 可见，使用民粹主义定义政党—选民关系实际上忽略了民粹主义的其他内涵。

其次，民粹主义的政党—选民关系具有不稳定性，而且该定义中也包含着大量的庇护主义和“施惠政治”的内涵。民粹主义的政党—选

① Paul D. Kenny, *Populism and Patronage: Why Populist Win Elections in India, Asia, and beyond*, Oxford: Oxford University Press, 2017, pp. 35 – 36.

② Kurt Weyland, “Populism: A Political – Strategic Approach,” in Cristóbal Rovira Kaltwasser, Paul Taggart, Paulina Ochoa Espejo and Pierre Ostiguy eds. , *The Oxford Handbook of Populism*, Oxford: Oxford University Press, 2017, p. 59.

③ Cristóbal Rovira Kaltwasser, Paul Taggart, Paulina Ochoa Espejo and Pierre Ostiguy eds. , *The Oxford Handbook of Populism*, Oxford: Oxford University Press, 2017, p. 13.

④ Cas Mudde, “Populism: An Ideational Approach,” in Cristóbal Rovira Kaltwasser, Paul Taggart, Paulina Ochoa Espejo and Pierre Ostiguy eds. , *The Oxford Handbook of Populism*, Oxford: Oxford University Press, 2017.

⑤ Pierre Ostiguy, “Populism: A Socio – Cultural Approach,” in Cristóbal Rovira Kaltwasser, Paul Taggart, Paulina Ochoa Espejo and Pierre Ostiguy eds. , *The Oxford Handbook of Populism*, Oxford: Oxford University Press, 2017, pp. 73 – 98.

民关系认为，在民粹主义的政党体系中，选民与政党的关系在一定程度上是暂时脱钩的，但是政党利益的竞争还是会促使政党通过施惠或者纲领性的方式重构它们与选民的联系。因此，民粹主义的政党体系很难长期维持。虽然民粹主义时常出现，但这样的政党体系在现实中很少见。在菲律宾、秘鲁等国家的总统大选中，民粹主义通常可以帮助候选人成功当选，但在议会选举中，候选人还是有赖于与选民之间的施惠关系。①

最后，民粹主义的政党—选民关系与克里斯马型政党—选民关系其实强调的都是领导人与选民建立直接联系，突出政治领导人个人的作用。这里所说的民粹主义的政党—选民关系事实上与克里斯马型政治领导人制度化的政党机制，维持个人与选民之间的联系和党内权威并无本质区别，因此使用克里斯马型更为确切。由于精英在印度政治中具有十分重要的作用，而民粹主义则常常具有反精英的内核，使用克里斯马型政党—选民关系来进行印度政治的相关研究更能贴近事实。民粹主义所强调的是一种与精英斗争的大众社会运动的崛起，它涉及旧有的社会关系被摧毁以及对新的大众群体的动员。② 而精英政治却在印度政治中发挥着重要的作用。一些学者指出，在印度，精英的偏好、策略选择和他们的职业生涯发展需要决定了什么样的政党能够获得成功，而不是由选民的政策偏好和认同决定的。③

三、各类政党—选民关系的兼容与互换

首先，不同类型的政党—选民关系的区别，本质上是选举动员对集体行动困境和社会选择困境的不同应对方式。不同的政党会有不同的办法解决集体行动和社会选择的问题，一些政党通过加强政党的组织结构解决集体行动的问题。另一些则通过建立纲领性的团结一致的机制来解

---

① Paul D. Kenny, *Populism and Patronage: Why Populist Win Elections in India, Asia, and beyond*, Oxford: Oxford University Press, 2017, pp. 35 – 36.

② William Kornhauser, *The Politics of Mass Society*, Glencoe: The Free Press, 1959; Gino Germani, Authoritarianism, *Fascism and National Populism*, New Brunswick: Transaction, 1978.

③ Adam Ziegfeld, *Why Regional Parties? Clientelism, Elites, and the Indian Party System*, New York: Cambridge University Press, 2016, p. 4.

决社会选择的问题。[①] 政党在处理这两个问题上的不同选择，构成了不同形式的政党—选民关系。

集体行动的问题指的是政治人物如何促使大量的选民共同支持自己。由于政治人物手中有各种各样的资源，而选民对候选人的信息往往又是匮乏的，因此，政治人物通过组成政党这种形式联合起来，能更有效地为候选人宣传，并帮助那些对政治关注不多的选民在投票时减少选择的复杂性。这就是通过建立政党的管理组织结构来解决集体行动的困境。[②]

社会选择的困境指的是政治人物和选民在面对可替代的政治选项时所面对的决策复杂性。每个政治人物在相关议题和在不同议题的立场上都有不一样的偏好，而这些偏好会形成一个逐渐稳定的集体选择结果。选民并不知道这些政治人物的偏好会对民主决策的结果产生什么样的影响。政党通过制定出一个由多名政治人物支持的共同偏好类别来解决社会选择的困境。而选民在面对那些将会影响集体民主决策结果的团队时，有更加清晰的期望。[③] 如果选民在选择政党时是基于其在各种问题上的立场，而获取到的信息又是不充分的，那么政党只有基于纲领性的原则将自己在各种问题上的立场简化为简单的概念（“左”还是“右”）才有可能赢得选举。[④] 只要政党能够发展出某种纲领性的一致性，选民就可以通过基本的纲领性线索推断出政党在一系列问题上的立场，进而在各个政党之间做出选择。

克里斯马型的政治人物不喜欢那些偏离自身性格的政治大纲，因此他们致力于发展一些机制来解决社会选择的问题。[⑤] 庇护型的政治人物则致力于发展政党的管理技术架构，但不是以利益集合或纲领形式为基

---

① Herbert Kitschelt, “Linkages between Citizens and Politicians in Democratic Politics,” *Comparative Political Studies*, Vol. 33, No. 1, 2000, p. 848.

② Herbert Kitschelt, “Linkages between Citizens and Politicians in Democratic Politics,” *Comparative Political Studies*, Vol. 33, No. 1, 2000, pp. 847 – 848.

③ Herbert Kitschelt, “Linkages between Citizens and Politicians in Democratic Politics,” *Comparative Political Studies*, Vol. 33, No. 1, 2000, pp. 847 – 848.

④ Melvin J. Hinich and Michael C. Munger, *Ideology and the Theory of Political Choice*, Ann Arbor: University of Michigan Press, 1994, p. 19, p. 62.

⑤ Herbert Kitschelt, “Linkages between Citizens and Politicians in Democratic Politics,” *Comparative Political Studies*, Vol. 33, No. 1, 2000, p. 849.

础，他们通过直接的、个人的以及物质性的给予来维持他们与追随者之间的关系。庇护型政党只有建立起从中央到地方的多层面政治管理机制，才有能力分配和管理物质资源的流动。① 纲领型的政治人物则通过发展政党的纲领性争端解决机制来发展政党的组织结构。②

其次，三种类型政党—选民关系很难长期共存于同一个政党体系中。庇护政治和纲领性政治很难同时存在，而庇护主义和纲领性的联系机制都与克里斯马型不兼容。一些研究认为，庇护政治和纲领性政治是很难结合在一起的，将两者结合在一起所带来的冲突会导致右翼政治势力的崛起。③ 在直接的交换关系中，当政治人物给选民和资金支持者们提供选择性的激励后，他们就很难再去追求一些高度纲领性的政策。一是纲领性政策主要是基于普遍性的原则，而这一原则本身就与特殊性的、非正式的资源分配行为相抵触。二是一旦政治人物通过庇护主义式的交换获得了他们想要的公职，他们就会设法扩充自己控制的资源并且加强政党的组织结构。在政党内部，建立庇护主义的联系与建立纲领性的一致性是负相关的。在庇护型政党中，建立一个统一的纲领对于政治人物的生存并不重要，它还有可能破坏政党的组织结构。由于支持庇护型政党的各种利益寻租团体往往也会抱有各种迥异的纲领偏好，要在纲领上进行统一对于政党来说代价巨大，政党长期建立起来的选举联盟会因此受到损害。三是很难去假定庇护型政党—选民关系会不会与纲领型政党—选民关系相互转换。④

庇护型和纲领型政党的联系机制都与克里斯马型不兼容。克里斯马型政党所依赖的个人权威是很难长期延续的，因为克里斯马型政治领导人或其继任者都很难长期维持个人权威。克里斯马型政治领导人十分看重党员们对他个人的忠诚，他不会允许建立起模式化的党内机构或者明

---

① Herbert Kitschelt, "Linkages between Citizens and Politicians in Democratic Politics," *Comparative Political Studies*, Vol. 33, No. 1, 2000, p. 849.

② Herbert Kitschelt, "Linkages between Citizens and Politicians in Democratic Politics," *Comparative Political Studies*, Vol. 33, No. 1, 2000, p. 850.

③ Anthony J. McGann and Herbert Kitschelt, *The Radical Right in Western Europe*, Ann Arbor: Michigan University Press, 1995, pp. 180 – 184.

④ Herbert Kitschelt, "Linkages between Citizens and Politicians in Democratic Politics," *Comparative Political Studies*, Vol. 33, No. 1, 2000, pp. 855 – 854.

确的纲领，因为这会束缚他的双手并使支持者们更愿意相信那些较为平凡和可预测的选举动员方式。①

再次，在短期内低程度的三种类型的政党—选民关系是可能同时存在的。有研究指出，克里斯马型、庇护型以及纲领型的政党—选民关系一般是不能互相兼容的，但是并不是没有例外，在较低程度上三者之间是可以兼容的。政治人物可以在较低的程度上同时利用三种不同的模式吸引选民，但是只要其中一种类型的政党—选民关系变得越来越有效、亲密程度越来越高，那么其他的关系模式就不能再同时兼用了。②

最后，政党—选民关系的模式在特定条件下有可能会互相转换。政党—选民关系是会变化的，研究政党与选民关系的重组与解构以及研究选民偏好和政党组织结构的变化是研究政党—选民链接关系变化的两个重点。③ 随着选民的人口统计学特征出现变化、选举中意识形态特征的变化、社会经济的变化以及新的政党出现都会使选民的政策偏好出现改变，同时政党党员和选民基础的变化、人民受教育水平和新传媒技术的普及、政党本身政策和选举策略制定能力的增强以及投票率的变化，会使政党的组织结构发生改变。这些改变导致了政党—选民关系的改变。④

对当今发达国家的政党—选民关系的研究指出，政党—选民关系有两个平行发展的趋势：其一，选民对政党的认同比过去要低，选民的偏好以及政党的选举宣言之间的差异也越来越大；其二，随着人民受教育程度的提高以及传媒技术的创新发展，政党和选民的能力都同时获得了提升。⑤ 对于印度来说，印度的选民偏好以及印度政党的组织模式显然也是在变化发展中，印度的政党—选民关系模式也一直处于变化发

---

① Herbert Kitschelt, "Linkages between Citizens and Politicians in Democratic Politics," *Comparative Political Studies*, Vol. 33, No. 1, 2000, pp. 855 – 854.

② Herbert Kitschelt, "Linkages between Citizens and Politicians in Democratic Politics," *Comparative Political Studies*, Vol. 33, No. 1, 2000, p. 855.

③ Anne Wren and Kenneth M. McElwain, "Party As Linkage," in Robert E. Goodin ed., *The Oxford Handbook of Political Science*, Oxford: The Oxford University, 2011, p. 365.

④ Anne Wren and Kenneth M. McElwain, "Party As Linkage," in Robert E. Goodin ed., *The Oxford Handbook of Political Science*, Oxford: The Oxford University, 2011, pp. 371 – 379.

⑤ Anne Wren and Kenneth M. McElwain, "Party As Linkage," in Robert E. Goodin ed., *The Oxford Handbook of Political Science*, Oxford: The Oxford University, 2011, p. 365.

展中。

第二节　印度的政党体系和政党—选民关系

一些政党在特定时期呈现克里斯马型的政党—选民关系特点，或者在进行选举动员时时常采用民粹主义的方式和政策，而个别政党在某个特定时期还表现出纲领性政治的特征，但印度的政党—选民关系的总体基础是建立在庇护主义之上的。在印度政党体系的演变以及政党—选民关系的发展过程中，中央和地方的政治精英扮演着十分重要的作用。

在过去数十年里，政治学家们逐渐认识到"施惠政治"不但没有随着现代化和民主化的发展而消失，反而得到了全面的发展。在发达国家，如奥地利、日本和美国的政治中都有"施惠政治"的身影。[①] 目前，研究南亚政治的学者在研究选票库、政党腐败、不平等、族群政党政治、精英夺取治理、分配与信任机制的失败以及全面的治理危机等政治失败相关的话题时，都会涉及"施惠政治"。[②]

对于印度来说，印度政治中实际上存在着两个层面的庇护主义关系：在国家层面，中央政府和地方政治势力之间的关系；在地方层面，政党与选民之间的关系。

一、印度政党—选民关系在国家层面的发展变化

庇护主义长期存在于印度社会和政治中。有学者认为，施惠是印度社会中根深蒂固的现象，它长期以来都是印度政治秩序的基本纽带关系之一，塑造了领导人与追随者之间的关系，并且构成了政治权力的等级

---

① Anastasia Piliavsky ed., *Patronage as Politics in South Asia*, Delhi: Cambridge University Press, 2014, pp. 7 - 8.

② Myron Weiner, *Party Builiding in a New Nation: The Indian Naitonal Congress*, Chicago: University of Chicago Press, 1967; Atul Kohli, *Democracy and Discontent: India's Growing Crisis of Governability*, Cambridge: Cambridge University Press, 1990; Kanchan Chandra, *Why Ethnic Parties Succeed: Patronage and Ethnic Headcounts in India*, Cambridge: Cambridge University Press, 2004; Pranab Bardhan and Dilip Mookherjee, "Political Clientelism and Capture: Theory and Evidence from West Bengal, India," *United Nations University WIDER Working Paper* 2012/97, 2012.

制。当选举在20世纪中期成为印度政治秩序的一部分时，“施惠政治”的内部张力被民主选举规则和人民主权原则突显了出来。① 总体而言，在印度进行选举政治的历史中，庇护型政党—选民关系发展可以分为五个阶段。

第一阶段，独立前夕。这一时期的主要特征是国大党逐步取代英国殖民者成为庇护型关系中的施惠者，逐步控制了大量的政治和经济资源。随着选举政治的展开，选举与庇护主义迅速结合并发展了起来。在殖民时期，英国为了强化自己的殖民统治，给特定的种姓和宗教群体以及他们的领袖提供土地和物品，同时通过建立制度化的标准给这些群体在国家的教育系统、国家议会以及地方议会系统中保留位置。② 在独立的过程中，国大党在近20年的时间里逐渐控制了很多曾经由英国建立起来的省级议会和地方议会。国大党对这些地方议会的控制，被称之为国大党对“巨大的施惠资源”的控制。③

表1－1　印度国家政治中主流政党—选民关系类型的演变

时期	政党—选民关系类型	主要特征
第一阶段（独立前夕）	庇护型	施惠者：国大党 受惠者：地方选民 “掮客”：地方政治领袖和精英 施惠资源：国大党在独立运动中逐步控制国家的政治和经济资源 关系：地方政治领袖为中央提供选民支持，而中央则回报给地方政治领袖相应的政治和财政资本

① David Gilartin, “The Paradox of Patronage and the People's Sovereignty,” in Anastasia Piliavsky ed., *Patronage as Politics in South Asia*, Delhi: Cambridge University Press, 2014, pp. 125－126.

② Steven I. Wilkinson, *Votes and Violence: Electoral Competition and Ethnic Riots in India*, Cambridge: Cambridge University Press, 2004.

③ David Washbrook, “Country Politics: Madras 1880 to 1930,” *Modern Asian Studies*, Vol. 7, 1973, pp. 475－531.

续表

时期	政党—选民关系类型	主要特征
第二阶段（独立后至20世纪60年代末）	庇护型	施惠者：中央政治领袖（主要是国大党） 受惠者：地方选民 “掮客”：地方政治领袖和精英 施惠资源：由于国大党一党独大，尼赫鲁政府对政府资源具有超强的控制力 关系：地方政府依赖于国大党的庇护；地方政治精英成为国家领袖与地方选民之间的“掮客”；国大党通过在农村地区建立庇护主义网络打下了执政根基
第三阶段（20世纪60年代末至80年代末）	克里斯马型民粹主义（左）	施惠者：政治领袖个人（英迪拉·甘地） 受惠者：贫困阶层、低种姓、少数族群等 敌对精英：国大党内掌权的传统精英、其他反对党等 “掮客”：无（在上一阶段作为“掮客”的地方政治力量上升，一些地方政治力量已成为地方政治中的“施惠者”；英迪拉·甘地的民粹主义策略旨在绕开原来的“掮客”） 施惠资源：英迪拉·甘地政府创造的各种针对贫困阶层和农村的福利计划 关系：政治领袖的个人魅力凸显，英迪拉·甘地在国家层面推行的各种分配政策有效地绕开了地方的庇护主义政治体系，使国大党能够直接将国家资源输送给地方的目标群体
第四阶段（20世纪90年代初至2014年）	庇护型	施惠者：中央与地区性政党和政治精英 受惠者：基层特定的选民群体 “掮客”：地方的社会和政治精英集团 施惠资源：中央政府和地方政府提供的服务和物品 关系：中央和地方的政治精英通过各种地方“掮客”为选民提供福利，进而获取选举回报，同时，庇护主义政治变得更加隐蔽

续表

时期	政党—选民关系类型	主要特征
第五阶段（2014 年至今）	克里斯马型民粹主义（右）	施惠者：政治领袖个人（莫迪） 受惠者：印度教徒 敌对精英：国大党 “掮客”：无（莫迪的民粹主义策略旨在绕开地方的“掮客”） 施惠资源：莫迪政府制订的各种针对广大印度教徒的福利计划 关系：通过大规模的政治动员和福利分配绕开地方的“掮客”集团，与选民建立直接的联系；突出莫迪的领导作用，并在中央进行权力集中以掌握可分配的资源；将“人民”的内涵扩大至包括低种姓群体在内的全体印度教徒

在独立之前，一种中央和地方的庇护主义政治关系就已经逐渐成型。保罗·肯尼认为，早在 20 世纪 30 年代，国大党就已经成为了一个经典的施惠型政党。[①] 在殖民后期，英国就开始建立一个以省级行政区[②]为基础的、碎片化的施惠体系。在这一时期，甘地领导的反英国殖民统治的去殖民化运动与地方的本土贵族民粹主义运动相结合，进而推动了印度政治的中央集权化趋势。在 20 世纪 40 年代，国大党的领导者们面临两个互相矛盾的紧急状况：第一，由于对国家安全和统一的威胁不断出现，国家亟需统一团结；第二，国大党在省一级的选举机器从 20 世纪 30 年代以来逐渐发展壮大，国大党需要确保有足够的资源来支持它的运转。第一种状况意味着印度需要中央集权以维护统一；第二种状况则意味着需要支持地方精英的权力，以便使新生政权获得地方的有力支持。因此，在印度独立和民主化的过程中，政治体系需要很好地平

① Paul D. Kenny, *Populism and Patronage: Why Populist Win Elections in India, Asia, and beyond*, Oxford: Oxford University Press, 2017, p. 68.

② 英国殖民时期，印度的一级行政区为省。1947 年印度独立，后撤省建立邦和中央直辖区。

衡国大党在邦一级保守的中产精英们的利益以及尼赫鲁领导的国大党中央领导阶层的利益。这种平衡最终体现在印度有些“自相矛盾”的宪法里。印度政治中这种向心力与离心力相互抵触的趋势，在 20 世纪一直持续存在。在独立运动期间，地方的政治领袖为中央提供选民支持，而中央则回报给其相应的政治和财政资本。①

第二阶段，独立后至 20 世纪 60 年代末。这一时期印度政党—选民关系的主要特征是基层选民对国大党的支持十分稳定，而尼赫鲁领导的国大党中央则牢牢掌握着政府资源，因此地方政府也依赖于国大党的庇护。在 1947 年独立时，从很多方面来看印度已经是一个庇护主义的政体。② 从独立运动至 20 世纪 60 年代这段时间，尼赫鲁领导的国大党实际上在印度建立起来的是一个以“‘施惠政治’为基础的民主”。③ 因此，有学者指出印度政党政治的本质是以庇护主义为基础的，印度是一个庇护主义盛行的民主国家。④

由于国大党也依赖于地方的“施惠网络”，因此邦一级的政治力量得到了巩固，各邦部长手中的政治权力也得到了巩固。这些部长成为在德里的国家领袖与地方选民之间的“掮客”。在这样的庇护体系中，国大党通过在农村地区建立庇护网络而打下了执政根基。从 1953 年开始，

① Paul D. Kenny, *Populism and Patronage: Why Populist Win Elections in India, Asia, and beyond*, Oxford: Oxford University Press, 2017, pp. 68 – 69.

② Steven I. Wilkinson, “Explaining Changing Patterns of Party – Voter Linkages in India,” in Herbert Kitschelt and Steven I. Wilkinson eds., *Patrons, Clients, and Politics: Patterns of Democratic Accountability and Political Competition*, New York: Cambridge University Press, 2007, p. 110.

③ Paul D. Kenny, *Populism and Patronage: Why Populist Win Elections in India, Asia, and beyond*, Oxford: Oxford University Press, 2017; Stanley A. Kochanek, *The Congress Party of India: The Dynamics of One – Party Democracy*, Princeton: Princeton University Press, 1968; W. H. Morris – Jones, “Dominance and Dissent: Their Inter Relations in the Indian Party System,” *Government and Opposition*, Vol. 1, No. 4, 1966, pp. 451 – 466; Myron Weiner, *Party Builiding in a New Nation: The Indian Naitonal Congress*, Chicago: University of Chicago Press, 1967.

④ Kanchan Chandra, *Why Ethnic Parties Succeed: Patronage and Ethnic Headcounts in India*, Cambridge: Cambridge University Press, 2004; Steven I. Wilkinson, “Explaining Changing Patterns of Party – Voter Linkages in India,” in Herbert Kitschelt and Steven I. Wilkinson eds., *Patrons, Clients, and Policies: Patterns of Democracy Accountability and Political Competition*, Cambridge: Cambridge University Press, 2007; Steven I. Wilkinson, “Patronage Politics in Post – Independence India,” in Anastasia Piliavsky ed., *Patronage as Politics in South Asia*, Cambridge: Cambridge University Press, 2014.

尼赫鲁既控制了政府资源的分配，又在国大党内部形成了严格的纪律控制，这使其足以维持国大党施惠体系的稳定。① 在基层，由于在独立之后的20年左右，印度的经济发展水平较低、选举竞争程度也不高，因此在农村的选举中庇护政治所需物品的供给和需求都很低。② 因为国大党在基层的选举支持十分稳固，这使得国大党容易维持基层选民稳定的支持。

第三阶段，20世纪60年代末至80年代末。这一时期的主要特征是随着政党竞争和政党体系碎片化逐渐加剧、地方政治力量崛起，国大党不再是庇护政治所需服务和物品的主要供给方，但基层选民和各个政党之间的庇护关系更为明显，克里斯马型政治领导人对选民的直接动员作用也更加突出。在尼赫鲁去世之后尤其是英迪拉·甘地时期，国大党的政党领袖开始直接动员选民。保罗·肯尼将其称为“民粹主义式”的关系。③ 这里所指的“民粹主义式”的政党—选民关系，其实就是政治领袖越过了中间的“掮客”，直接为选民提供服务和物品，从而获得选举上的回报。这时期的政党—选民关系虽然具有一定的克里斯马型特征，但本质还是庇护型的。

尼赫鲁去世之后，地方的“掮客”们获得了更多的自治权，这种自治权其实本来也已经写在了宪法里。④ 有学者认为，在庇护民主体制中，民粹主义崛起的一个重要原因在于去中央化，印度的例子正好表明地方“掮客”自治权的扩大弱化了政党与选民之间的关系。⑤ 由此，英迪拉·甘地上台之后，只能通过采用民粹主义的动员策略，通过直接利

---

① Pradeep K. Chhibber and Ken Kollman, *The Formation of National Party System*: *Federalism and Party Competition in Canada*, *Great Britan*, *India*, *and the United States*, Princeton: Princeton University Press, 2004.

② Steven I. Wilkinson, “Explaining Changing Patterns of Party – Voter Linkages in India,” in Herbert Kitschelt and Steven I. Wilkinson eds. , *Patrons*, *Clients*, *and Politics*: *Patterns of Democratic Accountability and Political Competition*, New York: Cambridge University Press, 2007, pp. 112 – 113.

③ Paul D. Kenny, *Populism and Patronage*: *Why Populist Win Elections in India*, *Asia*, *and beyond*, Oxford: Oxford University Press, 2017.

④ Pradeep K. Chhibber and Ken Kollman, *The Formation of National Party System*: *Federalism and Party Competition in Canada*, *Great Britan*, *India*, *and the United States*, Princeton: Princeton University Press, 2004.

⑤ Paul D. Kenny, *Populism and Patronage*: *Why Populist Win Elections in India*, *Asia*, *and beyond*, Oxford: Oxford University Press, 2017, p. 14.

用媒体和大众集会来动员选民。英迪拉·甘地极大地改变了印度政治的本质。从此之后，在印度的国家层面和地方层面出现了不同选举动员模式并存的局面。[①]

英迪拉·甘地在执政时期创造了更多由国家提供的庇护政治资源，并且将这些资源绕过了地方政府直达选民。在1971年的大选时，英迪拉·甘地的竞选口号是“消除贫穷”，为此她制订了众多的“中央资助计划”，该计划可以直接把中央政府的资源投给特定的选民群体。例如，其中1972—1973年的“促进农村就业保障计划”与1971年的“农村土地就业保障计划”、建立“小农发展局”、“农民边缘群体与农业劳工计划”构成了国家发展支出的重要组成部分。此外，她还把大量的银行和保险公司国有化，进而使其在动员选民时拥有了更多的资金支持。国大党要求国有化银行将40%的贷款优先投放给农村和小型工业部门，然而具体谁是投放目标则由国大党决定。[②] 在20世纪70年代，当国大党面对来自自由党以及印度人民同盟的竞争时，英迪拉·甘地通过对印度政治资助法进行改革，直接切断了反对党的主要资金来源。[③] 1969年，英迪拉·甘地禁止了企业对政党的捐赠，同时推广了工业许可证制度的执行，这样既可以制裁那些属于政敌一方的企业，又可以奖励那些属于己方的企业。[④] 因此，工业许可证制度的实际执行也是有选择性的。

总体而言，英迪拉·甘地在国家层面推行的这些政策有效地绕开了地方的庇护主义政治体系，使得国大党能够直接将国家资源输送给地方的目标群体。然而，其他国家政党和地区性政党也逐渐创建了新的福利政策与国大党展开竞争。

---

① Paul D. Kenny, *Populism and Patronage: Why Populist Win Elections in India, Asia, and beyond*, Oxford: Oxford University Press, 2017, p. 112.

② Steven I. Wilkinson, “Explaining Changing Patterns of Party – Voter Linkages in India,” in Herbert Kitschelt and Steven I. Wilkinson eds., *Patrons, Clients, and Politics: Patterns of Democratic Accountability and Political Competition*, New York: Cambridge University Press, 2007, p. 116.

③ Stanley A. Kochanek, “Brieacase Politics in India: The Congress Party and the Business Elite,” *Asian Survey*, Vol. 27, No. 12, 1987, pp. 1278 – 1301.

④ Ashok Desai, “The Economics and Politics of Transition to an Open Market Economy: India,” IDEAS Working Paper Series from RePEc, 1999, pp. 56 – 57.

第四阶段，20 世纪 90 年代初至 2014 年。这一阶段的特征是随着社会经济的发展，庇护主义的竞选方式不再能有效吸引一些选民群体，因此在不同的选区和面对不同的选民时，政党需要采取不同的策略。随着地区性政党的崛起，这些政党与国家政党开展侍从主义竞争。但由于公众对腐败问题的关注增加，使得政党与选民之间的侍从主义关系变得更隐蔽。20 世纪 90 年代后，地区性政党开始走出地方进入国家政治舞台，对印度的整体政治状况产生了影响。地方政治力量的崛起，意味着国大党、印人党等国家政党需要在各地区展开竞争。由于传统的侍从主义关系依然存在，为特定选民群体提供物质福利或服务以换取选票，对地区性政党和全国性政党都是有效的。

20 世纪 90 年代初，国大党依然重复英迪拉・甘地在 20 世纪 70 年代使用的策略以便绕开地方侍从主义体系。1991 年，国大党政府通过了旨在设立新的村级行政机构的宪法修正案，该修正案实质上抽空了那些在地方执政的反对党在基层的支持基础，使国大党激进派从中获利。① 第 73 次和第 74 次宪法修正案还迫使地方邦在镇和村一级都设立由选举产生的委员会，即“潘查亚特”制度，该机构有权实施和选择地方的发展项目。② 然而，地方邦政府很快就意识到该法案对其权力基础构成了威胁，随即要求“潘查亚特”制度必须由地方邦的议员任职并受其控制。同时，地方邦政府通过设立地方性附加法案或建立新的与“潘查亚特”职能相似的机构，以弱化“潘查亚特”的权力。

1993 年，为了避免国家层面的政治人物被排除在地方的侍从主义政治圈子之外，罗摩・拉奥政府出台了新政策——“议员地方发展计划”。该计划使每一位议员每年都拥有一笔资金（起初是 22 万美元，1998 年增加到 44 万美元），可以用于支持自己选区的投资项目。1993—2003 年，中央政府通过该计划共拨付给议员 26. 39 亿美元。由于审计不严，当年没有用完的资金可以累积到下一年，议员可利用这些资

---

① Radhika Nayak, N. C. Saxena and John Farrington, “Reaching the Poor: The Influence of Policy and Administrative Process on the Implementation of Government Poverty Scheme in India,” Overseas Development Institute Working Paper September 2002.

② Steven I. Wilkinson, “Explaining Changing Patterns of Party – Voter Linkages in India,” in Herbert Kitschelt and Steven I. Wilkinson eds., *Patrons, Clients, and Politics: Patterns of Democratic Accountability and Political Competition*, New York: Cambridge University Press, 2007, p. 119.

金回报其支持者，或者在选举前拉拢潜在的支持者。[1] 对此，地方邦也为邦议员建立了相似的计划。这使得中央难以削弱地方的侍从主义体系。

1991 年经济改革之后，印度的经济获得了相当程度的增长。经济的繁荣和社会的发展为印度的选举政治带来了更多样的选民群体，一些新兴的选民群体对印度的庇护主义政治有所限制。[2] 随着经济的增长，印度出现了越来越多的中产阶层。中产阶层的增长很大程度上源于私营经济部门的驱动，这些中产阶层的就业在很大程度上并不依赖于国家控制的经济部门。同时，选民的数量也在增长，这些新增的选民不那么依赖于国家提供的就业岗位、国家补贴、受教育机会或发放的经济许可证。一些城市里的新兴商业阶层，成为了敦促政府提供公共服务、监督腐败的中间领导力量。[3]

毫无疑问，庇护主义政治会滋生腐败问题。进入 21 世纪以后，随着印度人民教育水平和识字率的提高、媒体技术的提升和覆盖面的扩大以及印度社会和经济的发展，很多基层选民越来越关注腐败问题，一些由庇护主义政治衍生的腐败问题也得以被媒体曝光。2005 年 12 月，一起关于国家议会“议员地方发展机制”的腐败案被媒体披露。一段隐藏摄像机拍摄的影片记录下了一些议会议员和他们的代理人就发展项目委员会问题进行讨价还价的过程，议员们直白地要求发展项目委员会为他们的竞选提供资金支持作为批准项目的回馈。[4] 1999 年，印度计划委员会对在北方邦落后地区施行的 9 个中央政府资助计划中的 514 名受益

---

① Steven I. Wilkinson, “Explaining Changing Patterns of Party – Voter Linkages in India,” in Herbert Kitschelt and Steven I. Wilkinson eds., *Patrons, Clients, and Politics: Patterns of Democratic Accountability and Political Competition*, New York: Cambridge University Press, 2007, p. 121.

② Steven I. Wilkinson, “Explaining Changing Patterns of Party – Voter Linkages in India,” in Herbert Kitschelt and Steven I. Wilkinson eds., *Patrons, Clients, and Politics: Patterns of Democratic Accountability and Political Competition*, New York: Cambridge University Press, 2007, p. 132.

③ Steven I. Wilkinson, “Explaining Changing Patterns of Party – Voter Linkages in India,” in Herbert Kitschelt and Steven I. Wilkinson eds., *Patrons, Clients, and Politics: Patterns of Democratic Accountability and Political Competition*, New York: Cambridge University Press, 2007, p. 132.

④ Steven I. Wilkinson, “Explaining Changing Patterns of Party – Voter Linkages in India,” in Herbert Kitschelt and Steven I. Wilkinson eds., *Patrons, Clients, and Politics: Patterns of Democratic Accountability and Political Competition*, New York: Cambridge University Press, 2007, pp. 121 – 122.

者进行调查，发现其中 36% 的人不符合资助标准。有证据显示，至少 50% 的项目受益人是由地方政客提名的，另外的 20% 是由当地的福利部门官员提名。①

在 2000 年之后，印度越来越多的媒体和非政府组织关注各种庇护主义政治衍生出的腐败问题，中央和地方政府都面临着舆论压力。中央政府也出现很多要求政治清廉的呼声。印度选举委员会、印度主计审计长公署办公室、印度中央调查局以及印度计划委员会都出台过对现有政治系统中的犯罪、施惠以及低效问题的调查报告。② 更为重要的是，长期的庇护主义政治给印度的经济造成了巨大的损失，大量的公共事业支出不仅低效，还给地方政府造成了严重的财政赤字。这使得依靠投放公共项目换取选票的政治模式难以长期维持。斯蒂芬·威尔金森认为，在各种压力之下，印度政治会从庇护型向纲领型的方向发展。③

第五阶段，2014 年至今。近年来，印人党的选举成功以及支持基础的拓展，说明印人党成功构建了一种民粹主义的政党—选民关系。它有以下几个特征。第一，通过大规模的政治动员和福利分配绕开地方“掮客”集团，与选民建立直接的联系。2014 年大选前，印人党主要依靠其在印度教民族主义组织团家族④中的基层分支机构提供社会服务，以换取基层选民支持。例如，在恰蒂斯加尔邦，之前，国大党通过与地方政府合作以及建立“施惠网络”的方式，在该邦的政党政治中占据

---

① “Evaluation of Rural Development Schemes in Gonda District,” Planning Commission of India, December 10, 2019, http://planningcommission.nic.in/reportsf.htm.

② Steven I. Wilkinson, “Explaining Changing Patterns of Party – Voter Linkages in India,” in Herbert Kitschelt and Steven I. Wilkinson eds., *Patrons, Clients, and Politics: Patterns of Democratic Accountability and Political Competition*, New York: Cambridge University Press, 2007, p. 134.

③ Steven I. Wilkinson, “Explaining Changing Patterns of Party – Voter Linkages in India,” in Herbert Kitschelt and Steven I. Wilkinson eds., *Patrons, Clients, and Politics: Patterns of Democratic Accountability and Political Competition*, New York: Cambridge University Press, 2007, pp. 136 – 138.

④ 团家族（Sangh Parivar）的意思是“Sangh 的家族”，即印度教民族主义组织国民志愿服务团（Rashtriya Swayamsevak Sangh，RSS）的附属组织构成的家族。从 1875 年的“雅利安社”（Arya Samaj）到 1915 年的印度教大斋会（Hindu Mahasabha），1925 年建立的国民志愿服务团是最后一个具象化的印度教准军事组织。全印学生会（Akhil Bharatiya Vidyarthi Parishad，ABVP）、部落福利协会（Vanvasi Kalyan Ashram，VKA）、世界印度教大会以及印人党的前身印度人民同盟等各种组织都是团家族的成员。参考：Christophe Jaffrelot ed.，*The Sangh Parivar: A Reader*, New Delhi: Oxford University Press, 2005。

主导地位，但2003—2009年印人党逐步在该邦议会选举和国家大选中取得优势。一项于2007—2010年在恰蒂斯加尔邦的实地研究发现，附属于印度教民族主义组织团家族的分支机构——部落福利协会在该邦开展了很多服务于底层民众占多数地区的活动，并由“服务印度”组织辅助其工作。部落福利协会著名的“一名教师一所学校”项目为该邦设立了众多农村学校。同时，其还为农村地区提供一些基本医疗保健服务。虽然部落福利协会提供的服务十分有限，但成本较低，其雇佣一名教师每月只需18—22美元，而且并不需要固定的教学地点。① 由于这些项目投入不多，且有效填补了边远部落地区基本公共服务的空白，十分适合当时处于在野状态的印人党在无法动用中央政府资源的情况下推行福利项目。

印人党取得中央政权之后，依然在地方邦为选民提供服务。2021年5月新冠疫情肆虐期间，比哈尔邦印人党党部的数千名工作者开展了一项福利活动，向农村居民分发肥皂、洗手液、口罩和免疫包。它由印人党的领袖和工作人员在该邦的2.3万个村庄的3.8万个投票站开展。②同时，印人党依靠掌握的国家资源，投入更多满足人民基本需求的福利项目，以吸引基层选民。尽管莫迪第一个任期的一些政策招致农民不满，但也采取措施重新争取农民支持。2016—2017年，中央财政对农业部门的拨款增加了67%，对农民的短期借贷利息补贴预算增加至1500亿卢比。2018年12月，又针对小农户的现金转移支付项目，推行“总理农民荣誉基金计划”，农民每年可获得6000卢比的补贴。同时，推行了一些针对农村贫困群体个人需求的物质福利计划，这涉及住房、卫生、家庭用品和金融资助四个方面。另外，莫迪政府还推出了“总理农村住房计划”，它是对国大党执政时期“英迪拉住房计划”的改革和扩展，旨在为1000万农民建造水泥砖房。2014—2018年，已建成520

---

① Tariq Thachil, “Embedded Mobilization: Nonstate Service Provision as Electoral Strategy in India,” *World Politics*, Vol. 63, No. 3, 2011, pp. 434 – 469.

② Rajesh Kumar Thakur, “Bihar Bjp Conducts Welfare Activities, Celebrates Seven Years of Modi Government,” *The New Indian Express*, May 31, 2021, https://www.newindianexpress.com/nation/2021/may/31/bihar-bjp-conducts-welfare-activities-celebrates-seven-years-of-modi-government-2309828.html.

万套住房，正在建设的有370万套。[①] 这些福利项目成功吸引了基层选民的支持。

第二，突出莫迪的个人作用并集中权力掌握可分配的资源。印人党和莫迪的强势崛起与其他地区的民粹主义领导人的崛起有很多共同点，强调经济发展、突出领导人魅力，与世界上最近一波的民粹主义浪潮相似。[②] 莫迪自2014年上台后，印人党竭力将其塑造为一位勤劳、坚韧、无私且不知疲倦地为国家服务的领袖。这对于莫迪政府确保获得大众认可以及合法性至关重要。[③] 因此，莫迪的个人魅力不可避免地要与印人党的各种旨在稳固意识形态阵地的项目联系在一起。为了实现这一目的，就需要政治和管理的中央集权化。[④]

在印人党实施的福利项目中，塑造莫迪个人形象和集权管理是重要内容。2014年印人党将莫迪塑造为“穷人的政治家”，2017年后将莫迪塑造为“发展者”的形象。其实施的项目名称都以“总理”为前缀，以便在选民和莫迪个人魅力之间建立直接联系。同时，这些项目大多通过中央资助机制拨付地方。[⑤] 中央政府在项目管理和分配上有绝对的主导权。[⑥]

---

① Diego Maiorano, “The 2019 Indian Elections and the Ruralization of the BJP,” *Studies in Indian Politics*, Vol. 7, No. 2, 2019, pp. 176 – 190.

② Priya Chacko, “The Right Turn in India: Authoritarianism, Populism and Neoliberalisation,” *Journal of Contemporary Asia*, Vol. 48, No. 4, 2018, pp. 541 – 565.

③ Yogendra Yadav, “What is to be Done?” *Seminar*, Vol. 600, 2017.

④ Yamini Aiyara and Louise Tillin, “‘One Nation’, BJP, and the Future of Indian Federalism,” *India Review*, Vol. 19, No. 2, 2020, p. 129.

⑤ 中央资助机制是印度中央政府向地方邦进行转移支付的最重要工具。大量的福利项目通过由中央和地方共同出资的中央资助机制实施。因此，邦财政支出中的大约15%用于中央部门和中央资助的计划，这些计划是由各中央部委管理的“具体用途转移计划”，管辖权在中央。莫迪政府上台以后，企图要对中央资助机制进行改革，意图增加地方在财政上的自主权，缩减中央资助计划对地方的拨款。但是，中央在中央资助机制方面的支出实际上是增加了，而不是减少了。参考：M. Govinda Rao and Nirvikar Singh, “The Political Economy of Center – State Fiscal Transfers in India,” Working Paper, No. 107, Center for International Development, Stanford University, 2001, pp. 7 – 8; Rajeshwari Deshpande, Louise Tillin and K. K. Kailash, “The BJP's Welfare Schemes: Did They Make a Difference in the 2019 Elections?” *Studies in Indian Politics*, Vol. 7, No. 2, 2019, pp. 219 – 233。

⑥ Yamini Aiyar and Avani Kapu, “The Centralization vs Decentralization Tug of War and the Emerging Narrative of Fiscal Federalism for Social Policy in India,” *Regional and Federal Studies*, Vol. 29, No. 2, 2019, pp. 187 – 217.

2014 年印人党是在“大治理、小政府”等口号下上台执政的，新政府期望和之前的国大党政府相比，减少福利项目开支，并由中央统筹集中化管理。一些学者将其称为反对国家主导的福利与分配政策的“新发展主义”。[①] 但在德里、比哈尔邦议会选举失利后，印人党随即转变了策略，采用更注重福利主义的政策取代了“新发展主义”。中央财政预算的福利项目大幅上升，并对一些项目更名。在住房、卫生间、生活用燃气等一些关乎民众基本生活需求的福利项目上，印人党进行了“莫迪 1.0 版”政策叙事，“总理农民荣誉基金计划”等项目就是在这样的背景下提出并实施的。[②] 同时，对福利项目实行中央集权化管理，包括新的为贫困家庭提供液化燃气的“总理光明计划”，旨在向贫困人口和边缘群体普及银行服务的“总理人民财富计划”以及国大党时代的“圣雄甘地全国农村就业保障计划”以及“英迪拉住房计划”。但公共分配系统、老年养老金等计划仍属邦政府职权范围。[③]

第三，构建具有印度教民族主义特性的民粹主义话语。对莫迪政府来说，最核心的改革是按照印度教民族主义来重塑国家机构，如重新命名福利计划，打上印度教民族主义的标签；教育方面，尤其是在印人党执政的邦，更改课程、教科书和课外活动，以灌输印度教民族主义自豪感；国家仪式功能被印度教的图标和语言所渗透，任何多元世俗政体的表现都被破坏甚至抹杀。[④]

在意识形态和话语构建方面，印人党向大众营销被赋予了新内涵的“联邦主义”，并将其纳入“一个国家”的话语中。其最突出的事例是

---

① Suhas Palshikar, “Toward Hegemony: The BJP beyond Electoral Dominance,” in Angana P. Chatterji, Thomas Blom Hansen and Christophe Jaffrelot eds., *Majoritarian State: How Hindu Nationalism Is Changing India*, New York: Oxford University Press, 2019, pp. 101 – 116.

② Yamini Aiyar, “Are Bureaucrats Turning Politicians?” *Hindustan Times*, July 26, 2018, https: //www. hindustantimes. com/columns/are – bureaucrats – turning – politicians/story – 7oKNAFIrmtrW6vIWGIN1LM. html

③ Rajeshwari Deshpande, Louise Tillin and K. K. Kailash, “The BJP's Welfare Schemes: Did they Make a Difference in the 2019 Elections?” *Studies in Indian Politics*, Vol. 7, No. 2, 2019, pp. 219 – 233.

④ Gurharpal Singh, “Hindu Nationalism in Power: Making Sense of Modi and the BJP – Led National Democratic Alliance Government,” *Sikh Formations: Religion, Culture, Theory*, Vol. 15, No. 3 – 4, 2019, pp. 318 – 319.

印人党于2016年打出“一个印度，伟大（最好）的印度”（Ek Bharat，Shreshtha Bharat）标语，以促进各邦文化交流融合、赞扬文化多样性。这一标语吸收了尼赫鲁“多样性的统一”理念，将其重新阐释为“一个国家”，进而将多样性的理念重构为“统一性”。[①] 对这些概念和话语的重构，显然具有民粹主义的特征。而最重要的是，印人党还在意识形态和话语上淡化了对低种姓印度教徒群体的歧视，并在具体政策上照顾印度教选民群体的利益，突出与其他宗教群体的冲突。从2014年开始，印人党政府就采取一些针对少数群体的政策，包括削减对少数群体发展计划的资助、减少少数群体的社会公平和公正服务，并将这方面的福利覆盖到“贫困的”高种姓群体。同时，重建对表列种姓和表列部落免于暴力危害的立法保护，但又拒绝保护宗教少数群体。[②]

一些学者认为，民粹主义的崛起是印度政治的发展趋势。在英迪拉·甘地之后，民粹主义成为了印度政治的周期特征。印度地方各邦的政治很容易被民粹主义诉求占据空间。2014年，莫迪领导的印人党之所以能够胜选，所展现的就是在纵向碎片化的政党体系中，民粹主义的动员是多么有效。[③]

二、印度政党—选民关系在地方层面的发展变化

在地方层面，庇护主义是如何构建印度的政党与选民关系的呢？这一点对理解印度的政治发展更为重要。在建国初期，国大党主要通过土地改革，即对原有的“柴明达尔制”[④] 进行改革。国大党通过将一些高种姓和穆斯林地主手中的土地重新分配给农民，获得了广大农村选民的

---

① Yamini Aiyara and Louise Tillin, “‘One Nation’, BJP, and the Future of Indian Federalism,” *India Review*, Vol. 19, 2020, pp. 128 – 129.

② Heewon Kim, *The Struggle for Equality*: *India's Muslims and Rethinking the UPA Experience*, New Delhi: Cambridge University Press 2019, p. 193.

③ Paul D. Kenny, *Populism and Patronage*: *Why Populist Win Elections in India*, *Asia*, *and beyond*, Oxford: Oxford University Press, 2017, p. 20.

④ “柴明达尔制”是印度贵族地主阶层在地方的自治或半自治的统治制度，该制度从莫卧儿帝国时期一直延续到英国殖民统治时期。

支持。[1] 在20世纪五六十年代，国大党在地方主要依靠高种姓作为中间“掮客”来获取大众的选举支持。高种姓群体利用自身的社会地位以及其对土地的占有、个人信用以及在地方的权势，通过各种方式使地方的选民将选票投给国大党。在这一过程中，不需要给予选民直接的物质好处以获得选票支持，也不需要去监督选民使其投给特定的候选人。施惠者强调选民如果需要继续获得国大党控制的国家资源，就需要遵循一套准则和义务。一份1966年在安得拉邦的调查显示，当地的选民被告知不要把选票投给特定的候选人，因为他们最终不会获得公职，因此也不会给村庄任何的利益回报。[2] 1957年，对古吉拉特邦的一个村庄的500名选民调查后发现，在邦议会选举和国家大选中，很多选民都不把国大党和国家区分看待，他们认为国大党即“政府”，“政府”给予他们土地，他们理应为国大党投票。[3] 同时，威胁也是一种常见的手段。在1971年之前，地方的投票通常在地方的投票站计票，地方领导人很容易就能知道选民把选票投给了谁。因此，地方的政客有时会直接威胁选民，让他们投票给特定的候选人。[4]

20世纪60年代通常被视为印度政治的分水岭，这一时期国大党的党内竞争以及政党之间的竞争都日趋激烈。1967年，反对党在8个邦获得了邦议会的多数席位。在地方层面的庇护主义式的竞争也随之激烈起来。1970年，在安得拉邦多个村庄的调查显示，国大党候选人在那些面临印度共产党或印度人民同盟有力竞争的地方，给予选民低价奖品或对选民进行报复性威胁变得不再有用。相反，候选人需要承诺给予选民现金、食物，或者承诺给予村庄一定的经济发展计划才能有效地获取

---

① Steven I. Wilkinson, “Explaining Changing Patterns of Party – Voter Linkages in India,” in Herbert Kitschelt and Steven I. Wilkinson eds., *Patrons, Clients, and Politics: Patterns of Democratic Accountability and Political Competition*, New York: Cambridge University Press, 2007, pp. 112 – 113.

② G. Ram Reddy and K. Seshadri eds., *Developing Society and Police*, Hyderabad: Osmania University, 1972, p. 13.

③ A. H. Somjee, “Voting Behavior in an Indian Village,” *Political Science Series*, No. 2, 1959, p. 12.

④ Steven I. Wilkinson, “Explaining Changing Patterns of Party – Voter Linkages in India,” in Herbert Kitschelt and Steven I. Wilkinson eds., *Patrons, Clients, and Politics: Patterns of Democratic Accountability and Political Competition*, New York: Cambridge University Press, 2007, pp. 113 – 114.

选票。①

20 世纪 70 年代，英迪拉·甘地推行的“中央资助计划”在地方的执行有效绕过了地方的传统“施惠网络”。在印度的农村，村民在获得借贷、种子以及一些其他的政治权利时都要依赖当地占据主导地位的种姓阶层，但“中央资助计划”使底层民众可以直接从国家获得相应的资源。玛格丽特·罗宾森的研究描述了“中央资助计划”在地方的执行情况。在安得拉邦马拉纳帕勒的一个村庄，村领导一直试图说服村民不要申请“中央资助计划”，而当一个村民冒着风险申请到了化肥贷款之后，村里贫困的村民也在随后的几年里纷纷效仿。这意味着这些村民可以从该村的传统政治势力之外获得可观的政府补贴和资助。②

在 1967 年的邦议会选举之后，不论是国家政党还是地区性政党都通过创造各种各样的社会支出项目来进行选举竞争。例如，安得拉邦的泰卢固之乡党创立了一个给予学校儿童免费午餐的福利计划作为该党与中央资助的相关福利政策进行竞争的方式。③ 因此，后续在中央执政的政党，不论是国大党、新人民党或印人党都分别创立了各自的福利机制，以便把利益输送给特定的选民群体以维持在地方的支持基础。

20 世纪 90 年代初，地方邦通过各种各样的办法削弱了中央政府通过设立“潘查亚特”制度而削弱地区性政党权力的企图。例如，在卡纳塔克邦，1991 年该邦通过的关于“潘查亚特”制度的法案，赋予了邦政府在决定哪些项目应当被投资以及资金如何分配的问题上有很大的权力，而“潘查亚特”制度本身的权力则被限制了。④ 更重要的是，该邦于 1993 年出台的法案还允许邦议会议员以及国家议会议员依照自身职责出席地方的“潘查亚特”会议，因此这些议员就可以监管和控制

---

① G. Ram Reddy and K. Seshadri eds., *Developing Society and Police*, Hyderabad: Osmania University, 1972, p. 50.

② Marguerite S. Robinson, *Local Politics: The Law of the Fishes: Development through Political Change in Medak District, Andhra Pradesh (South India)*, DE: Oxford University Press, 1988.

③ Steven I. Wilkinson, "Explaining Changing Patterns of Party – Voter Linkages in India," in Herbert Kitschelt and Steven I. Wilkinson eds., *Patrons, Clients, and Politics: Patterns of Democratic Accountability and Political Competition*, New York: Cambridge University Press, 2007, p. 118.

④ Steven I. Wilkinson, "Explaining Changing Patterns of Party – Voter Linkages in India," in Herbert Kitschelt and Steven I. Wilkinson eds., *Patrons, Clients, and Politics: Patterns of Democratic Accountability and Political Competition*, New York: Cambridge University Press, 2007, pp. 119 – 120.

"潘查亚特"制度的代表。[①] 实际上，邦议会议员和地方官员在福利项目的分配上具有更大的权力。除了卡纳塔克邦，安得拉邦、拉贾斯坦邦有关"潘查亚特"的法案也相差无几。[②] 甚至于在安得拉邦，邦政府在1999年创建了与"潘查亚特"制度职能相似的"安得拉邦县级计划委员会"，该机构直接由邦议会议员控制，这一举措架空了"潘查亚特"制度，使其成为了一个多余的机构。在马哈拉施特拉邦，地方政客们则建立了拥有"推荐"权的委员会，由他们来决定"潘查亚特"制度中负责发展项目的委员会成员构成。[③]

为了应对中央政府出台的国家议会的"议员地方发展机制"，地方邦也在邦一级为邦议会议员们创建了相似的"地方发展机制"。在泰米尔纳德邦和北方邦，每个邦议会议员通过类似的机制，能够在两次选举期间（一届任期内）获得约100万美元回馈自己的选区。除此之外，由于很多发展项目都需要得到区县级农村发展局的批准，而邦议员则实际控制着这些农村发展局，因此在实际操作中邦议员还可以影响国家项目在其选区内的分配。[④] 结果就是在20世纪90年代，地方的庇护主义政治体系并没有被中央政府削弱。

进入21世纪之后，面对腐败问题的压力，地方政府也做出了相应的调整。在卡纳塔克邦，邦议会通过了《公共采购透明度法案》《财政责任法案》《知情权法》等相关法律，使公众能够监督政府的资金使用。当然，该邦通过这些法案的部分原因是为获取世界银行贷款，而提高治理能力和透明度是世界银行提供贷款的前提条件。相似的法案也在

---

① "Panchayati Raj and Natural Resources Management: How to Decentralize Management over Natural Resources. Karnataka: Situation Analysis and Literature Review," Working Document, Oversea Development Institute, 2002, pp. 22–23.

② Steven I. Wilkinson, "Explaining Changing Patterns of Party – Voter Linkages in India," in Herbert Kitschelt and Steven I. Wilkinson eds., *Patrons, Clients, and Politics: Patterns of Democratic Accountability and Political Competition*, New York: Cambridge University Press, 2007, p. 120.

③ *Overview of Rural Decentralization in India, Volume II*, Washington D. C.: World Bank, 2000b, p. 11, p. 145.

④ Steven I. Wilkinson, "Explaining Changing Patterns of Party – Voter Linkages in India," in Herbert Kitschelt and Steven I. Wilkinson eds., *Patrons, Clients, and Politics: Patterns of Democratic Accountability and Political Competition*, New York: Cambridge University Press, 2007, pp. 121–122.

德里、拉贾斯坦邦等地获得通过。[①] 在地方的政党竞争中，庇护主义政治依然存在，但一些政党愿意做出相应的调整。比如，一些学者认为，安得拉邦的泰卢固之乡党以及卡纳塔克邦的国大党在 2000 年初表现出更多的纲领性政治的倾向，它们并没有像往常那样为特定农民阶层提供更多的电力、水资源等施惠举措；印人党和国大党则在不同的选区采取不同的策略，它们在一些选区继续为特定的选民群体提供补贴和就业机会，但在另一些选区则给选民传递纲领性的政治信息。[②]

第三节　印度的政党竞争与政党的成功

一、印度政党竞争的特点

印度的政党竞争模式与西方国家的政党竞争模式有很大的区别，西方政治学理论认为，政党和选民在劳资关系、央地关系、城乡关系以及宗教与国家关系这四个问题上的立场差异构成了政党竞争的基础。然而，印度的政党竞争则表现出一种完全不同的模式，它的核心是社会中不同的群体为了自身权利和利益而在政治上展开的一种寻求承认的竞争，一些学者将其称为“寻求承认的政治”。[③]

西摩·李普塞特和斯泰因·罗坎在其关于西欧国家政党体系中的分歧的经典著作中，指出了四种类型的变革和其带来的冲突，并认为这些冲突为政党竞争创造了空间：第一种是工业革命之后阶级政治的出现带来的劳资冲突；第二种是国家的兴起与地区和地方利益的对立，带来了中央与地方的冲突；第三种是保护农业利益免受工业力量的侵蚀，带来了城市与农村的冲突；第四种是宗教与世俗的对立带来了教会与国家的

---

① Steven I. Wilkinson, “Explaining Changing Patterns of Party – Voter Linkages in India,” in Herbert Kitschelt and Steven I. Wilkinson eds., *Patrons, Clients, and Politics: Patterns of Democratic Accountability and Political Competition*, New York: Cambridge University Press, 2007, p. 133.

② Steven I. Wilkinson, “Explaining Changing Patterns of Party – Voter Linkages in India,” in Herbert Kitschelt and Steven I. Wilkinson eds., *Patrons, Clients, and Politics: Patterns of Democratic Accountability and Political Competition*, New York: Cambridge University Press, 2007, pp. 135 – 136.

③ Pradeep K. Chhibber and Rahul Verma, *Ideology and Identity: The Changing Party System of India*, New Delhi: Oxford University Press, 2018.

冲突。[①] 然而，印度的政党竞争在这四种类型上都与西方国家的情况有很大的区别。

第一，劳资冲突对印度政党政治并没有显著的影响。在印度，并没有发生大规模的工业革命使得大量农民放弃农业生产而进入工业领域工作。大部分印度人民依然生活在农村，工人阶级也没有被组织起来。在印度确实存在一些较大的工会，这些工会大多从属于特定的政党。例如，全印工会大会附属于国大党，印度工会附属于与印人党关系紧密的国民志愿服务团，印度工会联盟则附属于印度共产党（马克思主义）。经典的劳资冲突模式在印度出现了变异，这是因为印度的雇佣关系大多来自国有公共部门的雇佣，尤其是在 20 世纪 70 年代至 80 年代。相比劳工和资本家之间的冲突，在印度更多的是劳工和国家之间的冲突。此外，在印度经济中，各个产业的招聘，从纺织业、汽车制造业到制药业，都在很大程度上依托非正式的社会网络关系或是依托村落和族群的纽带关系。[②] 这也使得以劳资冲突为基础的阶级冲突没有成为一个显著特征。

资产阶级与无产阶级的阶级冲突在印度政治中也不是政治竞争的主线。在印度，资本的利益是与国家紧密联系在一起的。[③] 在独立初期，印度的政策制定者们达成的共识是国家必须引导经济的发展。在计划经济体制建立之前，印度中央政府就通过立法完全控制了印度的工业领域。[④] 一方面，对于印度经济来说，由国家领导的工业化被视为必要的手段。在印度独立之后的几十年内，关于国家是经济发展的设计者和仲裁者这一观点，在印度国内具有广泛的支持基础。而另一方面，印度的劳动力除了从事农业的群体之外，其他群体的数量都很少。因此，在印度没有哪一个政党认为公开支持劳工或者公开支持资本家是符合他们的

---

① Seymour Lipest and Stein Rokkan, *Party System and Voter Alignments*, New York: Free Prooo, 1967.

② Adnan Naseemullah, *Development after Statism: Industrial Firms and the Political Economy of South Asia*, Cambridge: Cambridge University Press, 2017.

③ Vivek Chibber, *Locked in Place: State - Building and Late Industrialization in India*, Princeton, NJ: Princeton University Press, 2003.

④ Ajit Mozoomdar, "The Rise and Decline of Development Planning in India," in Terence Byres ed., *The State and Development Planning in India*, Delhi: Oxford University Press, 1994.

战略利益的。[①] 当然，印度绝大多数政党都是倾向贫困阶层的。原因很简单，因为印度的贫困人口比例较高。在1991年之后发生了一些改变，随着印度经济的增长，中产阶层得到了扩张，然而印度广泛的政治共识是国家应当为贫困阶层谋求福利，并创造一种鼓励国家救助穷人的政策框架。即使是印人党领导的政府，也把扶贫作为其核心政策议题。[②]

第二，印度国家层面的政党竞争也不是基于中央和地方的冲突展开的。鉴于印度地方语言、文化和族群的多样性，印度一直面临着中央与地方冲突的问题。但是，印度的政党竞争本质上不是围绕着中央与地方的竞争展开的。印度虽然存在各种代表地方利益的地区性政党，但印度政党政治并不是以地区性政党为一方，代表联邦利益的国家政党为另一方展开的；而且在政党竞争中，中央与地方的矛盾并不是作为一种竞争性的意识形态存在。

印度总体上通过自己的联邦体制，即阿尔弗雷德·斯泰潘、胡安·林茨和约根德拉·亚达夫所说的印度实际上建立的是一个“国家民族”而不是“民族国家”，它的主要目的是抑制地方的分离主义倾向，并在国家政治中赋予地方相应的发言权，进而防止中央与地方、核心地区与边缘地区的冲突成为政党竞争的底色。[③] 阿舒托什·瓦尔什尼认为，“民族国家”本质上趋于同化，消除族群或文化的多样性是“民族国家”的特征。相反，印度这样的“国家民族”则一方面在较大的政治共同体中创造归属感，另一方面又为维护政治的多样性提供制度保障，比如从制度上维护语言、宗教、文化上各种多样的规范。[④] 因此，阿尔弗雷德·斯泰潘曾形象地将印度称为一个“被结合在一起的联邦”，而不是“集合在一起的联邦”。[⑤] 具体而言，印度在建国以后通过语言建

---

① Pradeep K. Chhibber and Rahul Verma, *Ideology and Identity*: *The Changing Party System of India*, New Delhi: Oxford University Press, 2018, p. 20.

② Pradeep K. Chhibber and Rahul Verma, *Ideology and Identity*: *The Changing Party System of India*, New Delhi: Oxford University Press, 2018, pp. 20 – 21.

③ Alfred Stepan, Juan Linz and Yogendra Yadav eds., *Crafting State – Nations*: *India and Other Multinational Democracies*, Baltimore, Maryland: John Hopkins University Press, 2011.

④ Ashutosh Varshney, *Battles Half Won*: *India's Improbable Democracy*, New Delhi: Penguin Books, 2013, p. 174.

⑤ Alfred Stepan, "Federalism and Democracy: Beyond the US Model," *Journal of Democracy*, Vol. 10, No. 4, 1999, pp. 19 – 34.

邦，赋予地方相应的自治权将地方纳入到联邦体制中，承认特定地区的语言文化特性等措施，有效抑制了地方的分离主义，避免了中央与地方的激烈冲突，也使得国家层面的政党竞争难以以地方与中央的冲突为意识形态基础展开。①

第三，城乡冲突在印度政治中也不明显。在印度独立之后的一些特定时期内，印度的城乡对立在印度政治中确实很重要，但这种对立却未能成为一种稳定的政治分歧。20 世纪六七十年代，印度的邦议会和国家议会中出现了很多来自农村或具有农业背景的议员，他们都代表农村地区的利益。这些农村地区的精英在国家政治中获得了发言权，但他们并没有把农村地区的问题上升为一个重要的政治议题。由于很多印度人依然生活在农村，而且很多生活在城市的印度人来自农村并且认同自己来自农村的身份，因此，印度的任何一个政党要想获得成功，都必须关注农村地区。所以，农村问题没能成为印度政治的分歧点。② 随着近年来印度城市化进程的发展，大量农村人口进入城市，但城乡之间的分歧并没有被严重激化。虽然，印度城乡人口在社会经济发展方面的差异正在逐渐扩大，但是在政党政治中没有声音公开反对农村地区的利益。有的学者甚至认为，城乡分歧在印度政治中并不重要。此外，非农业生产部门的发展，基础设施建设水平的提升以及电视、移动电话的发展带来的通信水平的提高，使得印度城乡之间的差距并不明显。③

第四，印度并不存在西方那样的世俗与宗教的对立。在殖民时期和独立运动期间，印度的宗教和国家的冲突与西欧的教会和国家之间的冲突模式很不一样。印度从来没有过西欧那种自由派精英与宗教精英之间的对抗，因为印度在过去的两个多世纪里都是由宗教精英领导的。反殖

① Pradeep K. Chhibber and Rahul Verma, *Ideology and Identity: The Changing Party System of India*, New Delhi: Oxford University Press, 2018, pp. 21 – 22.

② Ashutosh Varshney, Democracy, *Development, and the Countryside: Urban – Rural Struggle in India*, New York: Cambridge University Press, 1995.

③ Dipankar Gupta, "Whither the India Village: Culture and Agriculture in 'Rural' India," *Economic and Political Weekly*, Vol. 40, No. 8, 2005, pp. 751 – 758; Milan Vaishnav and Neelanjan Sircar, "The Rural/Urban Divide Dies out," Carnegie Endowment for International Peace, April 3, 2014, https: //carnegieendowment. org/posts/2014/04/the – ruralurban – divide – dies – out? lang = en.

民运动本身也只是为了反对外国殖民政府的统治。一般来说，宗教领袖都不会直接挑战政治权威，他们关注的是在一个繁荣开放并且很少受到管制的“宗教市场”上寻求布道的权利，获取更多的追随者并且扩大他们的集会。[①] 他们不从国家那里寻求权力，但都需要向国家寻求保护他们生存发展的权利。[②] 由于各种宗教习俗在印度十分重要，宗教领袖也不寻求控制国家，大多数的印度政客更多的是与当地的宗教团体合作，支持当地的宗教习俗，而不是反对他们。在印度，国家还为宗教领袖带来了两种实际的好处，即税收上的优惠以及获取土地和其他公共资源上的便利。在一些方面，政客与宗教领袖的利益是紧密相连的，宗教领袖可以帮助政客动员其所需要的选举支持，政客则可以给予宗教领袖想要得到的国家资源。宗教领袖不可能去破坏这种维持他们自身生存的民主体制，他们通常只是避免公开表明自己的政治立场，以免疏远某些政党或与某些政党过于亲近。[③]

综上所述，印度的政党竞争并没有像西欧国家那样围绕着劳资冲突、央地冲突、城乡冲突以及宗教与国家的冲突展开。印度的政党竞争显然具有自己独特的分歧基础。有研究认为，印度政党政治事实上有很深的意识形态分野，这种意识形态分野指的是选民和政党在意识形态世界观上对于国家在社会中应当处于何种位置的认识。围绕这一问题，印度的政党政治中出现了两种辩论：其一，从本体论上来说，国家是否应当优先于社会，国家是否可以重塑社会规范和社会实践，并能管理私有财产；其二，国家是否应当为少数社会群体制定特殊的规定，与之相关的问题是在哪些问题上应当以多数决的方式来决定。[④] 基于第二种辩论，印度的政治表现出了一种“寻求承认的政治”。第二种辩论所产生

---

① Anthony Gill, *Rendering unto Caesar*: *The Catholic Church and the State in Latin America*, Chicago: University of Chicago Press, 1998.

② Pratap Bhanu Mehta, “Hinduism and the Politics of Rights in India,” in Thomas Banchoff and Robert Wuthnow eds., *Reglions and the Global Politics of Human Rights*, New York: Oxford University Press, 2011.

③ Pradeep K. Chhibber and Rahul Verma, *Ideology and Identity*: *The Changing Party System of India*, New Delhi: Oxford University Press, 2018, p. 25.

④ Pradeep K. Chhibber and Rahul Verma, *Ideology and Identity*: *The Changing Party System of India*, New Delhi: Oxford University Press, 2018, p. 10.

的背景，正是印度的认同多样性。

“寻求承认的政治”指的是国家需要纠正对某些社会群体的不公平待遇，调整这些在历史上长期被边缘化的群体的利益。“寻求承认的政治”问题是印度特色。印度在独立之后的一个重要政治目标，就是调节不同社会群体的利益，尤其是特定的宗教、种姓、语言、地区和部落群体之间的利益，同时这些问题也与城乡差距和性别差异问题相关。印度宪法的根本目标就是要实现社会公正，而这只能通过政治过程实现，一旦边缘化的群体获得了权力，社会不公正体系就可以被逐渐消除。[①] 简言之，为了解决各社会群体之间的差异和不公正问题，印度的做法就是通过民主体制给特定群体赋权。因此，印度社会中大多数持有特定身份认同的群体最终都以政党竞争的形式来维护自身的利益。

二、关于印度政党成功因素的假设

印度的政党竞争与西方国家有显著不同，印度政党竞争的一个重要方面是围绕社会中各个群体“寻求承认的政治”展开的。因此，在地方政治中，政党很容易通过对各种关键选民群体的权利和利益分配获得选举成功。同时，为了维持有效分配，政党还要获取足够的资源，因此政党之间的联盟关系变得十分重要。此外，印度政党—选民总体呈现庇护型关系，而在印度政党体系演变和政党—选民关系的发展变化过程中，中央和地方的政治精英又发挥了重要作用。地区性政党的成功可以用庇护主义、政党联盟以及精英的派系分化这三个因素来解释。[②] 通过对印度选民的公众舆论研究发现，印度选民并不是基于特定的态度或认同而支持地区性政党的。通过案例研究则发现，是精英决定了印度地区性政党的成败。[③]

---

① Pradeep K. Chhibber and Rahul Verma, *Ideology and Identity*: *The Changing Party System of India*, New Delhi: Oxford University Press, 2018, p. 31.

② Adam Ziegfeld, *Why Regional Parties? Clientelism*, *Elites*, *and the Indian Party System*, New York: Cambridge University Press, 2016, p. 18.

③ Adam Ziegfeld, *Why Regional Parties? Clientelism*, *Elites*, *and the Indian Party System*, New York: Cambridge University Press, 2016, p. 132.

思考印度地区性政党的成功，应当从印度政党—选民关系的本质特征出发进行理解。总体上，印度的政党—选民关系以庇护型为主要基本特征，但在一些地方的特定时期，政党—选民关系则表现出较强的克里斯马型特征。在这样的背景之下，政党是否能高效地分配利益给特定的选民群体、政党是否能够在整个政治权力网络中获取用于施惠的资源以及作为“恩惠者”的地方政治精英派系之间的分化和组合是地区性政党获得选举成功的三个重要条件。因此，三个基本假设是：

假设一：由于印度的政党—选民关系是以庇护主义为基础的，因此地区性政党能否选举成功取决于政党能不能为特定的选民群体分配利益并有效地获得选票回报，即政党对特定选民群体的高效利益分配。

总体而言，印度选举政治中的政党竞争并不像西方国家那样高度意识形态化，而是一种非纲领性的、庇护主义式的选举竞争。印度的广大选民在投票给某个政党时，并不是由于选民与政党的意识形态一致，也不是因为选民知道这个政党上台后的一系列政策将根据某种意识形态倾向制定，并且这些政策符合自己的政治倾向和利益。在印度，政党与选民之间充斥着各种各样的恩惠与庇护关系。选民选择政党是因为知道政党上台后会给予自己一些特定的物质或服务方面的回报，这种利益回报往往是短期的。而在一些选举中，选民甚至担心不选择某一政党可能会面临惩罚。因此，印度政党的选举成功，很大程度上取决于政党是否能够有效地把物质或服务利益分配给对选举至关重要的特定选民群体。因此，政党在选举上的成功与政党能够成功利用手中的资源获取选民的支持密切相关。

假设二，为了选举胜利和维持执政，地区性政党需要从印度的整个政治权力网络中获取资源。因此地区性政党能够多次获得选举胜利并维持执政的一个重要条件在于其能够利用政党联盟和央地关系来获取资源。

20 世纪 70 年代之后，印度邦一级的选举本质上是对政府资源的争夺。赢家给支持者进行分肥，而输家则等待着再次上台或是谋求变节加入到赢家一边。印人党在国家大选中的成功主要取决于国大党对地方邦控制力的衰落。如果国大党可以继续以一些邦政府为基础，通过庇护网络进行分肥，那么印人党在国家大选中的选举诉求就会受到限制。[①] 而在选举上成功的政党，本质上就意味着其能够有效控制政府资源，并通过把政府资源分配给特定的选民群体，使自己控制的政府资源转化为政治上的收益。

庇护主义政治的网络是复杂的，施惠者能不能成功，还高度依赖于施惠者自身与资源网络和权力网络之间的关系。施惠之所以被定义为“没有尽头的讨价还价”，是因为这种协商不只是施惠者和受惠者之间的讨价还价，还是它所基于的各种相互矛盾的原则之间的讨价还价。一个优秀的施惠者一定能够持续在两种极化的行动中找到平衡，否则要么会使他的效率受损，要么会让他的合法性受损。一方面，施惠者依赖于他与资源和权力网络之间的联系。为了给受惠者提供实际的利益，施惠者必须有能力在网络中控制相关资源的流动。另一方面，如果施惠者需要以庇护者的名义行动，他必须在道义上独立于这个网络之外，建立起一种声誉，让他成为他所施惠社群的保护人。因此，施惠者的地位涉及一个在不同层面上持续讨价还价的过程。一个有效率的施惠者必然要卷入一个不断地计算成本和收益的世界，即使他能树立起一个超越利益算计的道德形象。在印度的地方政治中，地区性政党的成功就意味着地区性政党在印度的政党政治中成为一个成功的施惠者。

假设三：在庇护主义普遍存在的选举环境中，地区性政党的核心主要由地方政治精英集团构成。因此，地方政治精英集团的分化与组合是影响政党统一与分裂、成败与存续的重要因素。

由于印度的政党—选民关系基于庇护主义，如果政治竞争以庇护主义为主要模式，那么政治精英阶层作为地方政治的主要施惠者，必定会对政党的成功和失败产生重要的影响。在民主体制中，如果庇护主义普遍存在，那么地区性政党的成功就是因为精英们基于自身职业生涯的考虑加入了地区性政党，而不是因为选民喜爱地区性政党。[②] 精英的派系分化对政党本身的存续、分裂以及成功影响重大。印度很多政党—选民

① Paul D. Kenny, *Populism and Patronage: Why Populist Win Elections in India, Asia, and beyond*, Oxford: Oxford University Press, 2017, pp. 124 – 125.

② Adam Ziegfeld, *Why Regional Parties? Clientelism, Elites, and the Indian Party System*, New York: Cambridge University Press, 2016, p. 50.

关系的纲领性较弱或根本没有任何纲领性的特征，而政党领袖的个人魅力、政党的民粹政策却对选民有着重要影响。这就造成了选民更加忠诚于政治精英，而不是政党。印度政治精英的叛党、分裂政党以及组建新政党的行为十分普遍，这些行为并不会让他们受到选举上的惩罚。因此，政治精英的分化和组合对政党本身的发展和延续就变得至关重要了。

第二章

印度地区性政党对选民的利益分配

本章的核心问题是研究印度地区性政党如何将各种各样的利益分配给选民，从而取得选民的支持。因此，本章将重点研究印度地方分配政治的特点和模式，以及泰卢固之乡党和比朱人民党在安得拉邦和奥里萨邦如何通过分配政治取得选举胜利。本章首先介绍印度分配政治与选举的关系、福利分配体制的特点、印度整体分配政治的模式以及分配政治的资源获取途径。随后，以泰卢固之乡党和比朱人民党在安得拉邦和奥里萨邦各个时期所采取的分配政策、分配渠道以及可分配资源的获取为例，分析泰卢固之乡党和比朱人民党是如何将物质利益分配给各个关键选民群体进而获得选举成功的。二者的选举成功几乎都与某种特定的庇护主义分配模式相关。政党对地方原有庇护主义政治模式的适应与调整是政党成功的关键。影响政党选举成功的因素首先是分配政治中一些特定的福利政策，其次是在分配政治中政治资金的筹措能力，最后是在分配政治占主轴的环境中认同因素。

第一节　印度的分配政治与选举

一、印度分配政治的特点与选举

除了市场可以进行资源分配之外，政治权力也可以分配资源。政府颁布的政策可以将资金、就业岗位、信贷以及其他各种各样的资源分配给公民，选举上台的官员会给支持自己的选区回报，政党会分配各种“礼物”给选民以寻求支持，同时税收也会通过再分配的形式将资源转移到公民的收入中。[①] 这就是分配政治，分配政治涉及政府对物品和服务的分配，是政治的核心问题。[②]

（一） 印度的庇护主义分配与选举

政府的分配有多种模式，并不是所有国家的分配都能公平公正地考虑全体公民的利益。在一些国家，政府的分配很显然要服务于选举需求。与本书第一章所述的政党体系类型相对应，分配政治同样可以分为纲领性分配和非纲领性分配。纲领性分配有两个特征：其一，分配必须是正式和公开的；其二，正式的、公开的分配标准必须切实地影响有关资源的分配。而非纲领性分配则要么没有公开的分配标准，要么公开标准被私人（通常是党派）所颠覆。[③] 一些政治学家将非纲领性分配分为带有党派偏见分配和庇护主义式分配两个大类。带有党派偏见分配指的是在某些情况下，具有政治歧视的分配方式会在受惠者之间产生好感，因此，受惠者更有可能支持施惠者一方的候选人。然而，那些“叛变”并投票给不同政党的受惠者不会受到个人惩罚。在这一类别中，如果利益分配是以特定地区或特定群体为目标的，称为政治分肥；如果利益分配不针对特定目标群体，就是无条件的利益分配。而庇护主义式分配指的是政党提供物质利益的条件是受惠者以投票或其他形式的政治支持作为回报，如果选民不按照政党的利益进行隐性交易，就会受到惩罚。[④] 不同类型的非纲领性分配模式虽然有明显的区别，但共同特征在于政府的分配要与党派的政治利益一致。

在印度的地方政治中，分配政治对于政党的选举以及生存至关重要。原因在于印度政治中有两个重要特征。其一，印度社会贫富差距巨大，印度的选民中有大量的贫困人口。因此，当选举政治面对贫困问题

---

① Susan C. Stokes, Thad Dunning, Marcelo Nazareno and Valeria Brusco, *Brokers, Voters, and Clientelism: The Puzzle of Distributive Politics*, Cambridge: Cambridge University Press, 2013, p. 3.

② Miriam Golden and Brian Min, "Distributive Politics around the World," *Annual Review of Political Science*, Vol. 16, 2013, pp. 73 – 99.

③ Susan C. Stokes, Thad Dunning, Marcelo Nazareno and Valeria Brusco, *Brokers, Voters, and Clientelism: The Puzzle of Distributive Politics*, Cambridge: Cambridge University Press, 2013, pp. 7 – 10.

④ Susan C. Stokes, Thad Dunning, Marcelo Nazareno and Valeria Brusco, *Brokers, Voters, and Clientelism: The Puzzle of Distributive Politics*, Cambridge: Cambridge University Press, 2013, pp. 7 – 14.

时，最为直接的回应无疑就是允诺或直接给予贫困阶层物质利益。其二，印度选民中的异质性很强，种姓、族群以及宗教等认同因素都在影响着印度的选举政治，即本书第一章中所说的印度政党政治是各群体围绕“寻求承认的政治”展开的。因此，在面对选民群体的多样性和异质性问题时，最为有效的回应就是通过福利政策赋予特定群体特殊的权利。基于这两个特征，福利政策带来的物质利益和权利保障成为了政党在争取基层选民支持时最为有效的手段。在这两个因素的影响下，福利分配或者说由国家主导的分配政治在印度政治中具有重要的地位。

（二）　贫困与印度的分配政治

首先，由于选民群体中存在大量的贫困人口，任何政党或政府都必须对他们的需求给予特定形式的回应，否则就无法获得广大贫困选民的选票。政党对于贫困问题最直接的回应就是福利政策，直接的利益分配对于选举来说是最有效的手段。

印度虽然是一个崛起中的新兴经济体，但也是一个拥有庞大贫困人口的发展中国家。如果根据 2011 年购买力平价指数换算，将国际贫困线设定为每人每天 1.9 美元，世界银行的数据认为印度是世界上拥有贫困人口数量最多的国家，至 2015 年印度拥有超过 1.7 亿贫困人口，占世界贫困人口的 1/4；在南亚地区，有 4/5 的极端贫困人口生活在印度，而且印度贫困人口绝对数量也相当庞大。[①] 而根据联合国采用的“多维贫困指数”，印度在 2018 年贫困率依然高达 28%，贫困人口总数达 3.64 亿，是世界上贫困人口最多的国家。[②]

然而，相比绝对的贫困人口数量，更为严重的是不平等问题。根据世界新财富公司的报告，印度在最不平等国家中排名世界第二。根据 2022 年的数据，印度成年人口的年平均收入为 7796 美元，其中收入较

① 这里所说的贫困线为国际贫困线，即根据 2011 年购买力平价指数换算，每人每天合 1.90 美元。详见：“Poverty and Shared Prosperity 2018：Piecing Together the Poverty Puzzle – Frequently Asked Questions，” World Bank Brief，September 19，2018，https：//www.worldbank.org/en/research/brief/poverty – and – shared – prosperity – 2018 – piecing – together – the – poverty – puzzle – frequently – asked – questions。

② “Global MPI 2018，” Oxford Poverty & Human Development Initiative，https：//ophi.org.uk/multidimensional – poverty – index/global – mpi – 2018/.

低的50%人口的年平均收入为2107美元，而收入较高的10%人口的年平均收入是其21倍以上，为4.47万美元。前10%和前1%的人口分别占有57%和22%的总国民收入，而底层50%人口的份额则只有13%。①

表2-1 印度不同阶层人口的平均收入与财富及占比

	收入		财富	
	平均收入（单位：美元，以购买力平价指数计算）	占整体收入比值（单位:%）	平均财富（单位：美元，以购买力平价指数计算）	占整体财富比值（单位:%）
总人口（占比）	7796	100%	37715	100%
收入较低人口（50%）	2107	13.1%	4425	5.9%
中等收入人口（40%）	5794	29.7%	27812	29.5%
较高收入人口（10%）	44773	57.1%	243675	64.6%
较高收入人口（1%）	170246	21.7%	1244605	33.0%

注：（1）本表的"收入"是根据在缴纳所得税之前以及获取养老金和失业保险之后的收入衡量，存在货币换算和小数点四舍五入带来的误差。（2）本表的"财富"指的是家庭财富净值，家庭财富净值等于个人拥有的金融资产（例如股票或债券）和非金融资产（例如住房或土地）之和再减去债务。总家庭财富加上非营利部门的总财富（例如基金会、大学）和公共财富（政府拥有的财富），构成总国民财富。（3）底层50%的份额是指收入/财富归属于底层50%人口的份额，即收入/财富低于中位数的那部分人口；中间40%的份额是指收入/财富归属于中间40%人口的份额，即收入/财富高于中位数但低于前10%收入门槛的那部分人口；前10%的份额是指收入/财富归属于国家中收入/财富最高的10%的份额。（4）数据来源：Lucas Chancel, Thomas Piketty, Emmanuel Saez and Gabriel Zucman, "World Inequality Report 2022: Country Sheets," World Inequality Lab, 2022, https://wir2022.wid.world/www-site/uploads/2023/03/D_FINAL_WIL_RIM_RAPPORT_2303.pdf, p. 19。

① 此处原报告中以欧元计价，该报告规定以购买力平价指数换算货币，按照2022年欧元兑换美元和卢比平均汇率计算：1欧元=1.0535美元=82.709卢比。详见：Lucas Chancel, Thomas Piketty, Emmanuel Saez and Gabriel Zucman, "World Inequality Report 2022: Country Sheets," World Inequality Lab, 2022, https://wir2022.wid.world/www-site/uploads/2023/03/D_FINAL_WIL_RIM_RAPPORT_2303.pdf, p. 19。

从长期的历史图景来看，印度的不平等问题经历了独立后收入差距缩小又再度扩大的过程。在英国殖民时期（1858—1947 年），印度的收入不平等程度非常高，较高收入的 10% 人口占有全部收入的 50% 左右。独立后，受思想启发，较高收入的 10% 人口的收入占全部收入的比重降低至 35%—40%。自 20 世纪 80 年代中期以来，经济自由化政策导致了收入和财富不平等加剧。尽管印度收入较高的前 1% 人口在经济改革中受益匪浅，但是低收入和中等收入群体的增长相对缓慢，贫困问题依然严峻。[①]

印度各邦的贫困状况并不相同。[②] 结合人口统计数据可以发现，印度北部的中央邦、比哈尔邦、北方邦的人口众多，贫困率很高；而果阿邦、喀拉拉邦、喜马偕尔邦等的人口占比和贫困率都很低。[③]

在政治上，贫困和不平等问题会带来巨大的影响。首先，大量的贫困人口意味着在印度的选举政治中有大量的选民属于贫困阶层。因此，吸引贫困阶层的选票对于任何选举来说都至关重要。其次，不平等问题在印度选民中会造就强烈的相对被剥夺感，因此任何选举策略和政策纲领都需要考虑到基层选民渴望公平的情绪。最后，贫困也成为了印度政党竞争中的一个重要议题。2023 年 11 月，在特伦甘纳邦的邦议会选举期间，印度总理莫迪到访该邦为印人党在当地的选举助力，他在讲话中强烈批评了该邦的执政党，称现任首席部长是"穷人的敌人"，并保证一旦印人党在该邦执政，就为贫困阶层提供住房。[④]

---

① Lucas Chancel, Thomas Piketty, Emmanuel Saez and Gabriel Zucman, "World Inequality Report 2022: Country Sheets," World Inequality Lab, 2022, https://wir2022.wid.world/www-site/uploads/2023/03/D_FINAL_WIL_RIM_RAPPORT_2303.pdf, p. 19.

② 印度储备银行统计数据使用的贫困线为印度各邦政府自行制定的贫困线，2011—2012 年，农村贫困线为人均每月收入 860—1301 卢比，城市贫困线为人均每月收入 849—1309 卢比。详见："Number and Percentage of Population Below Poverty Line (2011-2012)," Reserve Bank of India, 2015, https://www.rbi.org.in/SCRIPTs/PublicationsView.aspx?id=16603。

③ "Number and Percentage of Population Below Poverty Line (2011-2012)," Reserve Bank of India, 2015, https://www.rbi.org.in/SCRIPTs/PublicationsView.aspx?id=16603; "Population Census 2011," Census Organization of India, 2011, https://www.census2011.co.in/.

④ "Telangana Polls: PM Modi Promises to Make Nizamabad 'Turmeric City' at Rally," Times of India, November 26, 2023, https://timesofindia.indiatimes.com/elections/assembly-elections/telangana/photos/telangana-polls-pm-modi-promises-to-make-nizamabad-turmeric-city-at-rally/photostory/105517799.cms.

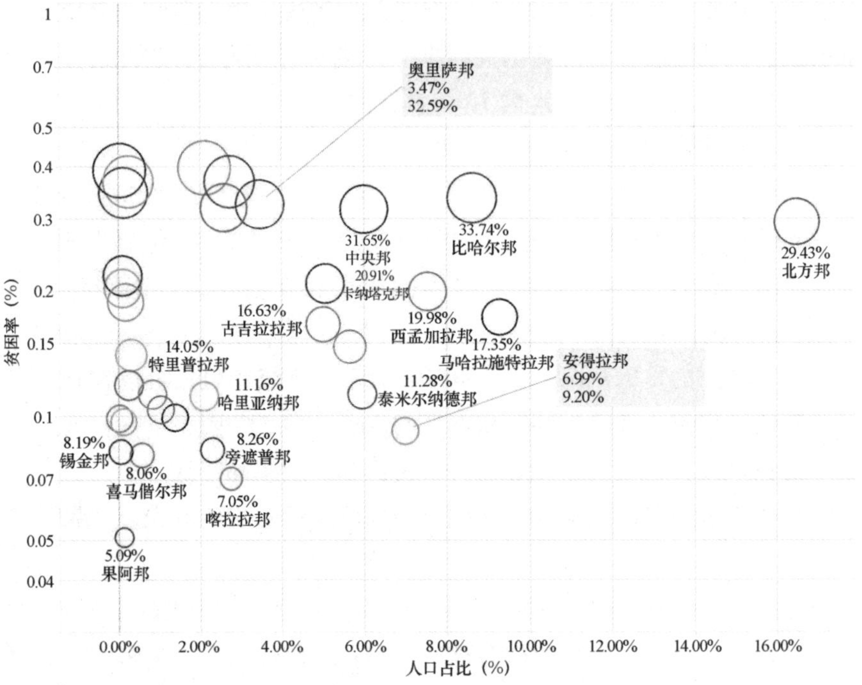

图 2－1　印度各邦人口在总人口中的占比与各邦的贫困率

注：（1）鉴于目前印度国家的贫困线，农村为人均每月收入 1059. 42 卢比、城市为人均每月收入 1286 卢比，远低于联合国制定的极端贫困线，因此该图中对印度的贫困人口的估计是相对保守的。（2）图中的每一个圆圈代表贫困率数值，圈越大，贫困率越高；圈越小，贫困率越低。（3）各邦人口数据来自印度 2011 年人口普查数据（https：//www. census2011. co. in/census/state/uttar + pradesh. html）；各邦贫困人口占比为 2011—2012 年数据，来自印度储备银行相关数据（https：//www. rbi. org. in/SCRIPTs/PublicationsView. aspx？ id = 16603）。

在印度的政治实践中，贫困带来的最大影响是让政党拥有可通过恩庇侍从关系获取选民支持的机会。有学者指出，在分析低收入国家的分配政治时，庇护主义这一概念十分常见，它是在政党或“掮客”与选民之间用不定期的物质交易以及社会福利项目进行交易的关系前提。① 一般

① Allen Hicken, “Clientelism,” *Annual Review of Political Science*, Vol. 14, No. 1, 2011, pp. 289 – 310; Herbert Kitschelt and Steven I. Wilkinson, “Citizen – Politician Linkages: An Introduction,” in Herbert Kitschelt and Steven I. Wilkinson eds., *Patrons, Clients and Policies: Patterns of Democratic Accountability and Political Competition*, New York: Cambridge University Press, 2007; Susan C. Stokes, Thad Dunning, Marcelo Nazareno and Valeria Brusco eds., *Brokers, Voters, and Clientelism: The Puzzle of Distributive Politics*, New York: Cambridge University Press, 2013.

认为，贫困会在政治社会中制造出“可交易的需求”，但有印度学者指出，在印度，贫困并不能转化为可持续的需求，进而通过政客或者政党实现政策转变。因此，印度的选举不能成为选民在各种由政党提供的具有竞争性的政策之间进行选择的机会。[①] 相反，印度的政客们针对一些规模较小的选民群体提供一种定向的利益和服务，这些特定的选民群体通常由种姓认同定义。而这类定向的利益和服务一般通过特定方式分配给特定选民群体。这些方式包括通过庇护主义的纽带关系分配以及通过民粹主义获取广泛选举支持的机制进行分配，也可以通过选举前的“赠送”行为进行分配，例如对选民承诺提供一些更廉价的食物、生活用品等。[②] 在印度，由于国家提供的社会发展政策具有一些特性，而且贫困阶层在政治生活中对福利的诉求具有不确定性，这就给印度民主带来了一个问题：虽然贫困阶层的政治参与度在不断提高，但贫困政治显然不可能实现。[③]

（三） 社会多样性与印度的分配政治

由于种姓、宗教等问题长期存在，如何使各个种姓、各个族群之间享有平等权利一直是印度政治中的重要主题。因此，通过政治分配使社会中的各种群体获益，也就成为了印度政治的重要议题之一。由于印度社会具有很强的多样性，基于不同的语言、宗教、种姓、部落认同，印度社会中存在着很多拥有不同利益和政治诉求的群体，这些群体的差异巨大。印度的政党要想获得成功，关键在于获得选区内对选举具有重要意义的选民群体支持。在地方政治中，如何在政治上给不同的群体分配有限的资源，也就成为了一个关系到种姓、族群以及宗教平等的问题。

印度政治的一个重要发展趋势是一些曾经处于社会边缘位置的群体

---

① Philip Keefer and Stuti Khemani, “Why Do the Poor Receive Poor Services?” *Economic and Political Weekly*, Vol. 40, No. 6, 2004, pp. 691 –712; Kanchan Chandra, *Why Do Ethnic Parties Succeed? Patronage and Ethnic Head Counts in India*, Cambridge: Cambridge University Press, 2004; Steven I. Wilkinson, “Explaining Changing Patterns of Party – Voter Linkages in India,” in Herbert Kitschelt and Steven I. Wilkinson eds., *Patrons, Clients, and Politics: Patterns of Democratic Accountability and Political Competition*, New York: Cambridge University Press, 2007.

② Louise Tillin, Rajeshwari Deshpande and K. K. Kailash eds., *Politics of Welfare: Comparison across Indian States*, New Delhi: Oxford University Press, 2015.

③ Niraja Gopal Jayal, *Citizenship and Its Discontents: An Indian History*, Cambridge, Massachusetts: Harvard University Press, 2013.

在政治上的地位和影响力逐步提高。其中最为突出的表现就是各个种姓群体的政治地位逐渐获得提升，在政治中的作用日益突出。一些观点认为，地区性政党的崛起与一些种姓群体的政治地位获得提升有关，即地区性政党的崛起与印度政治中“后曼达尔时代”有紧密的关系。[①] 1990年，根据曼达尔委员会的建议，印度政府决定给予弱势群体更好的社会和福利待遇，因此很多种姓被归类为“其他落后阶层”。随即，“其他落后阶层”从一个法律和行政意义上的群体转变为了一个实际的政治动员群体。[②] 自此之后，种姓在印度政治中占据了更重要的话语地位。[③] 印度国家选举委员会的数据显示，1990—1999 年，印度选民的政治参与模式发生了很大变化，更多的来自不同阶层的选民参与到了选举政治中。在这一过程中，来自社会边缘群体的选民相比过去对政治参与表现得更加积极。[④] 因此，在政党竞争的过程中，如何回应这些特定群体的需求，成为了选举成败的关键。不同群体寻求权利平等的议题也成为了印度选举政治的重要议题。

二、印度的福利分配与选举

一些形式的政治分配能够被广泛认可，但另一些政治分配则不能被大众接受。人们可以认可政治权威通过国家税收为儿童提供教育资金或加强对老年人口的社会保障，从而在几代人之间有效地转移资源。但其他一些类型的政治分配，如与政治精英有关联的私营企业签订合同，或

① 1979 年，印人党中央政府建立了曼达尔委员会，又被称作社会与教育落后阶层委员会，任务是辨别印度社会上落后的阶层，并考虑在政府部门和公共事业部门中为表列种姓、表列部落和其他落后阶层保留相应比例的职位。因为该委员会由国家议会议员、比哈尔邦前首席部长宾德史瓦里·帕萨德·曼达尔领导，因此该委员会被称为曼达尔委员会。自此，与种姓问题相关的保留政策成为了印度政治中一个争论的焦点。

② Christophe Jaffrelot, *India's Silent Revolution: The Rise of the Low Caste in North Indian Politics*, London: Hurst & Co, 2003.

③ Louise Tillin, Rajeshwari Deshpande and K. K. Kailash eds., *Politics of Welfare: Comparison across Indian States*, New Delhi: Oxford University Press, 2015, p. 21.

④ Suhas Palshikar and S. Kumar, "Participatory Norms: How Broad Based is it?" *Economic and Political Weekly*, Vol. XXXIX, No. 51, 2004, pp. 5412 – 5417.

者用现金换取选票等行为则受到谴责。[①] 在印度的分配政治中，不被大众接受的庇护主义分配和基于施受惠关系的分配广泛存在。此外，政府权威进行的制度化分配，即各种福利项目的分配，在不同地区和不同时间点上也能表现出不同的特征，一些福利分配政策带有强烈的庇护主义色彩。

印度各个邦的福利分配体制也不尽相同。一些邦的福利分配比较趋于纲领性分配，而另一些邦则带有较强的庇护主义特征。然而，判断该邦的福利体制属于什么类型，不同的学者根据不同的标准有不同的分类。

露易丝·迪琳等学者根据各邦地方政治经济环境的不同，把福利体制分为两种共六类。第一种是福利体制比较连贯的邦。这些邦的政权要么是通过组织良好的政党建立在拥有广泛政治支持的基础之上，要么是当地政治领袖能够长期为民众提供具有普适性以及能够依法实施的社会政策。这种邦可以分为三类：第一类，可以被称为社会民主体制，即那些组织良好的中左翼政权，如喀拉拉邦和西孟加拉邦；第二类，可以被称为竞争性民粹主义体制，如安得拉邦和泰米尔纳德邦，这些邦的各个政党都能提出一些具有竞争性的福利政策，但是这些福利政策不是以身份认同为基础的，即使在政府更迭后依然具有很强的延续性，并向着更为普适的方向发展；第三类则称为团体主义体制，这些邦的传统社会经济精英阶层依然占据着主导地位，下层阶级在政治上的组织程度较弱，但是这些邦依然为农村贫困阶层提供了社会保障计划，如恰蒂斯加尔邦和奥里萨邦。[②]

第二种是邦的福利体制相比第一种不那么连贯。这些邦对社会再分配的承诺显得十分薄弱，地方的政治竞争和政治领袖对社会保障方面的长期投资具有负面影响。在这些邦，与福利相关的政策在选举中的作用并不大。其中既包含了经济比较富裕和商业化程度高的邦，它们的福利体制倾向于尼特·罗所说的“生产型福利体制”，也包含了一些经济发展比较落后的邦，它们的公共管理能力模式和政府能力与前者完全不一样。这一种同样可以分为三类：第一类是利商型的邦，其把经济发展放

① Susan C. Stokes, Thad Dunning, Marcelo Nazareno and Valeria Brusco, *Brokers, Voters, and Clientelism: The Puzzle of Distributive Politics*, Cambridge: Cambridge University Press, 2013, p. 3.

② Louise Tillin, Rajeshwari Deshpande and K. K. Kailash eds., *Politics of Welfare: Comparison across Indian States*, New Delhi: Oxford University Press, 2015, pp. 17 – 18.

在优先地位，不重视福利政策，在社会保障上的开支低于期望，在扶贫方面的政绩也很不理想，较为典型的是古吉拉特邦；第二类是竞争性庇护主义的邦，这些邦由于低种姓团体高度政治化以及国大党主导地位的丧失，导致了不同群体主要以种姓认同为基础，建立起了各种各样的选举联盟，政府的福利计划主要分配给了特定的群体，比较典型的有北方邦和比哈尔邦；第三类则由一些掠夺性体制的邦构成，这些邦的政治权力高度的个人化和地方化，政党缺乏组织性，福利体制也没有设立一个能使大众受益的目标，这些邦严重的庇护主义、地方政治和官僚代理人的威权化对福利政策实施产生了巨大的影响，较为典型的是贾坎德邦。[①]

相似的，阿图尔·科利认为，印度有一些邦的福利体制具有“社会民主体制”特征，即在印度的一些邦，邦政府可以独立于有产阶级之外，制定中左倾向的、有利于底层人民利益的福利政策，比较典型的是喀拉拉邦和西孟加拉邦。[②] 另一些邦则属于“发展体制”，以古吉拉特邦、马哈拉施特拉邦、安得拉邦、卡纳塔克邦、旁遮普邦以及哈里亚纳邦等为代表，这些邦的政府与企业密切合作以推进由私营企业领导的经济发展。在这些邦，福利政策具有相对清晰的公共目标，这些目标大多是为了经济增长，并且表现出更为变动和更具排他性的政治特征。[③]

科利同时也认为，还有一些邦施行的是“新世袭体制”的福利体制，以北方邦和比哈尔邦为代表。这些邦制定福利政策并不是为了公共利益，而是地方执政精英基于自身利益制定使特定群体获益的福利政策。在这些邦，庇护主义盛行，缺乏由组织良好的政党、地区性的民族主义以及阶级政治缺位所带来的政治凝聚力。[④] 在这些地方，由于政治具有零和竞争性质，使得那些被排除在政治权力之外的群体难以加入。[⑤]

---

① Louise Tillin, Rajeshwari Deshpande and K. K. Kailash eds., *Politics of Welfare*: *Comparison across Indian States*, New Delhi: Oxford University Press, 2015, pp. 18 – 19.

② Atul Kohli, *The State and Poverty in India*: *The politics of Reform*, Cambridge Cambridge University Press, 1987.

③ Atul Kohli, *Poverty Amid Plenty in the New India*, Cambridge: Cambridge University Press, 2012, p. 155.

④ Atul Kohli, *Poverty Amid Plenty in the New India*, Cambridge: Cambridge University Press, 2012, p. 145, p. 152.

⑤ Atul Kohli, *Poverty Amid Plenty in the New India*, Cambridge: Cambridge University Press, 2012, p. 153.

三、印度分配政治的模式

简单的理论假设认为，政党为了尽可能多的获得选票，就需要把资源高效地分配给在选举上具有重要意义的选民，以此获得他们的选举支持。然而，在印度的现实政治中，情况却要复杂得多。

首先，在印度的地方政治中存在着各种各样的地方政治精英集团，他们在这样的庇护主义政治体系中往往会成为政党与选民的中介，即"掮客"。很多研究指出，施惠者和受惠者之间的关系通常需要"掮客"来协调。[①] 由于印度地方差异性很大，即使在一个邦的内部也会因为阶级、宗教、城乡差别等因素分化出各种各样的选民群体。因此这些地方精英可以是某个组织的领袖、地方有实力的承包商或商业精英，也可以是农村的地主或地方行政机构的官员。在很多地方，如果没有地方政治精英集团的支持，政党就很难把利益分配给特定选民团体并获得他们的政治支持。当然，在一些案例中，也有政党和领导人通过民粹主义的动员方式或者领导人个人魅力绕过地方政治精英集团，以及通过一些措施削弱地方精英的影响力而直接接触选民。

其次，在印度地方，政党手中的资源并不是无限的，即使是执政党也无法无限度地进行利益分配。这就要求政党采取最有效率的方式进行分配，即高效地获取选举回报。在现实中，每一个邦的政治环境千差万别，政党采取的策略和手段也不尽相同。但如何利用有限的资源高效地获得选举支持，是所有政党都要面对的问题。在一个存在大量贫困人口的国家，一般认为广泛地对穷人分配利益就能最大限度地争取支持；但一些实证研究发现，执政党制定分配政治的决定因素是为了获取更多的选举资金，而不是直接使用国家资源去影响选民。政党把资金投入到关键的选区和选民群体中，主要是由于很多发展中国家关于竞选资金的规定是模糊的。这也促使执政党主要采用争取核心选民和核心地区的策略，以便获得更多支持。[②] 这样的策略对于政党来说显得更为经济实用。

① Upasak Das and Diego Maiorano, "Post – Clientelistic Initiatives in a Patronage Democracy: The Distributive Politics of India's MGNREGA," *World Development*, Vol. 117, 2019, p. 240.

② Upasak Das and Diego Maiorano, "Post – Clientelistic Initiatives in a Patronage Democracy: The Distributive Politics of India's MGNREGA," *World Development*, Vol. 117, 2019, pp. 239 – 252.

最后，在印度各地区，认同政治并不能补充庇护主义交换关系的不足。理论上，以庇护主义政治的利益交换关系长期维持选民对政党的忠诚是困难的。由于贫困是广泛存在的问题，任何能够提供现实利益的政党都有可能获得选民的支持。身份认同也许可以使政党与选民维持稳定的关系，但是印度地方的多样性创造出了太多的选民群体。某个特定的身份认同并不能使政党获得足够的选民支持，政党要想成功依然需要跨越自身的身份认同群体，去获得其他选民群体的支持。在这一过程中，认同的作用不再重要，维系政党和选民关系的纽带依然是庇护主义式的利益交换。

总体而言，印度的分配政治遵循一套简化的模式，即作为施惠者的政党通过作为“掮客”的地方精英将利益分配给作为受惠者的选民，而选民回馈给政党选票支持。但在印度现实的地方政治中，这一体系十分复杂。安得拉邦和奥里萨邦的案例充分说明了这一体系的复杂性以及印度地方政治的多样性。

四、印度分配政治中的资源获取途径

上文说明了在印度的选举政治中，把资源分配给关键选民群体对政党的选举成功至关重要。因此，政党要维持选举成功，就需要对选民进行有效的分配。然而，任何分配都需要资源供给。如何获取资源就成为政党维持执政和多次胜选的一个重要条件。总体而言，政党用于分配的资源主要有两种：一种是已执政的或预期能够执政的政党将国家资源分配或允诺给特定选民群体以维持自己的执政地位；另一种则是政党通过各种途径自己筹措资源。

第一种，即对于拥有执政权或有较高概率在不久的将来可以获得执政权的政党来说，对国家和政府资源的控制就是其获取可分配资源的主要途径。政党如果能够在邦一级执政，它就可以利用该邦的资源来维持执政。如果政党有较高概率获得执政权，政党也可以将预期可掌握的国家资源允诺给选民来获得选票。从这个意义上来说，经济发展水平和财政状况良好的邦，理论上能够为执政党提供更多的资源支持。但是，在实践中，分配模式和分配策略远比分配总量绝对值重要。资源分配的多少不能直接决定执政党能否长期执政或多次胜选，政党是否能让特定选民群体满意，并使这些选民认为他们得到或即将得到支持某一政党应当获得的回报才是关键。同时，如果政党采取的分配政策忽视了政府的实际财政状况，那么这样的分配策略也是难以为继的，比如泰卢固之乡党早期在安得拉邦的过度分配政策就导致了其连任的失败。所以，任何在邦一级执政的政党，都需要去努力扩充自己所掌握的资源，以维持自身的执政。在印度特殊的央地关系和联邦制背景之下，地区性政党与国家政党的关系对于各个执政党能获取的资源多寡有重要影响。因此，这一点将在本书第三章中具体论述。

第二种，对于没有掌握政权的政党以及大多数处于选举中的政党来说，政党的募款和筹资能力对政党的选举格外重要。近年来，随着印度选举竞争日益激烈，越来越多的资金涌入了政治体系。一些研究在对比了富裕的孟买市区和贫困的比哈尔邦农村地区的选举之后指出，不论是在贫困地区还是在富裕地区，在印度选举政治中，资金能够有力地塑造甚至重塑社会关系。在印度选举政治中，资金并不只是由上至下的流动，而是来自各个方向。同时，该研究还发现，在印度政治中资金并不常用来“买票”，更多时候是在“掮客”网络中用来进行“礼物赠予”。[①] 另一些研究同样发现，“礼物赠予”在印度选举政治中十分常见，很多特定的选民、社群都是“礼物”的接受者。[②] 针对印度北部三个邦的国家议会议员、邦议会议员以及地方民选代表的研究发现，印度政治中级别较低的政客往往严重依赖他们自身的财力或在地方的筹资能力。同时，“黑钱”也是各级议员和民选代表的一个资金来源。对于各级政客来说，筹集资金在选举中进行“礼物赠予”对于他们的选举成败来说至关重要。[③] 整体而言，资金对于印度的各级选举都很重要，但

---

① Lisa Björkman and Jeffrey Witsoe, “Money and Votes: Following Flows through Mumbai and Bihar,” in Devesh Kapur and Milan Vaishnav eds., *Costs of Democracy: Political Finance in India*, New Delhi: Oxford University Press, 2018, pp. 153 – 200.

② Simon Chauchard, “What Costs So Much in Indian Elections? Institution from Recent Electoral Campaigns in Mumbai,” in Devesh Kapur and Milan Vaishnav eds., *Costs of Democracy: Political Finance in India*, New Delhi: Oxford University Press, 2018, pp. 201 – 231.

③ Jennifer Bussell, “Whose Money, Whose Infulence? Multilevel Politics and Campaign Finance in India,” in Devesh Kapur and Milan Vaishnav eds., *Costs of Democracy: Political Finance in India*, New Delhi: Oxford University Press, 2018, pp. 232 – 272.

印度关于政治资金的制度和管制却很滞后，这就导致各个政党都需要通过各种手段去获取资金以支持选举。目前，印度各政党主要通过政客个人筹资、从其他社会经济部门获取资金以及通过政党联盟获取资金支持等方式来获取资源。

在印度的选举中，政党候选人自己的财富是选举资金最重要的来源，公开展示财富具有超越政治文化或经济发展水平的结构性和制度性的原因。在印度政治中，自我资助的候选人越来越多，原因主要有两方面：一方面，印度政党通常缺乏资金，需要依赖富有的候选人对政党进行资助；另一方面，随着选举支出以指数级的方式日益增高，富有的候选人在选举中更有竞争性。一些研究对2004—2014年2万名国家议会候选人的个人财富和选举进行定量分析，发现候选人的个人流动性财产与选举成功有正相关的关系。印度各个政党在选择自己的候选人时，往往趋向于那些富有的参选人。① 正是因为政治人物自身的财力十分重要，地方政治精英大多来自在地方占据社会和经济地位优势的阶层，很多印度政客都来自握有巨大社会和经济资源的政治精英家庭。本章对此将有所涉及，但具体内容将在本书第四章讨论政治精英与政党的关系时做具体论述。

印度政治选举资金的另一个重要来源是从特定产业中吸取资金。在印度，房地产以及建筑等行业与政治有十分紧密的关系，原因在于国家对这些行业设置有很多管制措施，这些行业的巨头期望通过对选举进行资助，而后换取政府对其在管理上的宽松。②

对于一些代表底层群体的小党来说，依附于较大的政党是它们获取政治资金的主要方式。对泰米尔纳德邦南部一个代表地方低种姓的小党——解放黑豹党进行研究后发现，该政党主要通过与其他较大的地区性政党合作，以联盟策略获取来自大党的资金支持，同时以选前联盟的

---

① Neelanjan Sircar, "Money in Elections: The Role of Personal Wealth in Elections," in Devesh Kapur and Milan Vaishnav eds., *Costs of Democracy: Political Finance in India*, New Delhi: Oxford University Press, 2018, pp. 36 – 73.

② Devesh Kapur and Milan Vaishnav, "Builders, Politicians, and Election Finance," in Devesh Kapur and Milan Vaishnav eds., *Costs of Democracy: Political Finance in India*, New Delhi: Oxford University Press, 2018, pp. 74 – 118.

方式回报对方。[①] 事实上，对于较大的地区性政党来说，在某种程度上也依赖于国家政党的支持。在印度的政党体系中，地方小党与国家政党存在合作与竞争的关系。关于政党联盟对政党维持执政和选举的影响，将在第三章中具体论述。

综上所述，在印度政治中，政党的主要资金来源有四个：控制国家资源、政客个人财富、社会其他利益相关集团以及通过政党合作获得其他政党的支持。在本章论述泰卢固之乡党和比朱人民党的可分配资源获取时，将具体讨论政党如何通过企业或社会生产部门获取资源。在第三章中，将重点论述政党如何通过政党联盟来使自己从中央获得国家的资源并有效维持自己的权力。而关于政治人物自己的财富对选举的影响，事实上讨论的就是地方政治精英对于选举的作用，因此相关内容将归类为第三个变量，即地方政治精英的作用，将在本书第四章中讨论。

第二节　安得拉邦的分配政治

根据上文所述，印度地区性政党的成功依赖于其分配政策的成功。因此，本节在对安得拉邦的基本政治环境进行简要介绍之后，从泰卢固之乡党的分配政策、分配渠道和可分配资源的获取三个方面，介绍泰卢固之乡党各个阶段的成果。

一、安得拉邦基本政治环境

安得拉邦的基本政治环境中有几个因素对该邦的分配政治与政党竞争关系有重要影响。第一，安得拉邦的政党竞争是在泰卢固之乡党与国大党之间展开的一种两极化竞争，两党围绕分配问题提出的具有竞争性的政策共同塑造了安得拉邦的分配政治并影响了选举结果。第二，安得拉邦固有的种姓分化对政党在制定分配政策和选举策略时有重要影响。

---

① Michael A. Collins, "Navigating Fiscal Constraints: Dalit Parties and Electoral Politics in Tamil Nadu," in Devesh Kapur and Milan Vaishnav eds., *Costs of Democracy: Political Finance in India*, New Delhi: Oxford University Press, 2018, pp. 119 – 152.

第三，20 世纪 60 年代以后安得拉邦的政治经济发展带来的新形势滋生了庇护主义式的分配政治。

（一） 政党竞争模式：以泰卢固之乡党和国大党为主的两极化竞争

首先，安得拉邦的邦政治长期以来是以泰卢固之乡党和国大党为主的两极化竞争。自 20 世纪 80 年代泰卢固之乡党崛起以后，安得拉邦形成了泰卢固之乡党与国大党交替执政的局面。1983 年，泰卢固之乡党的党员们以独立候选人的身份参加了当年的邦议会选举，进而获得了成功。1985 年，泰卢固之乡党再次获得邦议会选举胜利。罗摩·拉奥领导的泰卢固之乡党迅速崛起。在第一次执政中，由于罗摩·拉奥政策的不可持续性导致泰卢固之乡党在 1989 年下台。1994 年的选举中，罗摩·拉奥提出的禁酒政策、福利政策再度成功吸引了广大选民，[①] 泰卢固之乡党很快就在大选中击败了国大党。此次选举胜利之后，泰卢固之乡党一直执政至 2004 年。2004 年，拉亚塞卡拉·雷迪领导的国大党获得邦议会选举胜利，重回执政地位。但在 2009 年再次获得邦议会选举胜利后不久，拉亚塞卡拉·雷迪不幸去世。随着这位核心政治人物的去世，安得拉邦的国大党迅速衰落。随后在 2014 年选举中，泰卢固之乡党再次击败国大党获得了执政地位。

2009 年拉亚塞卡拉·雷迪去世之后，其子贾甘莫汉·雷迪于 2011 年率领支持者与国大党决裂，建立了 YSR 大会党。在 2019 年的邦议会选举中，YSR 大会党获得了邦议会选举胜利。然而，YSR 大会党在安得拉邦的执政并没有获得连任。在 2024 年的邦议会选举中，泰卢固之乡党赢得了邦议会 175 个议席中的 135 席，重新赢得了在安得拉邦的执政地位。[②]

从 1983 年泰卢固之乡党崛起到 2011 年安得拉邦的国大党分裂，安得拉邦的政党竞争主要是泰卢固之乡党与国大党之间的竞争。即使国大党分裂，实际上 YSR 大会党的核心成员依然是原安得拉邦国大党分支

---

① 罗摩·拉奥承诺要在该邦禁酒，因此争取到了广大农村女性的选票。因为，在印度农村家庭，酗酒行为不仅会恶化家庭的财务状况，还会滋生家庭暴力，禁酒受到了广大女性群体的欢迎。泰卢固之乡党很快就在大选中击败了国大党，禁酒令也随即生效。

② “General Election to Assembly Constituencies: Trends & Results, Andhra Pradesh,” Election Commission of India, June 2024, https://results.eci.gov.in/AcResultGenJune2024/partywiseresult-S01.htm.

中的成员，只不过他们摆脱了国大党的控制，变成了一个纯粹的地区性政党，本质上依然是安得拉邦政党政治传统两极格局的延续。

（二）　安得拉邦政治中的基本特征

20 世纪 60 年代中期以后，地主阶层受益于灌溉农业的蓬勃发展，获得了显著的经济和社会地位，但底层农民的经济状况却日趋恶化。这种局面构成了该邦庇护主义政治的基础，进而给予了庇护主义政治发展的空间。在安得拉邦的灌溉农业地区，农场主对农民的工资支付从长期合同变为了每天的现结，这种改变影响了安得拉邦的庇护主义政治关系。一些政客开始利用他们自己的资金直接贿赂选民，让他们不去投票给特定的候选人，因为对于政客来说，不投票行为更容易监控，这样他们才能知道自己的投入是否是有效的。传统上农村的农民需要向村内的农场主借贷，而到了 70 年代，越来越多的村外信贷来源使得传统的村内农场主与农民的借贷关系消失了。① 这些农村地区的经济形势变化，需要国家为贫困农民提供更多的福利。因此，各个政党所面临的主要问题就是能否创造出更多的福利分配方案，以便在旧有的社会秩序发生变化的时代确保自己的大众支持基础。②

（三）　泰卢固之乡党的选举情况

泰卢固之乡党的党员在 1983 年的选举中以独立候选人的身份参加竞选，当年泰卢固之乡党获得了邦议会席位中的 202 个议席，首次在安得拉邦执政。随后，泰卢固之乡党分别获得了 1985 年、1994 年、1999 年、2014 年以及 2024 年的选举胜利。

从选举结果来看，1985—2024 年的邦议会选举中，泰卢固之乡党在滨海安得拉各个选区赢得选举的次数最多。泰卢固之乡党的传统优势选区主要集中在滨海安得拉和特伦甘纳地区。

---

① Marguerite S. Robinson, *Local Politics: The Law of the Fishes: Development through Political Change in Medak District, Andhra Pradesh (South India)*, Delhi: Oxford University Press, 1988.

② G. Ram Reddy, "The Politics of Accommodation: Caste, Class and Dominance in Andhra Pradesh," in Francine R. Frankel and M. S. A. Rao eds., *Dominance and State Power in Modern India: Decline of a Social Order (Vol. I)*, Delhi: Oxford University Press, 1989.

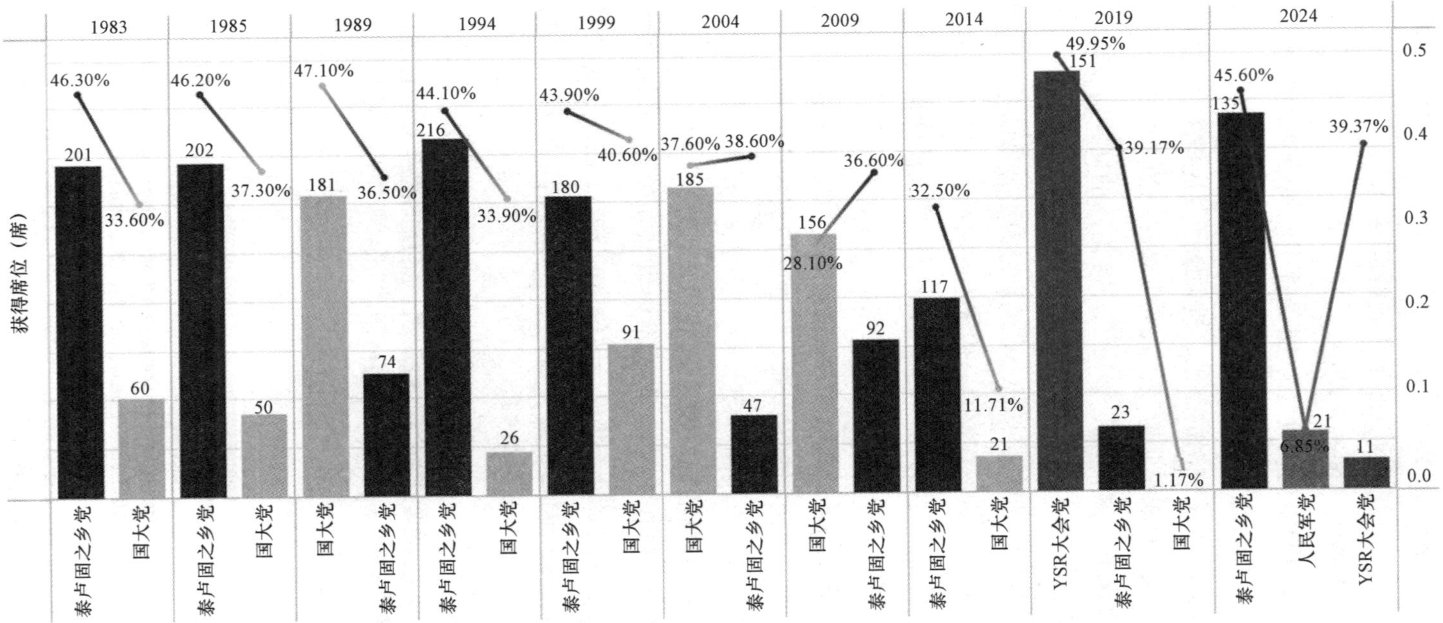

图2-2　安得拉邦邦议会选举中各主要政党获得席位数与得票率（1983—2024年）

注：(1)人民军党为2014年3月在安得拉邦和特伦甘纳邦建立的新地方政党。(2)数据来自印度选举委员会，https://eci. gov. in/statistical - report/statistical - reports/。

表 2－2　安得拉邦邦议会选举中主要政党在各区县的获胜次数统计（1985—2019 年）

	区县名	泰卢固之乡党	国大党	印人党	YSR 大会党
滨海地区	东戈达瓦里	84	44	2	19
	贡都尔县	68	55	1	20
	克里希那	56	36	2	19
	内洛尔	31	36	—	17
	普拉喀桑	37	37	—	15
	斯里卡库拉姆	42	20	—	11
	维沙卡帕特南	107	51	2	25
	西戈达瓦里	78	33	1	13
拉亚拉西玛地区	阿纳恩塔普尔	59	35	1	14
	卡努尔	39	38	—	21
	契托尔	54	39	—	21
	丘德达帕	29	37	—	19
特伦甘纳地区	阿迪拉巴德	25	11	—	2
	海德拉巴	14	27	9	—
	贾格蒂亚尔	—	4	—	—
	卡林纳加尔	25	21	1	—
	坎曼	10	18	—	—
	兰加雷迪	25	16	2	—
	马赫布布纳加尔	41	31	3	1
	梅达克	21	28	2	—
	纳尔贡达	20	21	—	—
	尼扎马巴德	32	17	1	1
	佩达帕里	2	1	—	—
	苏里亚佩特	1	3	—	—
	瓦朗加尔	30	29	5	—
	瓦纳帕尔蒂	3	2	—	—
	西德迪佩特	3	1	—	—
	雅达德里		2	—	—

注：（1）由于 1983 年泰卢固之乡党党员以独立候选人身份参选，现有数据库中难以识别出泰卢固之乡党具体获胜的选区有哪些。因此，本表缺乏 1983 年数据。但在 1985 年的选举中泰卢固之乡党主要继承了 1983 年获得的席位，选举结果差别不大。（2）安得拉邦的选区在 2009 年和 2014 年邦议会选举时有很大增减和变更。1985—2004 年，安得拉邦邦议会选举时一共有 294 个选区，2009 年同为 294 个，但很多选区进行了变动；2014 年特伦甘纳地区单独设邦后，选区缩减并变更为 175 个。笔者在进行数据整理时，对每一个选区的变更进行了整理和比较。（3）数据来自 Indiavotes 数据库，https：//www. indiavotes. com/ac/info? stateac =27&eid =148。

表2－3 泰卢固之乡党在各区县获得选举胜利时的平均优势（单位：%）

	区县名	1985	1989	1994	1999	2019	2004	2014	平均值
特伦甘纳地区	阿迪拉巴德	20.92	6.77	30.47	19.02	17.65	4.70	—	16.59
	海德拉巴	15.82	—	9.30	16.15	—	6.00	—	11.82
	卡林纳加尔	32.10	8.20	20.80	19.73	16.76	8.15	—	17.62
	坎曼	8.05	—	11.40	8.57	4.03	—	—	8.01
	兰加雷迪	34.96	8.10	23.33	11.93	6.50	6.55	—	15.23
	马赫布布纳加尔	16.90	14.70	28.52	10.43	6.40	1.20	3.00	11.59
	梅达克	21.62	11.60	27.94	15.12	14.00	—	—	18.06
	纳尔贡达	33.23	7.45	20.06	6.10	6.40	11.90	—	14.19
	尼扎马巴德	17.71	1.98	25.73	9.06	21.94	—	5.30	13.62
	佩达帕里	40.20	—	—	18.90	—	—	—	29.55
	苏里亚佩特	—	—	4.30	—	—	—	4.30	—
	瓦朗加尔	16.83	10.05	20.60	9.74	6.00	10.80	—	12.34
	瓦纳帕尔蒂	15.40	—	40.10	17.50	—	—	—	24.33
	西德迪佩特	45.10	5.10	14.40	—	—	—	—	21.53
	平均值	24.53	8.22	22.72	12.81	11.08	7.04	4.15	12.93
滨海地区	东戈达瓦里	23.20	4.88	16.34	10.69	6.44	5.40	9.73	10.95
	贡都尔县	15.44	3.28	19.09	12.83	6.36	22.40	5.71	12.16
	克里希那	9.07	2.28	11.25	9.79	5.07	5.75	7.90	7.30
	内洛尔	22.33	—	20.55	12.99	6.34	—	3.13	13.07
	普拉喀桑	6.18	8.00	12.18	9.13	4.70	2.50	4.18	6.69
	斯里卡库拉姆	29.84	12.16	21.64	9.93	3.60	9.90	8.33	13.63
	维沙卡帕特南	28.48	10.08	17.29	8.93	4.73	9.30	11.53	12.90
	西戈达瓦里	29.94	5.64	16.54	13.49	8.38	5.58	10.42	12.86
	平均值	20.56	6.62	16.86	10.97	5.70	8.69	7.62	11.00
拉亚拉西玛地区	阿纳恩塔普尔	22.96	21.07	29.22	26.43	4.76	8.05	7.03	17.07
	卡努尔	18.44	4.93	17.02	14.31	5.10	4.30	7.70	10.26
	契托尔	18.48	9.73	21.30	15.83	10.74	11.46	11.62	14.17
	丘德达帕	20.14	17.55	13.79	6.95	10.30	7.10	7.00	11.83
	平均值	20.00	13.32	20.33	15.88	7.73	7.73	8.34	13.33

注：（1）本表的“优势”指的是每次邦议会选举时，泰卢固之乡党在每一个选区的得票率减去得票数排名第二的政党的得票率。数值越高代表泰卢固之乡党在该选区的优势越大。而本表中每个区县的选举优势是泰卢固之乡党在该区县所有获胜选区优势平均值。（2）数据来自 Indiavotes 数据库，https：//www. indiavotes. com/ac/info? stateac =27&eid =148。

从获胜政党的优势来看，泰卢固之乡党在1985年和1994年选举胜利时，在特伦甘纳和滨海安得拉地区的优势比较大；1999年大选以后，泰卢固之乡党在这些地区的获胜优势则相对减弱了。这一方面说明安得拉邦的政党竞争逐渐增强，无论是国大党还是泰卢固之乡党，它们的选区都受到了其他政党的挑战，主要政党在传统核心选区的优势地位日益降低。另一方面也说明特伦甘纳地区的分邦运动降低了泰卢固之乡党在传统优势选区的影响力。传统上，泰卢固之乡党在特伦甘纳地区的平均获胜优势为17.3%，是三个地区中优势最明显的；然而，2014年之后，泰卢固之乡党在这一地区的竞争力急剧降低。

二、泰卢固之乡党与安得拉邦的分配政治

在2024年泰卢固之乡党再次赢得邦议会选举之前，其在安得拉邦的执政经历一共有三段，即1983—1989年罗摩·拉奥执政时期、1994—2003年奈杜执政时期、2014—2019年的后国大党时代。这三段执政经历也对应安得拉邦分配政治发展的不同阶段。在罗摩·拉奥执政时期，泰卢固之乡党的政策是一种以需求为基础的福利政策，它直接促成了泰卢固之乡党的崛起，并使安得拉邦的政党竞争焦点开始着眼于分配和福利问题。奈杜执政时期则采取了在财政方面更加谨慎的策略，寻求尽可能多地接触基层选民以便更加高效地扩大支持面。2004年之后，泰卢固之乡党的选举失败则主要归因于国大党在安得拉邦发展出了具有隐蔽性而且更高效的庇护主义式分配手段。泰卢固之乡党2014年之后的执政经历则是得益于国大党的衰落与泰卢固之乡党分配政策的调整。总体而言，泰卢固之乡党的选举成功和失败与其作为执政党提出的分配政策紧密相关。

（一）　崛起阶段

泰卢固之乡党采取了以满足广大贫困人口的需求为基础，覆盖面广泛的福利分配政策。在分配渠道上，泰卢固之乡党主要通过政党领袖的个人魅力直接建立与选民的联系，并且尝试改变基层的行政管理层级和地位以便加强党对基层的控制，进而做到政党对选民的高效分配；在分配资源上，主要依赖执政后所掌握的邦政府资源和财政收入。

1. **分配政策**

1983年泰卢固之乡党的上台象征着安得拉邦福利政治的开始。[①] 在分配政策方面，泰卢固之乡党在上台执政后认为，以广大贫困群体的需求为基础，广泛地分配物质利益能够使政党在选举上快速地获得支持。在一个拥有庞大贫困人口的社会中，任何政党的成功都需要广大贫困阶层的选票支持。因此，一个最为简单的逻辑就是政党通过福利政策，直接将利益尽可能多地分配给贫困人口，以便最大可能地获得选票回报。在20世纪80年代的安得拉邦，泰卢固之乡党就是以这样的逻辑制定福利政策的。罗摩·拉奥在上台后意识到，如果直接分配土地，会破坏先前政策的稳定，因此他主要还是针对贫困阶层的基本需求，分发衣物和食物等生活必需品。罗摩·拉奥认为："大众政府的责任是确保以合理的价格向公众提供基本生活必需品。泰卢固之乡党应该为基本生活必需品创建一个适当的分配系统，并对'掮客'迄今为止所获得的巨大利润进行检查。"因此，泰卢固之乡党最受欢迎的政策是每购买2千克大米就补贴2卢比。同时政府还为贫困阶层的衣物购买提供半价补贴。[②] 1986—1987年是罗摩·拉奥执政的巅峰时期，与同时期印度其他主要邦相比，安得拉邦与喀拉拉邦在大米公共分配方面，无论是覆盖面还是针对性都是最强的。[③]

这一时期泰卢固之乡党政府的分配政策覆盖面广泛。一些学者指出，这一时期安得拉邦的福利分配并没有只针对特定的种姓集团、少数地区，而是针对那些被识别为贫困人口的广泛群体。安得拉邦的福利项目覆盖了该邦年收入低于6000卢比的所有家庭。贫困群体会获得白卡。拥有可靠灌溉来源土地不足6070平方米、其他来源灌溉土地不足1.01万平方米的家庭可以获得白卡；拥有不足1.21万平方米可种植商业作

① Rahul Mukherji, Seyed Hossein Zarhani and K. Raju, "State Capacity and Welfare Politics in India: Implementing the Mahatma Gandhi National Rural Employment Guarantee Scheme in Undivided Andhra Pradesh," *Indian Journal of Human Development*, Vol. 12, No. 2, 2018, p. 287.

② Rahul Mukherji, Seyed Hossein Zarhani and K. Raju, "State Capacity and Welfare Politics in India: Implementing the Mahatma Gandhi National Rural Employment Guarantee Scheme in Undivided Andhra Pradesh," *Indian Journal of Human Development*, Vol. 12, No. 2, 2018, p. 287.

③ Deepak Ahluwalia, "Public Distribution of Food in India: Coverage, Targeting and Leakages," *Food Policy*, Vol. 18, No. 1, 1993, p. 50.

物灌溉土地或不足2.02万平方米不可灌溉的干旱作物种植土地的家庭也有资格获得白卡。[①] 泰卢固之乡党政府还决定向年收入低于6000美元的人提供手工纺织的纱丽和斗提补贴；至1985年底，已有310万人受益。[②]

20世纪80—90年代，政府采购粮食进行再分配成为安得拉邦一项重要的政策。由于作为主食的大米关系到绝大多数贫困人口的日常生计，因此关于大米的分配是此类政策的重中之重。

对1983—2001年安得拉邦贫困家庭（白卡持有者）每月从政府获得的大米分配额进行统计，发现泰卢固之乡党政府在1985年邦议会选举获胜成功连任后，逐步增加了对白卡持有者的大米补贴和供给。1985—1989年，白卡持有者每月可获得的大米量比1983—1985年多出了15%。这一时期，正是罗摩·拉奥不计成本地大力推行各种与人民基本生活需求相关的福利政策时期。从大米的分配情况可以看出，很多贫困人口获得了更多切实的福利。相应的，1994年泰卢固之乡党重新掌握政权后，随即提高了白卡持有者每月可获得的大米量，从国大党时期的18.6千克提升至1996年的21.15千克。之后，随着罗摩·拉奥的下台，白卡持有者所获得的大米量也有回落。由此可见，安得拉邦的大米分配等与基本生活物资相关的福利政策，与罗摩·拉奥个人的政策主张密切相关，也与政党政治和选举有十分紧密的联系。

相似的，泰卢固之乡党执政时期的政府大米采购情况与选举政治也有很强的相关性。泰卢固之乡党于1983年首次赢得邦议会选举上台执政，而后于1985年再次赢得选举而获得连任。泰卢固之乡党连任之后，迅速提升了政府对大米的采购量，1984—1985年，政府采购量高达安得拉邦大米总产量的39.65%；相似的，其在1994年击败国大党再次上台执政时，也将政府的大米采购比例从国大党时期的34.51%提升至37.75%，并且在此后数年内持续提升政府的大米采购比例，直到1999

---

① R. Radhakrishna, K. Subbarao, S. Indrakant and C. Ravi, "India's Public Distribution System: A National and International Perspective," in *World Bank Discussion Paper*. Washington, D. C.: The World Bank, 1997, p. 11.

② K. V. N. Rao, "N. T. Rama Rao in Power in Andhra Pradesh 1983 - 1989: A Review," in Agarala Easwara Reddi and D. Sundar Ram eds., *State Politics in India: Reflection on Andhra Pradesh*, New Delhi: MD Publication, 1994, p. 86.

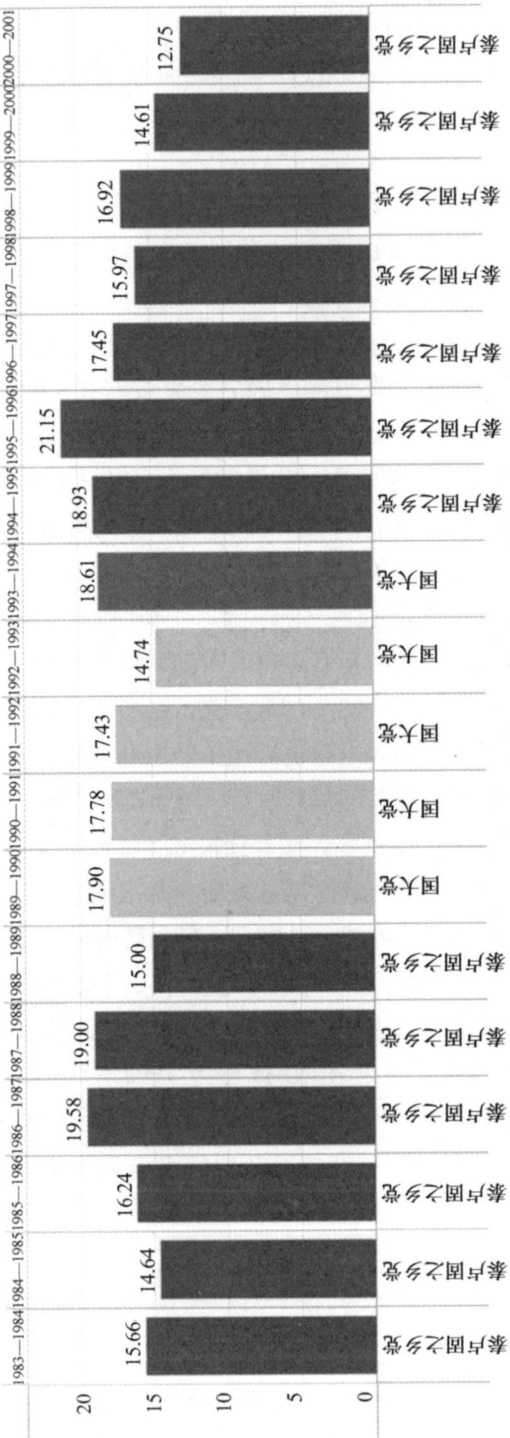

图2-3 1983—2001年安得拉邦每张白卡持有者可获得的大米分配额（千克/月）

数据来源：https://shodhganga.inflibnet.ac.in/bitstream/10603/91344/11/11_chapter%205.pdf。

年再次获得选举胜利，才在 1999—2000 年迅速将大米采购比例降至 29.9%。

2. **分配渠道**

在分配渠道方面，泰卢固之乡党一方面利用政党领袖的克里斯马型魅力使政党能够直接接触选民；另一方面又尝试改革原有的基层政治结构，提升低种姓群体的权利地位。泰卢固之乡党通过推行福利政策，并结合罗摩·拉奥的个人权威，使政党领袖能够直接接触到广大选民，这一时期的政党—选民关系带有民粹主义的特征。一些学者指出，罗摩·拉奥领导的泰卢固之乡党主要从三个方面来挑战国大党的执政地位，即克里斯马型领导、认同政治、以需求为基础的分配政策。这三点使该党在成立初期迅速崛起，并成为了安得拉邦的第二大政治力量。①

同时，罗摩·拉奥领导的泰卢固之乡党尝试重塑基层的行政权力结构，将原有的施受惠政治渠道变得对自身更加有利。罗摩·拉奥取消了安得拉邦村一级世袭官员的职位，这种世袭职位是国大党执政时期把传统农村治理结构整合进新的三级"潘查亚特"② 系统而形成的。③ 在这个系统中，中间层级（乡级）的委员会往往是政客分发政治恩惠的对象，也是邦议员的执政基础。为了代替原有的乡级委员会，罗摩·拉奥创造了行政区划较小、数量更多的"曼达尔"，即新的乡级委员会作为县和村之间的行政机构。这些新的"曼达尔"能够接受在政治上日益崛起的落后阶层任职。④ 这种对基层行政架构的改革，也使得泰卢固之乡党能够绕过原有庇护主义结构中充当"掮客"的基层官员，让各种福利和利益可以更有效地分配给选民。

① Atul Kohli, "The NTR Phenomenon in Andhra Pradesh: Political Change in a South Indian State," *Asian Survey*, Vol. 28, No. 10, 1988, pp. 991 – 1017.

② "潘查亚特"是印度地方的自治机构，村一级的"潘查亚特"类似于村委会。1992 年之后的第 73 次宪法修正案和第 74 次宪法修正案对"潘查亚特"的地位和权力做了更加明确的法律规定。三级"潘查亚特"指的是县级"潘查亚特"、乡级"潘查亚特"和村级"潘查亚特"。"潘查亚特"的实际权力和地位在各个邦都有所差别。

③ K. Srinivasulu, "Political Articulation and Policy Discourse in the 2004 Election in Andhra Pradesh," *Economic and Political Weekly*, Vol. 39, No. 34, 2004, pp. 3845 – 3853.

④ G. Krishna Reddy, "New Populism and Liberalisation: Regime Shift under Chandrababu Naidu in AP," *Economic and Political Weekly*, Vol. 37, No. 9, 2002, pp. 871 – 883.

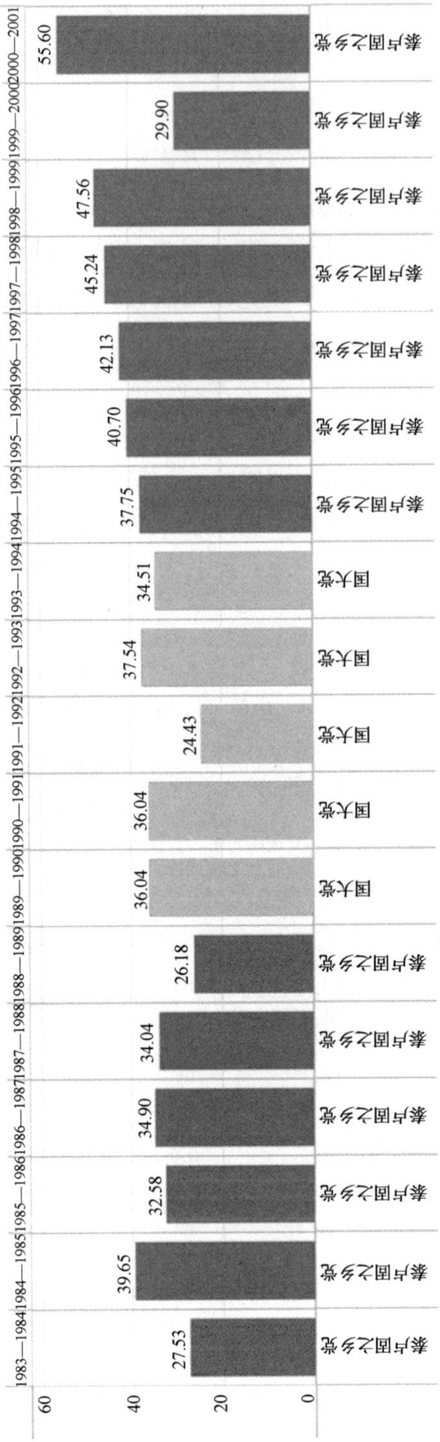

图2-4 1983—2001年安得拉邦政府采购大米在该邦大米总量中的占比（单位：%）

数据来源：https://shodhganga. inflibnet. ac. in/bitstream/10603/91344/11/11_chapter%205. pdf。

3. **分配资源的获取与利用**

这一时期，泰卢固之乡党的福利政策期望能够尽可能多地覆盖广大选民，但在分配来源上却几乎完全依赖于邦政府有限的财政收入。这样的福利政策给安得拉邦的财政带来了沉重的负担，政府内部也对现行福利政策产生了分歧。从 20 世纪 80 年代末开始，安得拉邦的技术官僚群体开始质疑该邦的福利政策。技术官僚们意识到了以需求为基础的福利政策会影响该邦的财政，因此开始反对这些政策。此外，一些直接对接农村和贫困阶层的政府部门，例如民用物资部、住房部、农村发展部则支持继续维系这种以贫困阶层需求为基础的政策。[①] 然而，事实证明罗摩·拉奥时期的福利政策很难长期维持。以需求为基础的福利政策很快就给安得拉邦的财政带来了严重的问题，[②] 巨大的财政赤字也最终导致泰卢固之乡党政府在 1989 年下台。[③]

（二） 泰卢固之乡党的稳定执政：兼顾财政与直接接触底层选民

泰卢固之乡党输掉了 1989 年的邦议会选举，执政地位被国大党夺走。随后，1994 年选举，泰卢固之乡党再次取得胜利，一直稳定执政至 2004 年。在泰卢固之乡党稳定执政时期，分配政策在财政上变得更加谨慎：在分配渠道上通过彻底的基层治理结构改革加强了对基层的控制，在分配资源方面也实现了分配来源的多元化。

1. **分配政策**

泰卢固之乡党再次执政后，采取了在财政上更加稳健和谨慎的福利政策。1995 年，泰卢固之乡党的领导层发生了变化，奈杜通过一次“政变”将罗摩·拉奥解职并取代了其党主席的位置。奈杜反对以需求为基础的福利政策，认为这样的政策在财政上无法持续。1995 年，奈杜上任一年后，邦财政委员会的技术官僚们发布了一份白皮书，强调财

---

① Rahul Mukherji, Seyed Hossein Zarhani and K. Raju, “State Capacity and Welfare Politics in India: Implementing the Mahatma Gandhi National Rural Employment Guarantee Scheme in Undivided Andhra Pradesh,” *Indian Journal of Human Development*, Vol. 12, No. 2, 2018, p. 288.

② K. Wendy Olsen, “Eat Now Pay Later: Impact of Rice Subsidy Scheme,” *Economic and Political Weekly*, Vol. 24, No. 28, 1989, pp. 1597 - 1611.

③ Rahul Mukherji, Seyed Hossein Zarhani and K. Raju, “State Capacity and Welfare Politics in India: Implementing the Mahatma Gandhi National Rural Employment Guarantee Scheme in Undivided Andhra Pradesh,” *Indian Journal of Human Development*, Vol. 12, No. 2, 2018, p. 292.

政审慎的必要性。该文件建议限制对公用事业的补贴和私有化。因此，泰卢固之乡党政府启动了多项旨在改善营商环境以及应对财政危机的改革计划和方案。同时，奈杜决定减少对大米的补贴，并部分取消对酒类的收入限制，这是他推动财政审慎的一个明显迹象。① 这一时期，具有代表性的福利政策是由联合国开发计划署和世界银行支持的“自助团体项目”。

在奈杜执政期间，邦政府承诺改善政府的财政状况，同时以公民赋权的方式来实现福利政策。再分配的重点已经从大米补贴转变为财政上更为谨慎的信贷补贴，贫困阶层可以用这种信贷来实现自己的一些目标。奈杜政府建立的这些关于福利政策的理念逐渐在安得拉邦的政治中存续和巩固了下来，民众也逐步认识到相应的福利是他们的一项重要权利。

然而，奈杜政府的财政审慎，并不意味着完全放弃了罗摩·拉奥政府以满足贫困群体基本需求而获取政治利益的策略。泰卢固之乡党在1994年执政之后，依然十分重视大米补贴和分配等与贫困阶层利益紧密相关的政策。这些福利政策与泰卢固之乡党的选举利益息息相关。相较而言，泰卢固之乡党政府执政时期比国大党执政时期更重视对选民基本生活物资的分配。通过比较国大党在1989—1994年执政期间以及泰卢固之乡党在1994—1999年执政期间的大米分配情况，明显发现在相邻的两个任期内，泰卢固之乡党政府每年对白卡持有者的大米分配总量、政府大米采购占比、白卡持有者的大米获得量以及白卡的发放量，都要比国大党政府高。

表2-4　泰卢固之乡党与国大党相邻两个任期内大米分配情况比较（1989—1999年）

年平均值	泰卢固之乡党	国大党	变化值
对白卡持有者的大米分配总量（十万吨）	23.19	21.27	+9.03%
总产量中政府采购占比（%）	42.68	33.71	+26.61%

① Rahul Mukherji, Seyed Hossein Zarhani and K. Raju, “State Capacity and Welfare Politics in India: Implementing the Mahatma Gandhi National Rural Employment Guarantee Scheme in Undivided Andhra Pradesh,” *Indian Journal of Human Development*, Vol. 12, No. 2, 2018, p. 289.

续表

年平均值	泰卢固之乡党	国大党	变化值
每张白卡持有者的获得量（千克/月）	18.08	17.29	+4.57%
白卡发放量（十万）	107.42	102.55	+4.75%

数据来源：https：//shodhganga. inflibnet. ac. in/bitstream/10603/91344/11/11 _ chapter%205. pdf。

2. 分配渠道

在分配渠道方面，奈杜比罗摩·拉奥更加彻底地重塑了安得拉邦的地方权力结构，使得低种姓群体成为了泰卢固之乡党的支持者。奈杜成为安得拉邦首席部长之后，进一步打压了传统"潘查亚特"的权力。奈杜创造了一种名为使用者联盟的机制，使得首席部长（奈杜本人）可以直接就水资源的使用或教育资源的获取等问题与村一级的社区建立联系，[①] 同时这一机制还可以就关系到低种姓群体自身利益的问题，直接任命低种姓出身的人成为某一基层行政部门的官员。这些基层的官员是由泰卢固之乡党内部遴选的，他们的资金支持也来自泰卢固之乡党。然而，这一过程却直接绕过了原有的"潘查亚特"制度。此外，奈杜还将这一机制变成了泰卢固之乡党政党组织内的一个分支，直接由党的核心成员和党在地方的官僚领导。[②]

在经济和土地问题上，泰卢固之乡党政府支持私有化和市场化，例如，泰卢固之乡党的政策之一就是要重构安得拉邦的电力产业，让政府和与公共事业相关的企业分离，同时还要提高电价。[③] 这无疑伤害了在经济上处于劣势的低种姓群体的利益。同时，奈杜强调将海德拉巴建立成一个"科技中心"，为该邦的新兴企业家们服务，而这些新兴企业家

① K. C. Suri, "Democratic Process and Electoral Politics in Andhra Pradesh, India," London: Overseas Development Institute, 2002, p. 39.

② G. Krishna Reddy, "New Populism and Liberalisation: Regime Shift under Chandrababu Naidu in AP," *Economic and Political Weekly*, Vol. 37, No. 9, 2002, pp. 871 – 883; K. Srinivasulu, "Political Articulation and Policy Discourse in the 2004 Election in Andhra Pradesh," *Economic and political weekly*, Vol. 39, No. 34, 2004, pp. 3845 – 3853.

③ Jos Mooij, "Hype, Skill and Class: A Comparative Analysis of the Politics of Reforms in Andhra Pradesh, India," in Sudha Pai ed., *Handbook of Politics in Indian States: Region, Parties, and Economic Reforms*, New Delhi: Oxford University Press, 2003.

大多是受过良好教育、出身理工院校的富裕农场主子女。大多数农场主显然都来自优势地位种姓。泰卢固之乡党的这些政策忽视了深受农业债务压榨的贫困农民利益。奈杜政府对底层农民利益的忽视被媒体广泛报道，最终使奈杜输掉了2004年的邦议会选举。①

更重要的是，奈杜并没有改变安得拉邦的施受惠政治。奈杜政府宣传的治理改革议程与世界银行强调的良治与新自由主义相一致。然而，这些举措并没有改变现行的体制，大量的腐败和不法行为广泛存在：一些民众为领取白卡而行贿，充当“掮客”的地方权势阶层从政府分发的大米中抽走一定份额在市场上转售，地方政府向当地负责福利项目采购的承包商支付过高费用以获取回扣。② 更为明显的是，奈杜还许诺泰卢固之乡党的党员可获得新用户联盟1/3的资金。③ 本质上，泰卢固之乡党的基础是承包商、建筑商和投机商人群体；而国大党在安得拉邦的基础是农村大地主、地方的权势阶层。④ 因此，无论是泰卢固之乡党还是国大党，地方权势阶层依然是他们在庇护主义政治中需要依赖的“掮客”。安得拉邦的庇护主义政治基础并没有改变。

3. 分配资源的获取与利用

在分配资源上，这一时期的泰卢固之乡党政府通过自筹、自治和外部资金援助，施行一种在财政上更为可行的福利政策模式。“自助团体项目”的前身是1996年由联合国开发计划署支持的“南亚扶贫项目”。该项目于1996年在安得拉邦三个县开始执行，目标是动员穷人、发展技能和形成资本，由“名为节俭和信用的团体创建，为了刺激社会变

---

① Carolyn Elliott, “Clientelism and the Democratic Deficit,” *Studies in Indian Politics*, Vol. 4, No. 1, 2016, p. 29.

② Priya Deshingkar, Craig Johnson and John Farrington, “State Transfers to the Poor and Back: The Case of the Food - for - Work Program in India,” *World Development*, Vol. 33, No. 4, 2005, pp. 575 - 591.

③ Subhadra Sen Gupta and Francine R. Frankel, “Andhra Pradesh's Long March toward 2020: Electoral Detours in a Developmentalist State,” in Subhadra Sen Gupta and Francine R. Frankel eds., *Doing Business in India: Political, Social and Cultural Overview*, Philadelphia, PA: Centre for the Advanced Study of India, University of Pennsylvania, 2005, pp. 1 - 29.

④ K. Srinivasulu, “Political Articulation and Policy Discourse in the 2004 Election in Andhra Pradesh,” *Economic and Political Weekly*, Vol. 39, No. 34, 2004, pp. 3845 - 3853.

革，提高女性和贫困群体的地位和权力”①。“南亚扶贫项目”只需要很少的公共投资，因此该项目受到了奈杜的大力支持。然而，尽管有邦政府强大的支持，地方的官僚机构和村务委员会依然可以妨碍“南亚扶贫项目”的施行。因此，奈杜特意让该项目绕过村务委员会，并派遣泰卢固之乡党的官员负责保护相关组织和“南亚扶贫项目”员工不受政府干预。② 同时，奈杜政府通过加大信贷力度、加强培训和提高识字能力来促进创业，进而扩大了“自助团体项目”的规模。至 2005 年，安得拉邦的 780 万贫困女性组成了 617472 个自助团体。③

受“南亚扶贫项目”的启发，安得拉邦政府与世界银行合作推出了“县级贫困倡议项目”。政府相关技术部门通过修改和增加诸如共同投资基金和风险管理等内容，吸取“南亚扶贫项目”的重要教训以保障“县级贫困倡议项目”的实施。④ 奈杜期望在安得拉邦套用一个新的世界银行扶贫模式，即将世界银行的模式与当地扶贫方式相结合，并以企业为导向。这些项目的目的在于，邦政府企图将福利项目的资金来源多样化，同时还希望让更多的贫困人口受到相应项目的资助。

（三）　泰卢固之乡党的失败：国大党隐蔽而高效的分配政策

2004 年，泰卢固之乡党连任失败，国大党重回安得拉邦执政地位。国大党这一时期的分配政策有力地重塑了安得拉邦的分配政治模式。当泰卢固之乡党在 2014 年重回执政地位之后，基本上也是延续和继承了国大党在这一时期创造的分配模式。这一时期，国大党的分配政策将安得拉邦的庇护主义分配政治推向了新的高度。在分配政策上，国大党推行了一种覆盖面广泛、以“圣雄甘地全国农村就业保障计划”为基础

---

① Swaminathan S. Anklesaria Aiyar, Deepa Narayan and K. Raju, “Empowerment through Self – Help Groups,” in Deepa Narayan and Elena Glinskaya eds., *Ending Poverty in South Asia: Ideas that Work*, Washington, D. C.: World Bank, 2007, pp. 109 – 110.

② Gadde Peda Rattaiah, “Organisations Processes and Changing Power Relations: A Study of UNDP Aided Project Area Kurnool DT, AP,” University of Hyderabad, 2012, http: //hdl. handle. net/10603/105301, p. 101.

③ Swaminathan S. Anklesaria Aiyar, Deepa Narayan and K. Raju, “Empowerment through Self – Help Groups,” in Deepa Narayan and Elena Glinskaya eds., *Ending Poverty in South Asia: Ideas that Work*, Washington, D. C.: World Bank, 2007, p. 106.

④ “Assessment of Micro – Macro Linkages in Poverty Alleviation: South Asia,” United Nations Development Programme Evaluation Office, 2003, p. 17.

的福利政策体系；在分配渠道上，则以“圣雄甘地全国农村就业保障计划”中的物质利益项目为基础，打造了一种隐蔽的庇护主义分配渠道；在资源获取上，政党更加依赖于政党组织、商业集团和承包商的资金支持。

1. **分配政策**

这一时期，国大党的分配政策有两个特点：其一，财政不受限制地进行广泛分配；其二，推行以“圣雄甘地全国农村就业保障计划”为基础的福利政策，使得福利政治中的庇护主义特征变得十分隐蔽。

第一，这一时期安得拉邦的财政状况得到很大改善，得益于财政的宽裕，拉亚塞卡拉·雷迪的福利政策可以大范围地覆盖贫困人口。拉亚塞卡拉·雷迪在2004年上台成为首席部长之后，立即着手实施农村投资和福利政策，兑现其在竞选时许下的承诺。在农业上，他大规模地扩大了对灌溉项目的投资，同时还高调宣传农民用电免费，对有严重债务问题的农民减免债务；在社会福利上，承诺对医疗、养老金、住房建设进行补贴；在教育上，免除贫困群体的学费，为儿童提供免费午餐，并且还继续大米补贴政策。①

拉亚塞卡拉·雷迪政府还将过去一些福利项目转变为“浸透型计划”，即所有符合条件的人都可以被纳入福利计划，福利计划在财政支出上不设上限。与之前的福利项目相比，过去地方政府需要在福利申请者之间做出选择，现在则不用了。这就意味着过去在分配福利时中间的“掮客”们有很大权力，而现在的福利项目可以直达个人。原因在于，当政府需要就土地或者其他稀缺资源的福利申请者之间做出选择时，就会有一系列的因素对这种选择施加影响并且出现一些政治偏好。但在财政上不设限时，大多数符合条件的申请者都可以在没有中间“掮客”的情况下获得福利。这一举措使得庇护主义关系中的中间“掮客”被移除了。②

第二，推行以“圣雄甘地全国农村就业保障计划”为基础的福利

---

① Carolyn Elliott, “Clientelism and the Democratic Deficit,” *Studies in Indian Politics*, Vol. 4, No. 1, 2016, p. 30.

② Carolyn Elliott, “Clientelism and the Democratic Deficit,” *Studies in Indian Politics*, Vol. 4, No. 1, 2016, p. 30.

政策，使得福利政治中的庇护主义特征变得十分隐蔽。“圣雄甘地全国农村就业保障计划”是以《圣雄甘地全国农村就业保障法》为基础的福利计划。“圣雄甘地全国农村就业保障计划”为农村地区的民众提供每年 100 天的就业保障，是世界上最大规模的就业项目。该计划在提供就业机会的同时，还为农村地区提供公路、灌溉设施等基础设施。国大党获胜之后，便积极地在安得拉邦推行“圣雄甘地全国农村就业保障计划”。

安得拉邦在施行“圣雄甘地全国农村就业保障计划”时被广泛认为是无党派性的、腐败现象较少的邦。拉亚塞卡拉·雷迪曾指出，“圣雄甘地全国农村就业保障计划”以及其他福利项目并不是用来积累财富以及资助选举的，这些福利项目将被公平分配。① 他还支持建立了一个独立的社会审计机构，它可以在农村进行调研审查，以便制度化地去检查资金是否被挪用。通过这一机制，工人们感到自己拥有了投诉的权利，从而减少了工资发放方面的微小腐败现象，削弱了承包商、政客和官僚在地方权力体系中的影响力。②

虽然有评论认为安得拉邦在社会审计方面的记录没有任何其他邦能与之媲美，但是腐败和庇护主义并没有消失。在拉亚塞卡拉·雷迪领导的国大党执政时期，农民确实不需依靠任何形式的中介或者支付佣金才能获得国大党政府的福利项目。但是，一些农村地区居民指出，就业保障计划中诸如幼儿园教师等就业机会是通过地方政府分配的，这些就业机会的分配往往是党派之争的结果。③

2. 分配渠道

在国大党执政的这一时期，安得拉邦的庇护主义分配模式发生了变化。以往，政党通过不公平的分配工作机会来直接影响选民投票；现在，国大党把政府的承包合同分配给依附于政党的承包商，进而从承包

① Diego Maiorano, “Politics of the Mahatma Gandhi National Rural Employment Guarantee Act in Andhra Pradesh,” *World Development*, Vol. 58, 2014, pp. 95 – 105.

② Soumya Kapoor Mehta and Yamini Aiyar, “Spectators or Participants? Effects of Social Audits in Andhra Pradesh,” *Economic and Political Weekly*, Vol. 50, No. 7, 2015, pp. 66 – 71.

③ Carolyn Elliott, “Clientelism and the Democratic Deficit,” *Studies in Indian Politics*, Vol. 4, No. 1, 2016, p. 31.

商处获得资金回报，在选举前政党再用这些资金分发物品收买选民。[①]在安得拉邦，执政党会针对自己的核心选区分配更多的资源，而“圣雄甘地全国农村就业保障计划”项目正好提供了更多的物质福利以供政党回馈自己的核心选区。[②]对国大党执政时期的实证研究发现，“圣雄甘地全国农村就业保障计划”项目的就业机会分配并没有刻意偏向国大党的核心选区，但是该计划项目在这些选区投入的物质福利却要明显高于其他选区。同时，国大党执政的选区还系统性地违反了《圣雄甘地全国农村就业保障法》关于物质福利投入比例的规定。该法规定投入的物质福利不能超过整个项目总额的40%。然而，在国大党的核心选区投入比例明显超标。在2009—2010年及2013—2014年两个时期，政府在国大党控制的核心选区投入的物质福利要比其他选区高出13%—19%，同时物质福利的投资占比也高于其他选区。[③]

安得拉邦的执政党之所以要用“圣雄甘地全国农村就业保障计划”项目中的物质福利而不是就业和工资福利来换取选票，其中一个重要原因是政党不想因此损害地主和大农户的利益。在安得拉邦的政治中，地主和大农户有很大的政治影响力。首先，在农田里雇佣贫困农民的大农户对“圣雄甘地全国农村就业保障计划”带来的农民工资增长感到不满，[④]特别是在安得拉邦这样的农业邦。[⑤]其次，“圣雄甘地全国农村就业保障计划”带来了更多的非农业就业机会，进而增加了底层农民在就

---

① Upasak Das and Diego Maiorano, “Post – Clientelistic Initiatives in a Patronage Democracy: The Distributive Politics of India’s MGNREGA,” *World Development*, Vol. 117, 2019, p. 240.

② Upasak Das and Diego Maiorano, “Post – Clientelistic Initiatives in a Patronage Democracy: The Distributive Politics of India’s MGNREGA,” *World Development*, Vol. 117, 2019, p. 243.

③ Upasak Das and Diego Maiorano, “Post – Clientelistic Initiatives in a Patronage Democracy: The Distributive Politics of India’s MGNREGA,” *World Development*, Vol. 117, 2019, p. 245.

④ Clément Imbert and John Papp, “Labor Market Effects of Social Programs: Evidence from India’s Employment Guarantee,” *American Economic Journal: Applied Economics*, Vol. 7, No. 2, 2015, pp. 233 – 263; Jayan Jose Thomas, “India’s Labour Market during the 2000s,” *Economic and Political Weekly*, Vol. 47, No. 51, 2012, pp. 39 – 51.

⑤ Ashok Gulati, Surbhi Jain and Nidhi Satija, “Rising Farm Wages in India – The ‘Pull’ and ‘Push’ Factors,” *Journal of Land and Rural Studies*, Vol. 2, No. 2, 2014, pp. 261 – 286.

业市场上的议价能力，因此长期需要雇佣农民的大农户难以接受。[①] 由于地主和大农户反对通过“圣雄甘地全国农村就业保障计划”项目提高农民的工资，在政治上带来了两个影响：其一，它限制了邦议员在自己的选区，包括核心选区和摇摆选区推动更多工作分配的动力；其二，限制了村一级的项目实施者在自己的村庄促进充分就业的能力。[②] “圣雄甘地全国农村就业保障计划”项目的就业机会分配因此受到了限制，并促使政客们去最大限度地利用项目中的物质福利分配部分。同时，在地方，由于地主和大农户的家庭成员就是具有实力的商人，因此“圣雄甘地全国农村就业保障计划”项目中购买物质福利进行分配的项目合同往往又落到了这些承包商手中。

政客们热衷推行物质福利项目的另一个原因在于，邦议员可以直接控制“圣雄甘地全国农村就业保障计划”项目的支出。邦议员可以向“曼达尔”（乡镇级）官员施加压力，要求他们批准在某一特定“曼达尔”所辖的某个村庄执行更高或更低数量的就业或物质福利项目。“曼达尔”有权力选择实施就业福利项目还是物质福利项目，而较高一级的县级行政单位以及较低一级的村级行政机构则没有这样的权力。如果执行就业福利项目的话，“曼达尔”有权力决定雇佣多少人；如果执行物

---

① Rhonda Breitkreuz, Carley - Jane Stanton, Nurmaiya Brady, John Pattison - Williams, E. D King, Chudhury Mishra and Brent Swallow, “The Mahatma Gandhi National Rural Employment Guarantee Scheme: A Policy Solution to Rural Poverty in India?” *Development Policy Review*, Vol. 35, No. 3, 2017, pp. 397 - 417; Grace Carswell and Geert De Neve, “MGNREGA in Tamil Nadu: A Story of Success and Transformation?” *Journal of Agrarian Change*, Vol. 14, No. 4, 2014, pp. 564 - 585; Tanya Jakimow, “Breaking the Backbone of Farmers: Contestations in a Rural Employment Guarantee Scheme,” *Journal of Peasant Studies*, Vol. 41, No. 2, 2014, pp. 1 - 19; Maithreyi Krishnaraj, Divya Pandey and Aruna Kanchi, “Does EGS Require Restructuring for Poverty Alleviation and Gender Equality?” *Economic and Political Weekly*, Vol. 39, No. 16, 2004, pp. 1597 - 1604; Diego Maiorano, Suruchi Thapar - Björkert and Hans Blomkvist, “The Paradoxes of Empowerment: Gendering NREGA in the Rural Landscape of India,” *Development in Practice*, Vol. 26, No. 1, 2016, pp. 127 - 134; Indrajit Roy, “Reserve Labor, Unreserved Politics: Dignified Encroachments under India’s National Rural Employment Guarantee Act,” *The Journal of Peasant Studies*, Vol. 41, No. 4, 2014, pp. 517 - 545.

② Diego Maiorano, Upasak Das and Silvia Masiero, “Decentralisation, Clientelism and Social Protection Programs: A Comparative Study of India’s MGNREGA,” *Oxford Development Studies*, Vol. 46, No. 4, 2018, pp. 536 - 549.

质福利项目的话，它则有权决定物质福利支出的总量。[①] 这也就意味着，邦议员在规划这些项目支出时可以优先考虑自己的政治收益问题。更重要的是，“曼达尔”还有权选择承包商并分发关于福利项目的外包合同。由于每一个“曼达尔”都隶属于一个单一的邦议会选区，因此唯一有权监督“曼达尔”的就只有邦议员。[②] 这就使得邦议员在影响福利项目执行时有了巨大优势。一些研究证明，当官员们只对某一类政客负责时，他们就会十分高效地回应政客的诉求。[③]

3. 分配资源的获取和利用

这一时期，政党主要通过隐蔽的方式，从政府的承包项目中获取资源。在安得拉邦，政治竞争的核心目标逐渐变成了获取政治资金，对于政客来说选举的胜负取决于个人所获得的政治资金的多寡。印度前总理英迪拉·甘地在1969年禁止了企业对政党的捐赠，却未能制定出其他合法的手段来为政治注资，因此腐败成为了印度政治体系的结构特征。[④] 尽管拉吉夫·甘地试图在20世纪80年代中期规范政治资金来源，但变化却不大。如今，印度政党的大部分资金甚至来自“黑钱”。[⑤] 这迫使印度各级政党党派“在拼命寻找政治资金的过程中进行创新”，并“寻找替代资金来源”。[⑥] 政治资金不但对于政党来说是重要的，对于政治家个人同样也很重要，因为政党会系统地去选择那些能够筹措到大量

---

① R. Veeraraghavan, “Strategies for Synergy in a High Modernist Project: Two Community Responses to India's NREGA Rural Work Program,” *World Development*, Vol. 99, 2017, p. 206.

② Upasak Das and Diego Maiorano, “Post – Clientelistic Initiatives in a Patronage Democracy: The Distributive Politics of India's MGNREGA,” *World Development*, Vol. 117, 2019, p. 248.

③ Saas Gulzar and Benjamin J. Pasquale, “Politicians, Bureaucrats, and Development: Evidence from India,” *American Political Science Review*, Vol. 111, No. 1, 2017, pp. 162 – 183.

④ Diego Maiorano, *Autumn of the Matriarch: Indira Gandhi's Final Term in Office*, London: Hurst&Co, 2015, Chapter 2.

⑤ Jennifer Bussell, *Corruption and Reform in India: Public Services in the Digital Age*, Cambidge: Cambridge University Press, 2018; M. V. Rajeev Gowda and E. Sridharan, “Reforming India's Party Financing and Election Expenditure Laws,” *Election Law Journal: Rules, Politics, and Policy*, Vol. 11, No. 2, 2012, pp. 226 – 240.

⑥ Milan Vaishnav, *When Crime Pays: Money and Muscle in Indian Politics*, New Haven: Yale University Press, 2017, p. 19; Jennifer Bussell, *Corruption and Reform in India: Public Services in the Digital Age*, Cambidge: Cambridge University Press, 2018, p. 41.

资金的人成为候选人,[①] 拥有资金也会增加政客连任的可能性。[②]

在拉亚塞卡拉·雷迪的国大党执政时期，邦议员通过“邦议会选区发展计划”获得自己的资金赞助。该法案让每个立法者获得了各选区1000万卢比资金的分配和使用权。为了回应在大规模政府福利项目中可能被忽略掉的地方的需求，这些资金为邦议员提供了一个机会，使他们能够自由地分配这笔钱来填补特定选民群体的需求。这笔资金经常被政客们用来奖励或吸引支持者，比如关键地区的基础设施建设。该计划中的一项条款还授权邦议员为成本低于10万卢比的项目指定承包商，这也意味着大多数项目的承包商都由邦议员指定。这是地方政治中一个重要的庇护主义利益关系。[③]

与英迪拉·甘地时期的国大党不同，索尼娅·甘地并没有通过支持政党内部的不同派系去挑战国大党的首席部长们，以此寻求对各邦的控制。[④] 因此，在拉亚塞卡拉·雷迪的强势领导下，安得拉邦国大党内部长期存在的派系斗争也得到了有效的遏制。

由于国大党在执政期间获得了大量的资金，因此其他政党与其竞争时也需要大量的资金作为支持，结果就是金钱在安得拉邦的政治中变得格外重要。2009年的邦议会选举吸引了大量资金流入。在这次邦议会选举中，所有的政党都将候选人资格分配给那些有能力为自己支付选举费用的参选人。由于在资金上竞争激烈，一些候选人被迫退出选举。在不同的选区，候选资格所需的资金也不一样。

政治资金也是邦议员对“圣雄甘地全国农村就业保障计划”中物质福利部分感兴趣的重要原因之一。邦议员与资助其竞选活动的当地承

---

① N. Sircar, “How Political Parties Choose their Candidates to Win Elections,” Hindustan Times, March 26, 2018, https://www.hindustantimes.com/opinion/how-political-parties-choose-their-candidates-to-win-elections/story-26nqJKdMEQfYm8Uq29tbwJ.html.

② Milan Vaishnav, *When Crime Pays: Money and Muscle in Indian Politics*, New Haven: Yale University Press, 2017.

③ Carolyn Elliott, “Clientelism and the Democratic Deficit,” *Studies in Indian Politics*, Vol. 4, No. 1, 2016, p. 30.

④ Karli Srinivasulu, “Andhra Pradesh: Political Mobilization, Competitive Populism, and Changing Party Dynamics in Andhra Pradesh,” in Paul Wallace and Ramashray Roy eds., *India's 2009 Elections: Coalition Politics, Party Competition and Congress Continuity*, Los Angeles: SAGE Publications, 2011.

包商有着密切的联系。这不仅与“圣雄甘地全国农村就业保障计划”项目有关，而且与大多数的发展和基础设施项目有关。① 农村发展部前首席秘书苏巴马尼亚姆，即负责实施“圣雄甘地全国农村就业保障计划”的最高官员曾指出，“政客们对工资计划并不感兴趣，因为工资直接到人民手中”，他们对物质福利项目感兴趣，因为他们可以对区域和各级官员施加压力以选择他们自己的人来执行这些工作。② 海得拉巴行政职员学院的研究人员赫姆纳特·拉奥也认为，邦议员可以通过县一级官员将采购合同分配给承包商，而县一级官员又可以影响“曼达尔”。③ 一些研究引述的资料显示，福利项目在实施的前几年，如果这个项目汇总的工资福利的占比达到90%，那么该项目本身就处于危险之中，因为“如果邦议员不能从中盈利，他们会试图扼杀这个计划”，这就是为什么在“圣雄甘地全国农村就业保障计划”执行几年之后，项目中的物质支出显著增加了，2010年之后增加到40%左右。④

除此之外，在奈杜执政时期，随着安得拉邦的经济改革与发展，邦政府也与各种企业建立了紧密的施受惠关系。这些企业也是泰卢固之乡党执政的重要支持者。奈杜是经济自由化的支持者，与他推进的经济自由化一道创造了占有大量财富的安得拉新特权阶层。印度中央政府主导的经济自由化开始之后，早期的国有合作社变得无利可图，一些国有企业变得多余，取而代之的是私营企业。私有资本开始投资原先由政府建立的学校和医院，并在渔业等产业增加投资，取代了原有的商人集团。矿业方面的投资则是自上而下由政府带动的，地方有权势的说客和少数权势阶层进入了矿业投资领域，也导致了部落民的搬迁。在经济自由化的过程中，公路、灌溉设施等基础设施建设项目使得依附于政权的农业种姓更加富裕，他们从中获得的利润占比很高。

---

① J. Lehne, J. N. Shapiro and O. Vanden Eynde, "Building Connections: Political Corruption and Road Construction in India," *Journal of Development Economics*, Vol. 131, 2018, pp. 62 – 78.

② Upasak Das and Diego Maiorano, "Post – Clientelistic Initiatives in a Patronage Democracy: The Distributive Politics of India's MGNREGA," *World Development*, Vol. 117, 2019, p. 249.

③ Upasak Das and Diego Maiorano, "Post – Clientelistic Initiatives in a Patronage Democracy: The Distributive Politics of India's MGNREGA," *World Development*, Vol. 117, 2019, p. 249.

④ Upasak Das and Diego Maiorano, "Post – Clientelistic Initiatives in a Patronage Democracy: The Distributive Politics of India's MGNREGA," *World Development*, Vol. 117, 2019, p. 249.

（四）泰卢固之乡党的再次执政

2014 年，随着安得拉邦国大党的衰落，泰卢固之乡党再次赢得了选举胜利重回执政地位。这一时期，泰卢固之乡党的分配政策模式大致继承了之前国大党开创的模式。安得拉邦政治中的施受惠关系趋于固化。

1. 分配政策和分配渠道

在分配政策上，泰卢固之乡党继承了以“圣雄甘地全国农村就业保障计划”为主的分配政策，因此泰卢固之乡党的分配渠道也与之前国大党时代大同小异。泰卢固之乡党再次上台后，基本上延续了拉亚塞卡拉·雷迪时期的分配政策。一些研究认为，不是所有的政党都对庇护主义式的物质分配感兴趣，因为各个政党吸引选民支持的能力并不相同，这种能力与各个选区的特定经济地位、文化以及社会属性有关。① 然而在安得拉邦却并非如此，那些对“圣雄甘地全国农村就业保障计划”这样的福利项目最为依赖的贫困阶层，事实上对国大党和泰卢固之乡党的支持率相差不多，在 2009 年的大选中有 42% 的特别贫困阶层选民以及 39% 的贫困阶层选民支持国大党②，而在 2014 年大选中，支持泰卢固之乡党的特别贫困阶层选民有 44%。③ 因此，无论是国大党还是泰卢固之乡党，都没有获得固定的贫困选民群体的支持，也就都有动机去使用庇护主义式的政策吸引选民。④

同时，2014 年取代国大党上台的泰卢固之乡党同样强调“圣雄甘地全国农村就业保障计划”项目中的物质福利分配。执政党需要“圣雄甘地全国农村就业保障计划”项目在实施的过程中避免伤害该邦最有影响力的政治群体的利益，即由优势地位种姓构成的地主阶层的利益。农业地主和大农户在印度农村人口中占比很小，根据 2011 年的农业普

---

① Agustina Giraudy, “The Distributive Politics of Emergency Employment Programs in Argentina (1993 2002),” *Latin American Research Review*, Vol. 42, No. 2, 2007, pp. 33 –55.

② K. C. Suri, P. Narasimha Rao and V. Anji Reddy, “Andhra Pradesh: A Vote for Status quo?” *Economic and Political Weekly*, Vol. 50, No. 23, 2009, pp. 108 –113.

③ P. Gupta, “Lok Sabha Elections in Andhra Pradesh: A Tale of Two States,” *Research Journal Social Sciences*, Vol. 22, No. 2, 2014, pp. 234 –247.

④ Upasak Das and Diego Maiorano, “Post –Clientelistic Initiatives in a Patronage Democracy: The Distributive Politics of India's MGNREGA,” *World Development*, Vol. 117, 2019, p. 247.

查，那些拥有4万平方米以上土地的人不到印度人口的5%。但这些地主和大农户在印度政治中是一个强大的游说团体，也是一个“特殊利益集团”,[①] 他们的政策偏好不同于农村大多数的基层选民。[②] 在安得拉邦，国大党在意识形态上处于中左，它的执政长期依赖他们的支持。[③] 同样，泰卢固之乡党也是以优势地位种姓出身的地主阶层为核心建立起来的政党，也很难去推行损害这一阶层利益的分配政策。

2. 可分配资源的获取和利用

在分配资源的获取上，泰卢固之乡党继承了与国大党相同的模式。2014年泰卢固之乡党上台之后，“圣雄甘地全国农村就业保障计划”项目的工资福利分配在泰卢固之乡党执政的选区以及非泰卢固之乡党执政的选区并没有明显不同。相似的是，在泰卢固之乡党上台之后，与国大党执政相同，泰卢固之乡党在其执政的选区从“圣雄甘地全国农村就业保障计划”项目中投入的物质福利也明显高于其他选区。[④] 这说明，重新执政后的泰卢固之乡党同样依赖于与承包商之间的恩庇关系。同时，泰卢固之乡党的议员们也依赖于从邦内的各种项目中获取资金，以便在选举临近时将利益分配给选民。

然而，泰卢固之乡党的此次执政到2019年选举时就结束了。这从一个侧面说明，这一时期安得拉邦分配政治中的施受惠模式已经固化，泰卢固之乡党很难再创造出一个更有利于自己的模式和分配渠道。安得拉邦各个政党的竞争变成了围绕政治资金的争夺以及从各种项目中竞相吸取资源，泰卢固之乡党即使成为了执政党也需要通过之前国大党建立的模式来获取资源。

在2019年的邦议会选举中，新的地区性政党YSR大会党取代了泰卢

---

① Gene M. Grossman and Elhanan Helpman, *Special Interest Politics*, Cambridge, MA: MIT Press, 2001.

② Upasak Das and Diego Maiorano, "Post – Clientelistic Initiatives in a Patronage Democracy: The Distributive Politics of India's MGNREGA," *World Development*, Vol. 117, 2019, p. 249.

③ Rahul Mukherji, Seyed Hossein Zarhani and K. Raju, "State Capacity and Welfare Politics in India: Implementing the Mahatma Gandhi National Rural Employment Guarantee Scheme in Undivided Andhra Pradesh," *Indian Journal of Human Development*, Vol. 12, No. 2, 2018, p. 286.

④ Upasak Das and Diego Maiorano, "Post – Clientelistic Initiatives in a Patronage Democracy: The Distributive Politics of India's MGNREGA," *World Development*, Vol. 117, 2019, p. 247.

固之乡党的执政地位，然而安得拉邦原有的政治结构并没有改变，因为YSR大会党本质上就是原来的安得拉邦国大党分支，只不过这些原国大党的政治精英们脱离了国大党的组织架构，建立了新的地区性政党。如果说2014年的邦议会选举中泰卢固之乡党的胜利是得益于安得拉邦国大党的衰落，那么2019年泰卢固之乡党的失败则是因为安得拉邦的原国大党以新的形态重振。YSR大会党的执政从一个侧面也说明了国大党于2004—2014年在安得拉邦建立的分配政治模式是成功的。

三、泰卢固之乡党执政经验的总结

20世纪80年代至今，安得拉邦的分配政治发展出了一套固定的模式。首先，贫困选民和政党之间没有固定的纽带关系，因此贫困选民与泰卢固之乡党或国大党之间都没有稳定忠诚的支持关系。但是，两党都需要依赖大量贫困选民的支持。

其次，2004年以后，拉亚塞卡拉·雷迪领导的国大党在执政期间得益于邦财政的改善以及中央政府对"圣雄甘地全国农村就业保障计划"项目的财政支持，福利政策得以在安得拉邦全面推行。这带来了两个方面的影响：其一，安得拉邦分配政治的庇护主义特征变得模糊了；其二，当大多数贫困阶层都能无差别地获得福利项目带来的利益之后，加大了政党利用福利政策动员选民的难度，反而是选举期间的物质赠予变得更加有效，因此选举变成了政治资金的竞争。

最后，安得拉邦的庇护主义政治模式从2004年之后发生了转变并逐渐固定下来。在2004年之前，政党是通过地方政治精英集团向选民分发物质利益，从而换取选民的选票支持。在这一过程中，泰卢固之乡党在执政期间削弱了原有地方政治精英集团，增强了忠于泰卢固之乡党的低种姓集团的权力和利益，进而实现了对这一庇护主义分配政治渠道的有效控制。而2004年之后，国大党通过推行"圣雄甘地全国农村就业保障计划"项目，使得福利分配成为了贫困阶层能够普遍获取的资源，因此原有的庇护主义分配政治渠道被打破了。取而代之的则是通过"邦议会选区发展计划"或"圣雄甘地全国农村就业保障计划"从承包商处获得政治资金，利用这些资金来支持竞选。安得拉邦的庇护主义政治分配模式发生了转变。

第三节 奥里萨邦的分配政治

本节在对奥里萨邦的基本政治环境进行简要介绍之后，从比朱人民党的分配政策、渠道和可分配资源的获取三个方面，介绍比朱人民党在各阶段的分配政策。

一、奥里萨邦的基本政治环境

（一）奥里萨邦的政党竞争模式：从两极化到比朱人民党一党独大

奥里萨邦的政党竞争在2000 年以前主要呈现一种两极化竞争模式。政党竞争以国大党为一方，新人民党和印人党等反国大党联盟为另一方展开。2000 年，以比朱人民党为主的比朱人民党—印人党联盟上台执政后，该邦的政党政治逐渐呈现出比朱人民党一党独大的特征。

2000 年以后，奥里萨邦的政治可以分为两个阶段。第一阶段是2000—2009 年，这一时期比朱人民党虽然能在邦议会选举中获取相对多数议席，但执政还需要与印人党进行合作。而第二阶段则是 2009 年之后，比朱人民党已经可以单独获取邦议会中绝对多数的议席，不再需要与其他政党合作；同时，随着国大党的衰落，奥里萨邦的政党竞争逐渐变成了比朱人民党与印人党之间的竞争。纳文·帕特奈克领导的比朱人民党在邦议会的地位呈现一党独大的发展趋势，2000 年选举时赢得邦议会 68 个席位，2004 年赢得 61 个席位，而 2009 年选举之后已经占据 103 个席位，2014 年和 2019 年选举则分别赢得 117 个和 112 个席位。得票率从 2000 年的 29. 4% 上升至 44. 7% 。① 在 2024 年的邦议会选举中，比朱人民党在执政该邦 23 年后，最终不敌印人党而失去执政权。整体而言，在印度的很多邦，地区性政党都需要与其他政党联合才有可能在邦议会形成简单多数，像比朱人民党这样以一己之力单独执政的政党在印度政坛是少见的。

---

① Sunila S. Kale, "Democracy and the State in Globalizing India: A Case Study of Odisha," *India Review*, Vol. 12, No. 4, 2013, pp. 252 – 253.

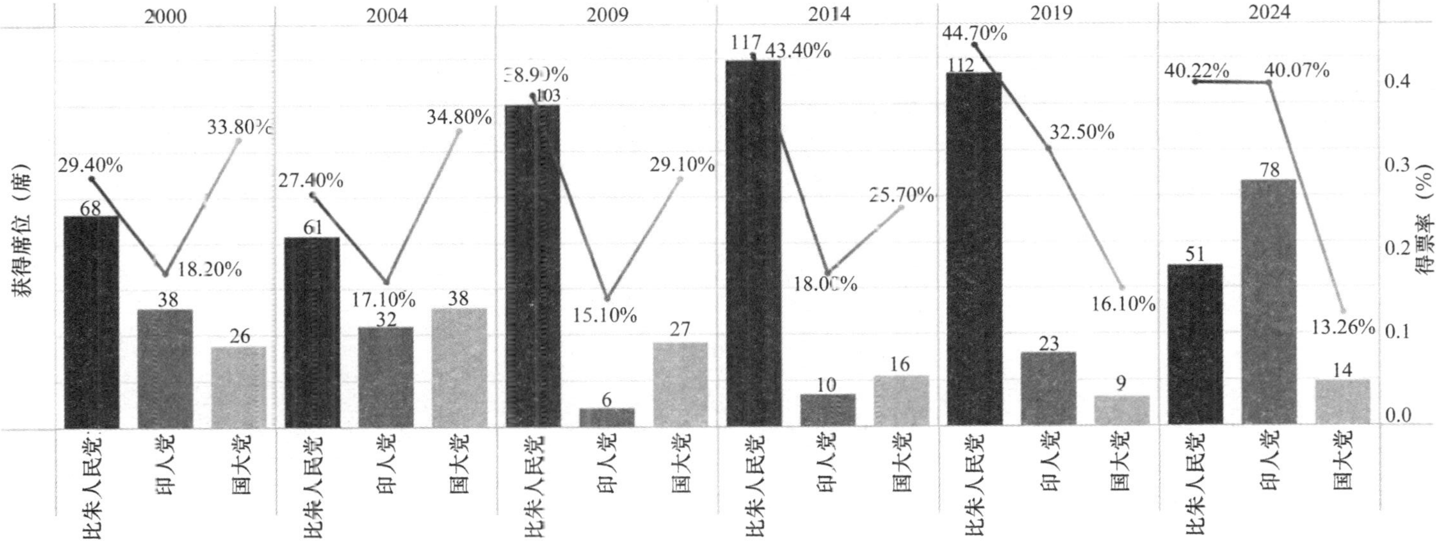

图2-5　奥里萨邦议会选举中各主要政党获得席位数与得票率（2000—2024年）

数据来源：印度选举委员会，https://eci. gov. in/statisticalÙreport/statisticalÙreports/。

（二）奥里萨邦政党政治的主要特征

总体而言，奥里萨邦的政党政治主要有四个方面的特点：第一，该邦的主要政党都不代表特定身份认同群体的利益；第二，派系政治是该邦政党竞争的特色；第三，奥里萨邦拥有庞大的部落人口，部落相关的政治议题具有一定的分量；第四，奥里萨邦是印度最为贫困的几个邦之一，但该邦自然资源丰富，资源开发在该邦政治经济中占有核心地位。

首先，奥里萨邦虽然存在着不同的种姓以及大量的部落人口，但却没有一个主要政党是以特定的种姓或部落集团为基础建立的。在奥里萨邦，政党与特定选民群体的关系是一种庇护主义的关系。政党只是短暂地支持某个群体的利益，而换取其在选举上的支持，但并不是长期地为该群体的利益代言。在奥里萨邦，不论是比朱人民党、印人党还是国大党，它们的支持基础一直以来都十分脆弱，这是由奥里萨邦的政治和社会结构决定的。历史上，奥里萨邦从来没有出现过以特定阶级、种姓、地区、民族或宗教为基础的大规模政治动员。因此，该邦政党的选举基础也不与特定社会群体有稳固的联系。① 此外，奥里萨邦是一个传统的印度教社会，信奉贾格纳神的印度教教徒构成了该邦的政治、社会和经济基础。信奉贾格纳神的印度教传统也成为了奥里萨邦的认同基础。

其次，奥里萨邦的政党政治中，政党内部的派系斗争是十分重要的影响因素。比朱人民党的诞生本身就是新人民党内部派系斗争的产物。1997 年 12 月，比朱人民党从新人民党中分裂出来。奥里萨邦新人民党的 43 位邦议员中有 29 位离开了新人民党，与纳文・帕特奈克一道建立了比朱人民党。事实上，当比朱・帕特奈克还在世时，就曾经考虑过从新人民党中分离出去建立独立的地区性政党。他认为新人民党中央是低效的，只有在邦一级建立独立的政党组织并发展有针对性的策略才能有效地应对国大党的挑战。② 有学者尖锐地指出，比朱人民党在奥里萨邦

---

① Bishnu N. Mohapatra, "Elections and Everyday Politics: Local Narratives of a National Event," *Economic and Political Weekly*, Vol. 35, No. 4, 2000, p. 171.

② Manoranjan Mohanty, "Orissa Elections and Kalahandi's Tularam," *Economic and Political Weekly*, Vol. 33, No. 5, 1998, pp. 204 - 206.

的崛起与政治多元主义、宗教、地区特性、反中央的情绪或种姓因素都没有太大的关系，比朱人民党不能被简单地认为是一个基于族群或者宗教文化认同的地区性政党。比朱人民党的崛起很大程度上要归因于奥里萨政坛内部的派系主义以及机会主义的联盟政治。[①]

再次，奥里萨邦的部落人口占比很大，政党无法忽视来自部落选民的选票，但在该邦的政治中部落尚未形成统一的利益诉求，也没有特定政党是以部落认同为基础建立的。部落人口占该邦总人口的40%，部落民都有各自的语言。根据2011年的人口普查数据，奥里萨邦的总人口数为41974218，其中表列部落人口总数为9590756，占总人口的22.85%。[②] 同时，奥里萨邦的部落民居住集中，根据2011年的人口普查数据，在奥里萨邦100%由部落民组成的村庄有3839个，部落民占90%以上的村庄有8684个，这两个数字都是印度所有邦中最高的。[③]

目前，部落在奥里萨邦的选举政治中扮演着重要的角色。有时，一些政党会操控和利用部落达到自己的政治目的。另一些时候，部落又充当了政党的“喉舌”，例如贾坎德党在奥里萨各地的分支就曾利用部落相关的议题，多次影响了数届邦政府的命运。近年来，一些部落领导人对邦自主权的要求十分强硬，为该邦内部的地域竞争增加了新的内容。同时，部落还要求扩大农村在邦组织机构中的代表性，并要求通过增加部落组织来提升部落在大众政治中的话语权。[④]

然而，在邦议会选举或者人民院选举期间，由于各个部落存在很大的异质性，利益差别也很大，因此在选举中并没有形成统一的利益诉求，无法团结一致地通过各政党去争取国家的资源分配。然而，随着各种矿产企业逐步进入奥里萨邦，部落民的土地和森林资源日益受到侵占，也

---

① Dasarathi Bhuyan, *Orissa Politics from 1936 to Contemporary Politics*, Delhi: Manglam Publications, 2010, pp. 134 – 135.

② “ST & SC Development, Minorities & Backward Class Welfare Department, About the Department,” Government of Orissa, http://www.stscodisha.gov.in/Aboutus.asp? GL = abt&PL = 1.

③ “Statistical Profile of Scheduled Tribes in India,” Ministry of Tribal Affairs, Government of India, 2013, pp. 1 – 9.

④ Mohammed Badrul Alam, “Mapping the Contours of State Politics in Odisha in Context of Elections in Recent Decades,” in Himanshu Roy, M. P. Singh and A. P. S. Chouhan eds., *State Politics in India*, Delhi: Primus Books, 2017, p. 626.

许未来在奥里萨邦的政治中部落民与非部落民之间的分野会更加明显。[①]

最后，奥里萨邦虽然是印度最为贫困的邦之一，但奥里萨邦自然资源丰富。在该邦的政治经济中，对于开发该邦的自然资源以便获得经济发展，各个政党的态度都十分积极，即使这些开发活动会损害部落地区人民的利益。

一方面，奥里萨邦是印度最为落后的邦之一，它的教育水平、工业化程度、城镇化水平、通信发展水平以及人均收入都很低，邦内地区间发展差异也很大，因此贫困成为了邦政治中一个重要的问题。[②] 根据邦政府的家庭人口普查数据，1992 年生活在贫困线以下的家庭占 78. 6%，1997 年为 66. 23%。而根据印度计划委员会的估计，1999—2000 年，奥里萨邦大约有 47. 15% 的人生活在贫困线以下，其中生活在贫困线以下的农村人口占农村总人口的 48. 01%，而生活在贫困线以下的城市人口占城市总人口的 42. 83%。相较而言，同期印度全国农村人口和城市人口中的贫困人口占比分别为 27% 和 23. 62%。[③] 根据印度计划委员会 2011 年的《人类发展指数报告》，奥里萨邦是印度所有邦中人类发展指数排名倒数第二的邦。[④] 同时，相比于印度其他邦，奥里萨邦有印度最高比例的边缘社会群体。根据 2011 年的人口普查，奥里萨邦的表列部落人口占总人口的 22. 8%，表列种姓人口占总人口的 17. 1%，而印度总人口中的表列部落和表列种姓人口占比分别为 8. 6% 和 16. 6%。[⑤]

但另一方面，奥里萨邦的矿产、水等自然资源却十分丰富。虽然奥里萨邦的工业在进入 21 世纪以后才逐渐得到发展，但是对工业发展的渴望以及在邦政治中促进工业发展的决心却有很强的历史背景。利用自

---

① Mohammed Badrul Alam, "Mapping the Contours of State Politics in Odisha in Context of Elections in Recent Decades," in Himanshu Roy, M. P. Singh and A. P. S. Chouhan eds., *State Politics in India*, Delhi: Primus Books, 2017, p. 636.

② Amal Ray, "Sub – Regional Politics and Elections in Orissa," *Economic and Political Weekly*, Vol. 9, No. 49, 1974, p. 2032.

③ Satya Prakash Dash, "Development and Poverty in an Indian State: A Study of KBK Districts of Orissa," *Social Change*, Vol. 37, No. 2, 2007, p. 80.

④ Sunila S. Kale, "Democracy and the State in Globalizing India: A Case Study of Odisha," *India Review*, Vol. 12, No. 4, 2013, p. 245

⑤ Sunila S. Kale, "Democracy and the State in Globalizing India: A Case Study of Odisha," *India Review*, Vol. 12, No. 4, 2013, pp. 245 – 246.

然资源促进经济发展，几乎是奥里萨邦所有主流政治家的共识。自殖民时代晚期开始，奥里萨邦的政治领导人就一直主张利用本邦丰富的自然资源来促进奥里萨邦的经济发展。而其中最为热衷于资源开发的政治人物就是比朱·帕特奈克，他支持对奥里萨邦的资源进行开发投资。[①] 同样，奥里萨邦国大党内像 J. B. 帕特奈克这样的中坚分子，也十分支持大规模资源开发。20 世纪 80 年代，在印度经济自由化改革前夕，J. B. 帕特奈克以"1000 天之内发展价值 100 亿卢比的 1000 个产业"为口号，成功地赢得了邦议会选举。[②]

在奥里萨邦的主流政治中，搭上全球化的便车，通过工业化实现发展几乎是所有政党的共识，邦政府的各种政策声明和倡议、媒体的报道以及主要政党的公开声明都强调这一点。那些由于工业化而失去土地的受害者值得同情也应当获得补偿，但是他们的反对只会转瞬即逝。在奥里萨邦，很少有人能反对这样一个观点，即发展采矿等资源开发产业是奥里萨邦经济发展的必经之路。[③]

（三）　比朱人民党的选举

奥里萨邦按照地理和历史文化特征，大致可以分为沿海地区、东部山区、中央高原以及北部高原四个地区。通过统计奥里萨邦 2000—2019 年所有邦议会选区的选举结果，发现奥里萨邦在 2000—2019 年一共举行了 5 轮邦议会选举，一共有 734 个议席进行了选举。[④] 比朱人民党在这 5 轮选举中，绝大部分的选举胜利都来自奥里萨邦沿海地区的区县。其中，比朱人民党所获得的所有选举席位中的 10.41% 都来自纳文·帕特奈克的故乡根贾姆县（该县有 13 个邦议会选区，5 轮选举中一共为比朱人民党贡献了 48 个议席），沿海地区的克塔克、贾贾普尔、科尔达、巴莱斯赫瓦尔、普里也是比朱人民党的重要选区。从选举优势来看，比朱人民党同样也是在沿海地区的几个区县比较有优势。

---

① Sunila S. Kale, "Democracy and the State in Globalizing India: A Case Study of Odisha," *India Review*, Vol. 12, No. 4, 2013, pp. 251 – 252.

② "Industry Attracted to Orissa: CM," *Times of India*, September 2, 1980.

③ Sunila S. Kale, "Democracy and the State in Globalizing India: A Case Study of Odisha," *India Review*, Vol. 12, No. 4, 2013, p. 252.

④ 2000 年、2004 年、2009 年和 2014 年的奥里萨邦邦议会选举每次都是选举 147 个席位，而 2019 年则选举了 146 个席位，因此 5 轮选举一共有 734 个席位改选。

表2－5 奥里萨邦邦议会选举中各主要政党在各区县的获胜次数统计（2000—2019年）

	区县名	比朱人民党	国大党	印人党	总和
沿海地区	根贾姆县	48	6	5	59
	克塔克	34	4	4	42
	科尔达	27	6	5	38
	贾贾普尔	32	4	—	36
沿海地区	巴莱斯赫瓦尔	23	6	6	35
	普里	21	4	2	27
	巴德拉克	17	4	3	24
	肯德拉帕拉	17	3	2	22
	贾加特辛格阿普尔	17	3	—	20
	纳耶加尔	14	2	3	19
	加贾帕提	2	6	4	12
	纳帕达	3	1	4	8
中央高原地区	巴朗格伊尔	12	6	8	26
	安古尔	20	2	2	24
	鲍德加尔	12	3	5	20
	登卡纳尔	14	3	1	18
	桑巴尔布尔	8	2	7	17
	恰尔苏古达	4	5	1	10
	索纳普尔	9	1	—	10
	巴尔加尔	4	1	—	5
	代奥格尔	1	1	3	5
东部山区	戈拉布德	16	9	—	25
	格勒亨迪	14	7	4	25
	纳巴朗格阿普尔	10	5	5	20
	坎达马	8	3	4	15
	拉耶格达	11	3	—	14
	鲍德	7	—	2	9
	马尔康格伊里	6	2	1	9

续表

	区县名	比朱人民党	国大党	印人党	总和
北部高原	默尤尔彭杰	21	1	17	39
	孙德尔格尔	9	9	9	27
	肯杜贾尔	20	4	2	26
总和		461	116	109	686

注：（1）2000—2014 年，奥里萨邦的邦议会选举每年都是选举 147 个席位，而 2019 年因根贾姆县的迪加帕汉迪选区席位空缺，为 146 个。从 2009 年开始，奥里萨邦对选区进行了调整，有 4 个选区发生了变动，但总体数量不变。笔者充分考虑了选区变动的因素，将变动数据进行了整理以便融入整体数据中进行比较。（2）数据来源：https：//www. indiavotes. com/ac/info？stateac = 27&eid = 148。

表 2 -6　2000—2019 年比朱人民党在奥里萨邦各区县的获胜优势（单位:%）

	区县名	2000 年	2004 年	2009 年	2014 年	2019 年
沿海地区	克塔克	32. 78	16. 88	25. 46	26. 53	17. 86
	根贾姆县	20. 78	12. 48	28. 50	22. 76	20. 38
	科尔达	17. 18	14. 17	35. 65	24. 43	13. 19
	纳耶加尔	21. 80	0. 80	23. 15	19. 15	25. 33
	贾贾普尔	13. 60	9. 90	19. 23	27. 64	15. 06
	贾加特辛格阿普尔	14. 25	8. 65	19. 13	21. 63	17. 68
	肯德拉帕拉	28. 23	15. 75	10. 52	15. 87	14. 00
	普里	20. 93	9. 68	11. 94	17. 92	16. 15
	纳帕达	—	5. 20	16. 60	—	12. 40
	巴德拉克	15. 50	4. 10	8. 96	12. 54	8. 35
	巴莱斯赫瓦尔	6. 23	13. 80	12. 92	8. 91	8. 63
	加贾帕提	—	—	13. 00	0. 10	—
北部高原	孙德尔格尔	21. 20	21. 00	26. 50	10. 75	6. 25
	肯杜贾尔	21. 13	2. 20	14. 72	17. 48	13. 82
	默尤尔彭杰	3. 60	8. 00	10. 01	9. 13	5. 73

续表

	区县名	2000 年	2004 年	2009 年	2014 年	2019 年
中央高原地区	恰尔苏古达	21.00	11.20	—	—	16.65
	巴尔加尔	24.10	7.90	—	16.40	13.20
	索纳普尔	7.80	15.20	17.30	24.85	10.35
	鲍德加尔	29.80	9.50	7.55	15.65	13.00
	登卡纳尔	30.30	30.80	10.90	11.33	8.05
	安古尔	25.90	6.37	10.53	10.10	12.60
	巴朗格伊尔	13.05	11.17	7.95	8.27	8.15
	代奥格尔	—	—	7.70	—	—
	桑巴尔布尔	5.20	12.50	9.10	6.33	5.90
东部山区	戈拉布德	34.15	19.65	4.37	8.80	2.38
	马尔康格伊里	19.10	28.40	11.20	12.05	2.00
	鲍德	—	10.30	21.45	15.95	5.65
	格勒亨迪	18.55	19.60	14.50	9.82	9.48
	坎达马	24.80	9.80	8.40	11.65	10.90
戈拉布德	拉耶格达	17.60	5.60	15.30	9.23	6.20
	纳巴朗格阿普尔	—	12.00	11.33	7.17	8.97

注：（1）本表的“优势”指的是每次邦议会选举时，比朱人民党在每一个选区的得票率减去得票数排名第二的政党的得票率。数值越高代表比朱人民党在该选区的优势越大。而本表中每个区县的选举优势是比朱人民党在该区县所有获胜选区的优势平均值。（2）数据来源：https：//www.indiavotes.com/ac/info？ stateac＝27&eid＝148。

二、比朱人民党与奥里萨邦的分配政治

（一） 比朱人民党的崛起（2000—2008 年）

比朱人民党的崛起得益于在女性、贫困问题上的得分。因此，在比朱人民党获得政权后，在分配政策上比较倾向于女性和贫困阶层，在分配渠道上比较依赖于奥里萨邦固有的社会政治结构，而在分配资源的获取上十分重视对资源开发企业的支持，以此获得税收和资金上的回报。

1. 分配政策

比朱人民党在崛起之初，主要针对女性和农村贫困人口制定相应的福利政策。其在 2000 年首次上台执政，就是得益于在女性议题上的成功。比朱人民党是当时唯一能够有效回应女性问题的政党，进而争取到了大

量的女性选票。女性问题在奥里萨邦的政治中有很重要的地位。在20世纪90年代末，针对女性的性犯罪案件以及家庭暴力案件的发生频率在奥里萨邦持续上升。[①] 1999年发生的“安迦娜·米施拉案”更是引起了公愤，该案最终使奥里萨邦的国大党遭受了严重打击，迫使国大党中央主席英迪拉·甘地撤换了比朱·帕特奈克。

针对20世纪90年代末日益尖锐的女性问题，纳文·帕特奈克领导的比朱人民党—印人党联盟在2000年大选时提出了一个名为“权力任务”的计划。该计划旨在为女性赋权并建立女性互助组织。这些互助小组可以帮助女性自主经营小本产业以解决就业问题，这些互助小组还有共同的储蓄资金以便救助有需要的成员。女性互助机制为比朱人民党赢得了很多女性选票。为了从国大党阵营争取更多的女性选民支持，如同纳文·帕特奈克的父亲比朱·帕特奈克当政时一样，纳文·帕特奈克规定在奥里萨邦的各级“潘查亚特”以及城市的行政机构中应当为女性保留33%的职位。[②]

由于奥里萨邦是一个相对比较贫困的邦，以福利政策回应贫困群体的需求，对任何政党来说都是必要的。在印度，自20世纪60年代开始，选举竞争就是推动中央和各邦出台各种福利机制最主要的动力，中央政府出台各种中央资助计划，而地方也有各种由邦政府资助的施惠计划。[③] 这些福利机制的命名也十分直白，通常直接与政党或政党领袖相关，比如国大党中央政府推出的“贾瓦哈拉尔就业计划”和“英迪拉社会福利计划”。相应地，比朱人民党也在地方如法炮制，比朱人民党政府在奥里萨邦出台了“比朱农村之光计划”以推动农村地区的通电，该项目主要用于覆盖那些没有被纳入中央通电项目的村庄。

比朱人民党政府的首要目的显然是为民众基本需求提供一些福利，并且需要让公众认同这是在提高人民的生活水平。比朱人民党一直在广泛宣传其推出的“1千克大米2卢比”政策，该政策还为生活在贫困线

① Manoranjan Mohanty, “Orissa Elections and Kalahandi's Tularam,” *Economic and Political Weekly*, Vol. 33, No. 5, 1998, pp. 204 – 206.

② Mohammed Badrul Alam, “Mapping the Contours of State Politics in Odisha in Context of Elections in Recent Decades,” in Himanshu Roy, M. P. Singh and A. P. S. Chouhan eds., *State Politics in India*, Delhi: Primus Books, 2017, p. 633.

③ Steven I. Wilkinson, “Patronage Politics in Post – Independence India,” in Anastasia Piliavsky ed., *Patronage as Politics in South Asia*, Cambridge: Cambridge University Press, 2014, p. 270.

以下的居民每月提供25千克的大米。首席部长和邦内的其他几名部长每周开一次例会，以监督该机制的执行。而且有数名官员专门负责监督该计划中的福利分配。① 此外，比朱人民党上台之后还发誓要严惩腐败。比朱人民党的道路部长辛格·迪欧将一些公共工程部的官员停职，原因是这些官员负责修筑的道路工程质量不合格。这标志着比朱人民党政府不再放任奥里萨邦公共工程部在道路修筑工程中的腐败行为。②

比朱人民党上台后，还十分重视对农村地区的扶贫和福利。根据印度第73次宪法修正案以及奥里萨邦的“潘查亚特”制度规定，奥里萨邦出台了各种旨在扶贫以及提升农村地区部落民生活水平的福利项目，这些项目大多涉及基础医疗、饮用水安全、环境保护以及提高识字率等，目的是创造一个更为平等的社会。③

2. 分配渠道

在比朱人民党执政初期，其分配渠道主要还是依赖传统的地方渠道。在奥里萨邦，传统的部落领导以及其他地方政治精英集团依然控制地方的选民群体。虽然比朱人民党政府上台以后，提供了很多具有针对性的福利政策，提高了邦内基础设施建设水平，还在反腐败方面有一定的成果，但是，比朱人民党并没有像安得拉邦的泰卢固之乡党政府那样对基层的行政管理架构进行大刀阔斧的改革。纳文·帕特奈克上台之后采取的反腐败措施，更多的是瞄准党内和党外反对纳文·帕特奈克执政的分子，而不是利用反腐败去消除奥里萨邦分配政治的中间障碍。

奥里萨邦的部落人口对于选举来说具有重要的意义。执政党则对这一群体的福利分配有重要的决定权，这就给予了政党影响这一群体投票的能力。实际上，执政党在针对部落的相关物质福利分配事务上具有较大的优势。根据印度宪法第50列表中的第4节，奥里萨邦还组建了部落咨询委员会。奥里萨邦的首席部长任该委员会主席，主管表列部落和

---

① Ankita Aggrawal, “The PDS in Rural Orissa: Against the Grain?” *Economic and Political Weekly*, Vol. 66, No. 36, 2011, pp. 21 – 23.

② Steven I. Wilkinson, “Patronage Politics in Post – Independence India,” in Anastasia Piliavsky ed., *Patronage as Politics in South Asia*, Cambridge: Cambridge University Press, 2014, p. 278.

③ Mohammed Badrul Alam, “Mapping the Contours of State Politics in Odisha in Context of Elections in Recent Decades,” in Himanshu Roy, M. P. Singh and A. P. S. Chouhan eds., *State Politics in India*, Delhi: Primus Books, 2017, p. 636.

表列种姓发展事务的部长任副主席，来自各政党的15名邦议会议员、2名国家议会议员以及1名女性代表为该委员会成员，负责对奥里萨邦表列部落的发展与福利相关的事务提供咨询和建议。①

总体而言，比朱人民党的执政依然是依靠庇护主义式的政治模式。奥里萨邦的几个主要政党，既不是大众型政党，也不是精英型政党。所有在奥里萨邦取得成功的政党要么依靠民粹主义的口号，要么依靠对群众的煽动。在奥里萨邦西部地区的政治博弈中，封建制色彩依然很浓厚；而在沿海地区，政治竞争则主要依靠政治人物的个人魅力。②

3. 可分配资源的获取与利用

比朱人民党在奥里萨邦之所以能够推行各种福利项目和基础设施建设项目，一个重要原因在于，作为奥里萨邦的执政党，比朱人民党握有能源企业投资奥里萨邦的审批权。在奥里萨邦，政党与企业的关系十分密切。企业对政党的支持，是政党资金和权力的重要来源。

奥里萨邦目前正在推行的工业发展模式主要依赖于采矿和与采矿有关的产业。然而，这种发展模式却受到了很多社会边缘群体的反对。居住在矿产富裕地区的居民通常是表列部落人口或表列种姓人口。以反对搬迁为目标的社会运动其实很早就发生过。1947年，印度政府希望在默哈纳迪河上修建希拉库德水坝。该项目需要征用当地居民土地，因此遭到激烈反对。但是，在尼赫鲁时代，刚刚独立的印度建设现代国家的期望占据着印度政治的主流叙事地位，因此反对的声音很快就被压制了。③1985年，印度中央政府提议在巴拉索尔北部地区建设一个新的国家试验场，由此引发了巴利亚帕尔④运动。该运动是一个长期、非暴力、跨阶级的

---

① Mohammed Badrul Alam, "Mapping the Contours of State Politics in Odisha in Context of Elections in Recent Decades," in Himanshu Roy, M. P. Singh and A. P. S. Chouhan eds., *State Politics in India*, Delhi: Primus Books, 2017, p. 635.

② Mohammed Badrul Alam, "Mapping the Contours of State Politics in Odisha in Context of Elections in Recent Decades," in Himanshu Roy, M. P. Singh and A. P. S. Chouhan eds., *State Politics in India*, Delhi: Primus Books, 2017, p. 630.

③ Sunila S. Kale, "Democracy and the State in Globalizing India: A Case Study of Odisha," *India Review*, Vol. 12, No. 4, 2013, pp. 248 – 249.

④ "巴利亚帕尔"是一个原本要被征用土地的村庄名字。Paul Routledge, "Geopoetics of Resistance: India's Baliapal Movement," *Alternatives*, Vol. 25, No. 3, 2000, pp. 375 – 389; Sujata Patel, "Baliapal Agitation: Socio – economic Background," *Economic and Political Weekly*, Vol. 24, No. 12, 1989, pp. 604 – 605.

社会运动，它持续数年，最终成功迫使中央政府取消了计划。

随着20世纪90年代之后印度经济自由化改革的推进，2000年上台的比朱人民党在促进能源企业投资奥里萨邦以及政策审批上获得了巨大优势。比朱人民党政府手中握有的企业审批权得到了前所未有的扩大。20世纪90年代印度经济自由化之后，由于奥里萨邦拥有丰富的自然资源，因此吸引了很多国有企业、私营企业以及外国企业的投资。这些投资涉及水资源、煤炭、铝矿、铁矿的开发以及港口建设。1993年，印度政府颁布了新的矿产政策，很多矿产领域开始对外商投资开放。一开始，外资对这些行业的投资还需要中央政府的批准。1997年之后，外商持股50%的投资可以自动获批。2006年，印度中央政府让矿业进一步对外资开放，允许外商持股100%。随着印度对矿业投资政策的转变，奥里萨邦吸引了上百家企业与邦政府签订了合作备忘录。至2012年，只有涉及10个矿产开采的投资需要中央政府批准。① 在这样的背景下，从2000年执政至2024年的比朱人民党政府相比于它的前任们，在矿产等产业投资上的审批权开放是史无前例的。

奥里萨邦矿产的开放，也引起了很多地方居民与企业和政府的冲突。其中，塔塔钢铁集团在卡林加纳加的投资项目所引发的冲突就十分激烈。该项目的钢厂建设涉及当地数个村庄的搬迁问题，村庄居民大多是中低阶层和小农部落民。邦政府虽然早在20世纪90年代就批准了该项目，但是当地居民与政府和企业就相关的搬迁补偿问题一直存在分歧。2006年，当塔塔钢铁集团开始在计划建设钢厂的地点平整土地时，众多当地居民涌到现场抗议示威。随后，大量警察被部署到现场保护塔塔钢铁集团的施工活动。然而，示威群众与警察很快就爆发了冲突，邦政府随即调整了搬迁赔偿政策，增加了赔偿比例。但项目并没有停止，塔塔钢铁集团在各种社会谴责之下继续着投资活动。此外，印度矿产和资源企业韦丹塔公司的子公司斯特里工业与奥里萨矿业公司在尼亚姆吉利山的铝矿开采项目也因为环境问题引发了民众激烈的抗议。相似的案例在奥里萨邦还有数十起。但总体而言，在这些争议中，邦政府的态度

---

① Ministry of Mines, *Annual Report*, 2010 - 11, New Delhi: Government of India, 2011; Sunila S. Kale, "Democracy and the State in Globalizing India: A Case Study of Odisha," *India Review*, Vol. 12, No. 4, 2013, p. 249.

一向倾向于企业和投资方。[1]

总体而言，比朱人民党等政党与大企业的立场是一致的。原因主要有两个方面：其一，能源企业为奥里萨邦贡献了巨额的财政收入，也为政党带来了可观的利益；其二，农村部落地区在相关议题上的反抗，并没有在选举上给执政党带来负面影响。

（二）比朱人民党的稳定执政（2009—2024 年）

1. 分配政策

在分配政策上，由于可以长期稳定执政，比朱人民党在延续之前政策的基础上，对特定选民群体采取了更加有针对性的政策。在女性互助机制方面，截至 2009 年，已在奥里萨邦建立了 100070 个女性自助小组，有 140 万名女性参加。其中，在纳文·帕特奈克的选区根贾姆县就建立了约 1.1 万个女性自助小组，每个小组有 15—25 名成员。[2] 比朱人民党虽然出台了各种提高女性权利的政策，但是比朱人民党内部的女性议员却明显代表性不足。在 2009 年的人民院选举中，奥里萨邦没有一位女性议员当选。同年举行的邦议会选举中，只有 118 位女性候选人参选。其中，比朱人民党有 8 位女性候选人提名，而国大党提名了 14 位女性候选人，印人党也提名了 14 位女性候选人，印度共产党和印度共产党（马克思主义）则没有提名女性候选人。[3] 比朱人民党的女性政策更多是一种迎合选举的策略性政策。

虽然在部落地区自然资源开采问题上比朱人民党与一些部落群体的利益是对立的，但为了选举，比朱人民党也逐渐开始重视与一些特定选区部落群体建立联系，对他们进行分配政策上的倾斜。比朱人民党通过与特定部落建立联系，通过回应特定部落群体的需求，进而获取选票支持。例如，在登卡纳尔县，“阿迪瓦西（部落民）革命组织”决定支持

---

① Sunila S. Kale, “Democracy and the State in Globalizing India: A Case Study of Odisha,” *India Review*, Vol. 12, No. 4, 2013, pp. 249 – 251.

② Mohammed Badrul Alam, “Mapping the Contours of State Politics in Odisha in Context of Elections in Recent Decades,” in Himanshu Roy, M. P. Singh and A. P. S. Chouhan eds., *State Politics in India*, Delhi: Primus Books, 2017, p. 633.

③ Mohammed Badrul Alam, “Mapping the Contours of State Politics in Odisha in Context of Elections in Recent Decades,” in Himanshu Roy, M. P. Singh and A. P. S. Chouhan eds., *State Politics in India*, Delhi: Primus Books, 2017, p. 633.

比朱人民党在当地的人民院候选人塔萨贾特·萨特帕希。因为他向部落承诺，如果他当选将保障部落在森林资源保护问题上的权益，并且将努力提升部落地区的发展。2004 年和 2009 年的选举，萨特帕希都赢得了在该选区的胜利，很大程度上都要归功于部落的支持。①

此外，比朱人民党政府更加重视直接的物质利益分配、基础设施建设以及反腐败。2009 年比朱人民党在邦议会选举中获得大胜之后，一些研究者通过对奥里萨邦的实地调研发现，比朱人民党的成功应当归功于它采取了一种将传统的金钱和恩庇政治与更具纲领性的发展政策混合起来的策略。比朱人民党在奥里萨邦建立了一种声誉，当地民众普遍认为比朱人民党政府在分配电力资源、进行道路建设以及供水系统建设时比以前的执政党要更加的高效。更多的道路、更便捷的供水以及反腐败，是一些选民认为纳文·帕特奈克领导的比朱人民党做得好的地方。②

这与笔者在印度德里针对尼赫鲁大学来自奥里萨邦的年轻学者进行调研时得到的信息一致。通过访谈发现，不论是来自城镇地区还是来自部落地区的奥里萨邦青年，都认为比朱人民党做的最好的就是粮食补助等福利政策，比朱人民党虽然存在很多问题，但相比其他政党，他们对比朱人民党在奥里萨邦的执政还是满意的。③ 总体而言，由于奥里萨邦存在大量贫困和受教育程度较低的选民，政党通过直接的福利分配，将利益直接给予个人，使选民直接受益，政党也能从中更有效地获得选举回报。

---

① Mohammed Badrul Alam, "Mapping the Contours of State Politics in Odisha in Context of Elections in Recent Decades," in Himanshu Roy, M. P. Singh and A. P. S. Chouhan eds., *State Politics in India*, Delhi: Primus Books, 2017, p. 634.

② Steven I. Wilkinson, "Patronage Politics in Post – Independence India," in Anastasia Piliavsky ed., *Patronage as Politics in South Asia*, Cambridge: Cambridge University Press, 2014, p. 277.

③ 一位在尼赫鲁大学学习，属于奥里萨邦达利特群体的青年表示："事实上比朱人民党实施过很多很好的治理政策，最受欢迎的是 Jyoti（一个由奥里萨邦政府实施的旨在加强农村电力系统设施的项目，该项目在正文中有所论述）。还有比朱人民党政府为人民提供的食物补助，一些食物补助是专门为儿童以及孕妇提供的。""还有一个为农民提供的福利项目叫 Kalyan Yojana，由纳文·帕特奈克提出，该项目的重点是由邦政府为农民提供健康保险。"另一位来自奥里萨邦的尼赫鲁大学学生也表示，"奥里萨邦有很多受欢迎的政策，就像我之前提到了健保项目 Swastya Kalyan Yojana。最近我们又公布了新的健保项目，这就是比朱人民党受欢迎的原因。另一方面，我们还有一些如修建道路等基础设施建设、为穷人提供住房、提升农村地区互联互通的项目。这些项目都非常的具体。我们还有针对贫困家庭的'1 卢比大米补贴'项目以及其他一些健保、电力供给项目。奥里萨是唯一拥有'从生到死'的福利项目的邦"。

2. 分配渠道

在分配渠道方面，比朱人民党一方面加强了对部落地区的影响和控制，另一方面则以庇护主义的方式推行着各种福利项目。首先，比朱人民党加大了对部落地区的政治影响力，进而加强了对这些地区福利项目分配模式的影响力。2009 年大选时，比朱人民党赢得了在坎达马县的选举胜利，一个重要原因在于成功得到了具有影响力的康达部落的支持。在精心设计的“穆塔达里土地制度”下，康达部落可以保证其所有的政治力量都用来支持所选择的候选人。在“穆塔达里土地制度”下，7—10 个村子可以组成一个“穆塔”，有时一个“穆塔”也可以包含多达 20 个村子。每一个“穆塔”都由一个部落领导人统一领导，称之为“穆塔德尔”或“帕特拉”，在其之下一般还有 1—2 名“次级穆塔德尔”。“穆塔”是一个等级制的结构，部落领导人的决定可以从上到下得到贯彻执行。此外，尽管存在一些不同部落之间的冲突，但坎达马县的康达部落还是与帕纳种姓形成了一种战略联盟，从而获得了更强的政治影响力。[①]

此外，在福利项目的推行上，比朱人民党有着浓厚的庇护主义色彩。有学者指出，如果认为比朱人民党已经变成了一个能够进行“良治”并且不需要依靠恩庇政治支持的政党，那显然是错误的。虽然比朱人民党一方面与世界银行一道在部分选区推动“基于基础设施建设良治倡议”，但另一方面还通过矿业的执照审批以及政府的土地销售来获取大量的资金，以支持邦政府主导的扶贫计划，这依然是传统的施受惠政治路径。在克塔克和布巴内斯瓦尔这样的城市，得益于道路和电力系统的建设，比朱人民党获得了很多选民支持。2009 年邦议会选举时，比朱人民党在两个城市地区分别获得了 71% 和 77% 的选票。而在贫困山区，比朱人民党依然在进行传统的“施惠政治”。印度国家审计署的报告发现，在奥里萨邦最落后的 19 个区县推行的“落后地区资助项目”主要通过比朱人民党的部长们和邦议员们进行分配。[②]

---

① Sukant Chaudhury, *Tribal Identity*, New Delhi: Rawat Publications, 2004, pp. 137 – 145.

② “Chapter 2 – Performance Reviews Relating to Government Companies,” in Audit Reports: Comptroller and Auditor General of India, Government of India, 2010, https://saiindia.gov.in/sites/default/files/audit_report_files/Odisha_Civil_2010_Chapter_2.pdf, pp. 17 – 18.

3. 可分配资源的获得和利用

比朱人民党执政期间，对矿产等能源企业的支持进一步加强。比朱人民党政府也从这些开放项目中获得了丰厚的回报。矿业给奥里萨邦带来的财政利益十分可观。1980 年，矿业只占奥里萨邦 GDP 的 2%，而 2000 年以后则占该邦 GDP 的 10% 以上。奥里萨邦的财政收入中，2002—2003 年矿业只贡献了 44.3 亿卢比的税收，而 2009—2010 年，该行业对财政的贡献已经增至 202 亿卢比。在整个印度，矿业税收收入能超过奥里萨邦的只有拉贾斯坦邦。①

在这样的背景下，在比朱人民党执政时期，政府和能源企业的关系呈现日益密切的趋势。一些文献对印度各个邦的政府与商业部门之间的关系做了分类研究。研究者对印度各邦 1985—2008 年 23 年间的政府和企业关系建立了一个量化指数。② 这一指数主要考察各邦的公共和私人部门是如何组织并面向彼此、关系的紧密程度、关系是否制度化以及以何种机制防止潜在的勾结行为。根据这一研究，奥里萨邦的政府和企业关系在比朱人民党执政的第一任期后变得非常紧密。奥里萨邦在 1985—2005 年的很长一段时间里，政企关系的指数得分都是非常低的 3—4 分。然而，从 2005 年之后直到衡量期结束的 2010 年之前，奥里萨邦的指数得分已经升至略低于 6 的水平。③ 相对于其他邦，这种政企关系突然紧密的状况十分少见，安得拉邦和旁遮普邦在 1985—2020 年的指数得分虽然有增长，但呈现的是平稳的增长。而在这段政企关系稳定增长的时期里，奥里萨邦的经济也获得了相当程度的增长。④

此外，执政党也没有因为在能源投资相关问题上的立场而损害其在选举中的利益。在奥里萨邦的邦议会选举中，虽然可以看到社会上对现

---

① Sunila S. Kale, "Democracy and the State in Globalizing India: A Case Study of Odisha," *India Review*, Vol. 12, No. 4, 2013, p. 255.

② Massimiliano Cali, Siddhartha Mitra and Purnima Purohit, "Measuring State – Business Relations Within Developing Countries: An Application to Indian State," *Journal of International Development*, Vol. 23, No. 3, 2011, pp. 394 – 419.

③ Massimlìano Cali and Kunal Sen, "Do Effective State – Business Relations Matter for Economic Growth? Evidence from Indian States," *World Development*, Vol. 39, No. 9, 2011, pp. 1542 – 1557.

④ Sunila S. Kale, "Democracy and the State in Globalizing India: A Case Study of Odisha," *India Review*, Vol. 12, No. 4, 2013, pp. 247 – 248.

行发展模式的反对日益强烈，但是这些反对却没有在选举政治中体现出来。随着比朱人民党执政基础的日益牢固，与能源开发相关的反对意见，更加难以在奥里萨邦的政治中对比朱人民党造成压力。

三、比朱人民党的执政经验总结

综上所述，由于比朱人民党在奥里萨邦的种姓代表性和部落代表性都比较弱，所以比朱人民党的长期执政和选举胜利就需要其针对特定选区的选民群体制定具有针对性的分配政策。

首先，比朱人民党十分善于出台针对特定选民群体的分配政策，以便吸引选票。2000 年比朱人民党首次执政时，便很快地回应了女性、贫困阶层的诉求，稳固了执政初期的票仓。在执政过程中，虽然比朱人民党与能源开发企业的利益相一致，无法作为广大部落群体利益的代表，但是比朱人民党能够在特定选区与关键的部落组织建立联系，进而获得选举支持。出于对女性选民的回馈，比朱人民党也明显地将资源倾向到了自己的核心选区。

其次，比朱人民党十分重视能源企业在奥里萨邦开发获得审批和支持。这些企业在奥里萨邦的活动为比朱人民党提供了可观的回报。这些回报既有税收和财政方面的利益，也有政治资金方面的支持。因此，比朱人民党不惜为了支持能源企业的活动而损害其在特定选区的支持基础，尤其是针对部落地区。由于在奥里萨邦直接的物质福利分配具有重要意义，这些政治资金对于政党的选举来说就更加重要。

最后，比朱人民党在面对部落地区的选民时，采取的同样是具有针对性的庇护主义分配政策。比朱人民党并不追求获得所有部落选民的支持，而是与在选举上具有重要地位的选区与部落开展一种施受惠关系，通过回应特定部落的利益诉求以便获得选举回报。

小结

由上述分析可知，其一，对地方原有庇护主义政治模式的适应与调整是政党成功的关键。从泰卢固之乡党和比朱人民党在安得拉邦与奥里萨邦取得成功的案例可以看出，它们获得成功的经验具有一些共同点：

首先，总体而言它们都改变了所在地区原有的庇护主义政治模式；其次，它们都通过不同的方法疏通了物质利益分配给选民的渠道；最后，它们在政党竞争日益激烈的环境中，都找到了获取政治资金的手段。

第一，安得拉邦和奥里萨邦一直都存在一种庇护主义政治模式，而泰卢固之乡党和比朱人民党都是通过改变或适应这种模式进而获得选举上的成功。本质上来说，安得拉邦和奥里萨邦与印度其他大部分地区一样，都存在着一种固定的庇护主义政治模式。正如保罗·肯尼等学者在研究印度国家层面的政治时指出的那样，印度的庇护主义政治中，在政党领袖和地方选民之间存在着“掮客”，即地方政治精英集团。① 同样，在地方政治中，邦一级的政党想要接触地方的选民，也需要通过县一级或村一级的地方政治精英集团，他们在邦的政治中充当了中间的“掮客”角色。这就构成了一种印度地方庇护主义政治的一般模式，即任何政党都需要透过中间的地方政治精英集团将利益分配给选民，选民再用选票回馈政党。在印度的庇护主义政治体系中，什么样的精英集团（特定种姓、部落、阶级等）能够充当邦一级的政党与基层选民中间的“掮客”，完全取决于地方特定的社会经济发展状况。在安得拉邦，长期控制着地方“潘查亚特”机构的优势地位种姓充当了“掮客”的角色；而在奥里萨邦，部落集团领袖、地方政治和经济精英们充当了中间的“掮客”。

第二，泰卢固之乡党和比朱人民党的成功经验表明，地区性政党需要适应地方特定的庇护主义政治模式。而且更关键的是，它们需要对原有的庇护主义模式做出一些有利于自身的调整，才能有效地为地方选民分配利益，并从中获得选举回报。泰卢固之乡党和比朱人民党都在两个方面对原有的庇护主义政治模式做了调整。一方面，泰卢固之乡党和比朱人民党都对处于政党和选民之间的“掮客”加强了控制，疏通了利益分配的渠道。泰卢固之乡党自20世纪80年代上台之后，就开始致力于重塑地方的“潘查亚特”机构。在罗摩·拉奥时期，创建了更多的

---

① Paul D. Kenny, *Populism and Patronage: Why Populist Win Elections in India, Asia, and beyond*, Oxford: Oxford University Press, 2017; Pradeep K. Chhibber and Ken Kollman, *The Formation of National Party System: Federalism and Party Competition in Canada, Great Britan, India, and the United States*, Princeton: Princeton University Press, 2004.

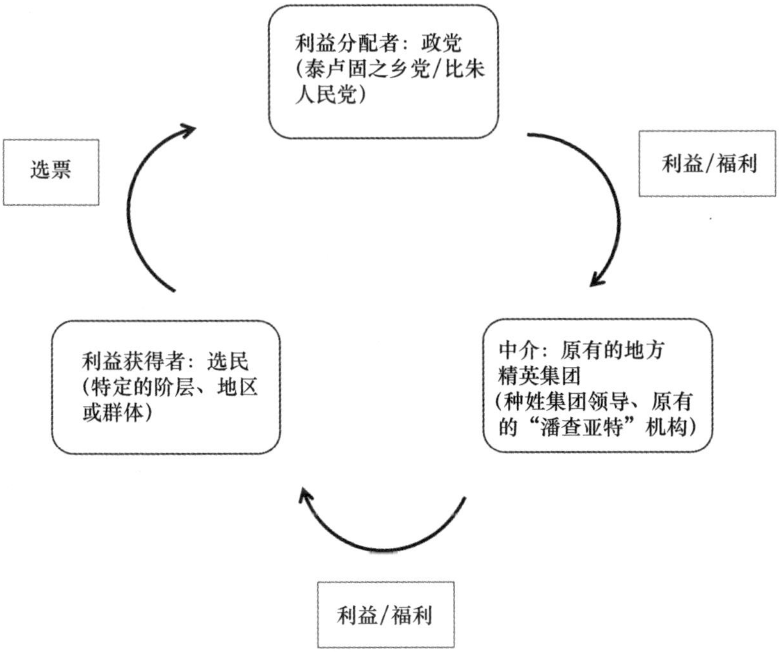

图2－6　印度邦政治中固有的庇护主义政治模式

乡级行政区并且提升了低种姓群体在地方“潘查亚特”中的权利和地位；而奈杜时期则创建了“使用者联盟”，以提升低种姓权利的名义将泰卢固之乡党的影响力和控制力绕过了“潘查亚特”，渗透到了基层。罗摩·拉奥和奈杜的共同点就是通过提升低种姓在地方“潘查亚特”中的权利地位，使泰卢固之乡党能够直接控制地方“潘查亚特”，使得泰卢固之乡党能够主导利益分配的渠道。另一方面，在奥里萨邦，比朱人民党则以提升女性权利和部落人民的权利为突破口，通过建立女性互助小组、支持特定部落群体的利益，使得比朱人民党的影响力可以直达地方选民。

第三，泰卢固之乡党和比朱人民党都通过不同的方式获得了政治资金。不论在安得拉邦还是奥里萨邦，印度的地方选举中政党以及政党候选人所拥有的资金十分重要。平时的物质福利分配、选举集会以及选前的“礼物”分发对选举结果有很大的影响。因此，泰卢固之乡党和比朱人民党都需要获得强有力的资金支持。在安得拉邦，泰卢固之乡党通过大规模推行“圣雄甘地全国农村就业保障计划”中的物质利益分配项目，从承包商处获得大量的资金回馈。而在奥里萨邦，比朱人民党以该邦丰富的自然资源为后盾，通过与大型能源企业的合作获得可观的资金支持。这两个政党虽然手段不同，但都获取了强大的资金支持自己的选举。

总体而言，泰卢固之乡党和比朱人民党都将原本固有的庇护主义模式进行了变革，一方面使得政党的影响力和利益分配能够直达基层，另一方面则通过与承包商、企业等商业集团建立施受惠关系，获取了资金以支持自己的选举事业，进而实现了对整个庇护主义政治模式的适应和改变。

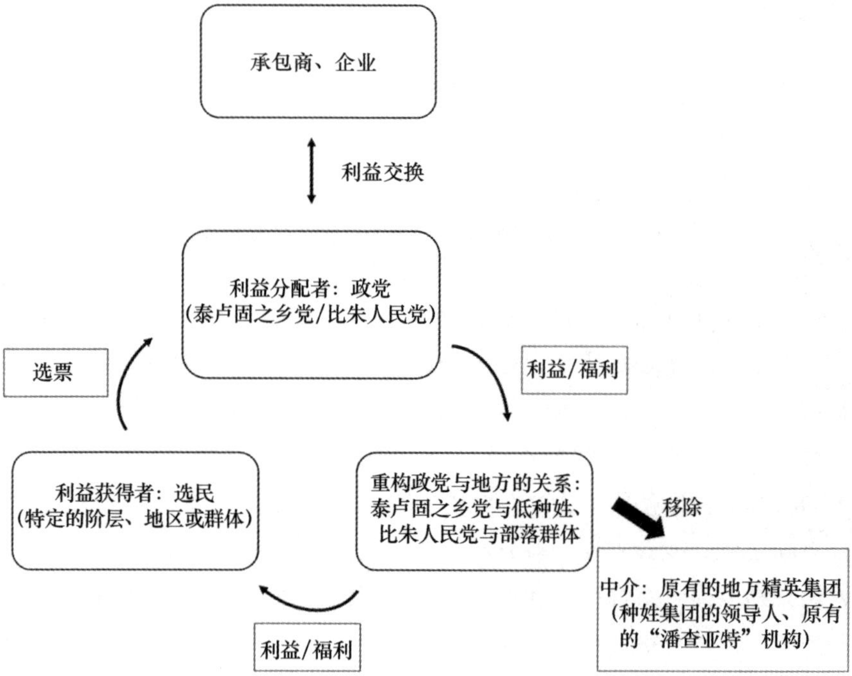

图2－7 印度邦政治中新的庇护主义政治模式

其二，分配政治中一些特定的福利政策对政党的选举成功至关重要。在印度的选举政治中，数量众多的贫困选民的存在是所有地区性政党都需要面对的现实。因此，无论是在安得拉邦还是奥里萨邦，政党都需要一种有效的方式去吸引贫困选民的投票。换言之，政党向选民分配利益很重要，但分配什么样的利益才能更有效地吸引选票是政党所面临的核心问题。泰卢固之乡党和比朱人民党的成功经验说明了以下两点。

第一，与贫困选民基本生活需求直接相关的分配至关重要。泰卢固之乡党和比朱人民党所出台的福利政策有一些共同点：一是重视物质福利的直接分配，二是福利要与贫困选民的基本生活需求直接相关。在泰卢固之乡党执政初期，所有政策中最为突出的就是大米补贴政策，该政策与泰卢固之乡党的选举直接相关。而泰卢固之乡党推出的大米补贴政策成为了安得拉邦不可更改的福利，即使执政党更替，该政策也不可能被轻易取消。食物、衣物以及住房的补贴，成为了吸引贫困选民最为有效的政策。而比朱人民党在奥里萨邦出台的福利政策也如出一辙，比朱人民党同样大力宣传自己的“1 千克大米 2 卢比”政策，同时还以施受惠政治的方式推行了大量的扶贫计划。

第二，选举前的物质利益发放对地方选举十分重要。事实上，印度的选举法对于选前“礼物赠予”的规定是十分明确的，在选举时间公布至选举结果公布的这段时期内，政党可以对选民做出各种承诺，但是不能对选民进行物质赠予。①

其三，在分配政治中政治资金的筹措能力对政党的延续十分重要。如上文所述，由于庇护主义式的分配政治盛行，选民对政党缺乏纲领性的忠诚，因此政党必须有足够多的资源分配给选民。这就要求政党能够募集到足够多的资金以支持自己的竞选，还要有足够的资源维持自己的执政。泰卢固之乡党在安得拉邦所做的是通过政府承包项目与地方承包商建立恩庇关系，进而获取资金支持；而比朱人民党则通过建立牢固的政府与企业关系，获取足够的政治资金支持。无论手段如何，泰卢固之乡党和比朱人民党的经验说明，足够的资金和财政来源是政党获得选举成功的重要手段。

其四，在分配政治占主轴的环境中认同因素退居其次。第一，泰卢固之乡党和比朱人民党的种姓身份无法为其带来长期的选举成功。在安得拉邦，泰卢固之乡党来自人口占比很少的卡玛种姓群体，因此泰卢固

---

① Sonia Paul, “The Politics of Gift Giving in India,” *The New York Time*, April 30, 2014, https: //india. blogs. nytimes. com/2014/04/30/the – politics – of – gift – giving – in – india/.

之乡党的长期选举胜利并不能依赖种姓上的身份认同。泰卢固之乡党的政策是通过提升低种姓的权利地位来稳固自己对基层的控制。有时泰卢固之乡党对低种姓的政策甚至危害到了包括卡玛在内的很多优势地位种姓集团的利益。但在庇护主义分配政治的背景下，取得其他选民群体的支持更为重要。相似地，比朱人民党出身于人口比例更少的高种姓群体，在面对存在大量低种姓和部落人口的奥里萨邦，它必须策略性地获取特定地区以及特定群体的支持才有可能实现长期的选举成功。这就是比朱人民党的分配政策、女性政策以及部落政策的初衷。

第二，泰卢固之乡党和比朱人民党都需要从选举出发去考虑其他种姓集团和族群的利益。特定选区和选民群体对于政党有重要的作用，分配政策也要往这些地区和群体倾斜。泰卢固之乡党和比朱人民党的分配政策很难说是具有普遍性和公平标准的分配。虽然泰卢固之乡党在安得拉邦开展过普遍性的福利政策，在实施“圣雄甘地全国农村就业保障计划”时也具有很多纲领性特征，但是，泰卢固之乡党的分配政策依然是庇护主义性质的，它的普遍分配政策对特定选区有所倾斜，在“圣雄甘地全国农村就业保障计划”项目中也倾向个别选区，并且将重点放在了从承包商处获取资金支持上。而比朱人民党的分配政策则更加突出对特定选区的争取。当比朱人民党所支持的能源企业危害到特定部落地区的利益时，比朱人民党也没有为这些选区争取权益，对于它来说，与能源企业的合作关系以及与特定选民群体的联系更为重要。

第三章

印度地区性政党与政党联盟

在前述章节中，以泰卢固之乡党和比朱人民党为例介绍了印度地区性政党如何利用资源分配来赢得选票。泰卢固之乡党和比朱人民党之所以能够多次赢得选举胜利，关键在于政党能够针对性地将特定的资源分配给关键的选民群体，进而赢得选举回报。然而地区性政党执政的资源从何而来？在多党制的联邦体系中，印度中央政府是否可以影响地方的执政？当地区性政党成为执政党时，它与中央的关系是怎样的？政党联盟对地区性政党的执政和选举有什么样的影响？针对这些问题，本章认为，印度政党体系与央地关系的发展变化，决定了政党联盟是印度政党生存发展的重要影响因素。泰卢固之乡党和比朱人民党的成功都有赖于这两个政党务实和灵活的政党联盟策略，获取中央对地区性政党执政的支持也是泰卢固之乡党和比朱人民党维持执政的重要因素。

第一节　印度政党体系和央地关系对政党政治的影响

从印度的政治现实来看，印度的政党体系、央地关系和中央与地方财政分配模式，决定了地区性政党与国家政党的合作与联盟对地区性政党的生存与发展至关重要。自独立之后，印度政党体系的发展趋于碎片化和地方化；央地关系的发展趋势是联邦权力的相对弱化与地方权力的相对上升；央地财政关系的发展趋势是地方政府对中央财政的依赖程度加深。这三个趋势依次对应印度政党政治的三个特征：其一，碎片化和地方化使得国家大党需要与地方小党结盟，地方小党也因此得以壮大；其二，联邦权力的衰落与地方权力的增长使得中央与地方讨价还价余地变得更多，在那些地区性政党执政的邦，这些央地之间的“议价”以政党政治的形式表现出来，央地关系问题变成了政党间关系的问题；其三，地方对中央财政的依赖，使得地区性政党执政的可持续性要依赖国家政党的支持。基于这三点，政党联盟成为了地区性政党维持执政与获取选举胜利不可回避的问题。

从理论上来看，在单一选区简单多数选举制的国家以及一些可转移单票制和选择投票制的国家（如爱尔兰和澳大利亚）①，政党有强烈的动机去组建选举联盟。这是因为在单一选区中，获得多数选票是获胜的必要条件。这使得政党必须聚集投票，以至少获得在选区内的多数。各党派都有动机把网撒得更广，以便设法将大多数选民囊括在内，并尽可能多地与能够联合的政党组成选举联盟以聚集选票。在印度，由于地区性政党的影响力通常只局限在特定的邦，而且每个地区性政党都有强烈的地域特征，因此它们之间不存在互相竞争的关系。所以，在进行政党联盟时，相对于地区性政党，国家政党拥有更强的“议价”能力和优势。②

---

① 爱尔兰的选举制度称为“可转移单票制”，即采用多选区制度，设定当选的最低票数，选民勾选候选名单的优先顺序，选择时不受政党限制。在大多数情况下，这种标记是可选的，选民不需要对所有候选人排序，如果他们愿意，他们可以只标记一个。在统计了第一优先选票的总数之后，就开始计算选出一名候选人所需的选票配额。所使用的配额通常为“特罗普数额”，即通过简单公式计算：配额 = ［票数/（席位 +1）］ +1。通过一系列的计数来确定结果。在第一次点票时，就可以确定每个候选人的优先票总数。任何候选人的第一优先选择数大于或等于配额，就会立即当选。澳大利亚的选举制度称为“选择投票制”，选举通常在单一选区举行，就像“简单多数制”选举一样。然而，相较于简单多数制，“选择投票制”给了选民更多的选择。在这种投票制下，选民不是简单地指出他们喜欢的候选人，而是按照他们所选择的次序排列候选人。这一制度使选民能够在候选人之间表达他们的偏好，而不仅仅是他们的第一选择。由于这个原因，使用它的国家通常称之为“偏好投票”。“选择投票制”和“简单多数制”在计票方式上也有所不同。就像“简单多数制”一样，赢得绝对多数选票（50% +1）的候选人会立即当选。然而，如果没有候选人拥有绝对多数，在“选择投票制”制度下，第一选择票数最低的候选人将被从计票中“剔除”，并对其选票进行第二偏好审查。然后，按选票上所标明的顺序，将每一张选票转移给剩余的最优先的候选人。这个过程重复进行，直到有一名候选人获得绝对多数，并宣布正式当选为止。

② Eswaran Sridharan, “Coalition Strategies and the BJP's Expansion, 1989 –2004,” *Commonwealth & Comparative Politics*, Vol. 43, No. 2, 2005, p. 196, p. 198.

一、印度地区性政党体系的演变与政党政治

自 1952 年印度第一次举行大选和邦议会选举开始，印度地方的政党体系与国家政党体系一直处于变化和发展之中。目前，虽然印度各个邦呈现出不同类型的政党竞争模式，但在所有地方邦的政党政治中，政党联盟对于政党的生存和延续来说都是重要的。整体上，从全国层面来看，可将印度地区性政党体系的发展分为四个阶段，每个阶段都具有显著的特点。

第一阶段为 1952—1967 年，国大党一党独大的时代。这一时期的特点是，国大党既占据着中央的领导地位，也在各个邦的议会选举中占据主导。地方的政党体系和中央的政党体系高度一致，国家大选与邦议会选举挂钩，并且同期举行。

在印度独立之初，国大党占据中央，并迅速控制了国家的方方面面，主导着印度的经济和社会变革。国大党成为了实际上的中央政治机构，比议会、行政机构等其他任何国家机关都要重要。① 在 1967 年之前，国大党凭借 40%—45% 的超高得票率，在人民院一直能够占据 2/3 以上的议席。国大党在各邦议会也占据多数。那些没有投给国大党的选票，则大多分散在数量众多的其他政党和独立候选人手中。②

这一时期的印度地方政治中，国大党在绝大多数邦议会中都占据多数。国大党凭借对国家整体强有力的控制权，也控制了地方。虽然，国大党在 1937 年曾称其与其他地区性政党的关系是一种联邦制度下的关系，但实际上占据中央的国大党却一度试图控制所有的邦政府。③ 国大党的中央办公室，可以通过国大党的最高指挥机构，即国大党工作委员会以及总理，提名参加人民院以及邦议会选举的候选人。④

---

① James Manor, "How and Why Liberal and Representative Politics Emerged in India," *Political Studies*, Vol. 38, No. 1, 1990, p. 26.

② Avidit Acharya, John E. Roemer and Rohini Somanathan, "Caste, Corruption and Political Competition in India," *Research in Economics*, Vol. 69, No. 3, 2015, p. 338.

③ Myron Weiner, *Party Building in a New Nation: The Indian National Congress*, Chicago: University of Chicago Press, 1967, p. 45.

④ Stanley Kochanek, *The Congress Party of India: The Dynamics of One - Party Democracy*, N. J.: Princeton University Press, 1968.

需要注意的是，即使在这样一个国大党在国家政治中处于绝对主导地位的时期，国大党也并不是在所有的邦都能占据绝对优势。在1951—1957 年的奥里萨邦选举、1952 年的金奈市以及 1962 年的中央邦选举中，国大党虽然以相对多数胜选，但未赢得过半议席。[①] 对于大多数地方精英和领袖来说，附属于国大党更像是一种权宜之计。1967 年大选之后的调查显示，70% 的村领导人表示如果国大党失去了在邦层面的执政地位，那么绝大多数的国大党村领导人将转而支持新的执政党。因为只有加入执政党，地方领袖才能有机会为他们的选区发展谋福利。[②] 从这点来看，由于印度的社会多样性较强且又属于联邦制度，印度地方政治一党独大的局面注定不可能长期维持。

第二阶段为 1967—1989 年，地方选举的两极化时代。这一时期政党政治的特点是，在地方和中央层面都出现了反国大党倾向，在中央和地方都形成了政党竞争的两极化。国大党在中央压倒性的主导地位受到了动摇，在大选中国大党与其他政党各有胜负。在地方，以国大党为一方，其他国家政党、地区性政党或者地区性政党联盟为另一方，形成两极化的竞争局面。这一时期国大党虽然在地方政治中丧失了一党独大的地位，但依然是地方政治中数一数二的参与者。[③]

1967 年的大选首次动摇了国大党压倒性的政治主导地位。在此次大选中，国大党获得了人民院 283 个议席，得票率只有 40. 8%；在同期举行的邦议会选举中，国大党丢掉了一半此前还由自己占据多数的邦。此后，虽然国大党在 1971 年的大选中重新获得了人民院 2/3 的议席，以 352 席和 43. 7% 的得票率赢得了大选，但不论是在中央还是在邦层面，国大党从 1967 年开始进入了一个长期衰落的阶段。[④] 1975—1977

---

① Eswaran Sridharan, "The Fragmentation of the India Party System, 1952 – 1999," in Zoya Hasan ed., *Parties and Party Politics in India*, New Delhi: Oxford University Press, 2002, pp. 477 – 481.

② G. Papachristou, "The Inter – Play of Local and State Politics: The Rajas – Than Case," in S. P. Varma and Iqbal Narain eds., *The Fourth General Election in India, Vol. 1*, Delhi: Orient Longmans, 1968, p. 154.

③ Avidit Acharya, John E. Roemer and Rohini Somanathan, "Caste, Corruption and Political Competition in India," *Research in Economics*, Vol. 69, No. 3, 2015, p. 338.

④ Eswaran Sridharan, "The Fragmentation of the India Party System, 1952 – 1999," in Zoya Hasan ed., *Parties and Party Politics in India*, New Delhi: Oxford University Press, 2002, p. 481.

年，英迪拉·甘地宣布印度进入紧急状态，这一行动被视为对印度民主的严重破坏。因此，在1977年紧急状态结束之后的第一次大选中，新人民党、民主大会党以及印度共产党（马克思主义）等政党联合起来反对国大党并使其遭遇了空前的惨败。国大党在当年的大选中，只赢得了人民院154个议席，得票率也仅有34.5%。1980年的大选，国大党得益于人民党内部的分裂，再次夺回了人民院近2/3的议席（542席中的353席）。1984年的大选，由于英迪拉·甘地遇刺，国大党获得了历史最高的48.1%的得票率，赢得人民院415个议席。1989年，由人民党领导的政党联盟"国民阵线"在大选中击败国大党，印人党、左翼政党以及一些地区性政党也支持了该联盟，这使得国大党只获得了197个议席以及39.5%的得票率。①

在这一时期，印度的地方选举与国家大选实现了脱钩。从1971年开始，地方邦议会选举不再与人民院选举同期举行，一些邦的地区性政党开始了组合兼并。这最终导致了在大多数邦，国大党一党独大的局面被终结，取而代之的是一种两极化的局面。② 这种地方政治中的两极化，指的是在印度大多数邦进行的人民院选举和邦议会选举中，国大党的传统地位和影响力受到了其他国家级政党或地区性政党，又或者是政党联盟的有力挑战。

从大选时地方邦的投票情况以及各个邦议会的选举情况来看，自1967年开始，中央邦、拉贾斯坦邦、喜马偕尔邦以及德里在大选中开始支持人民党，以此反对国大党。在喀拉拉邦、特里普拉邦和西孟加拉邦，则是以国大党或者国大党领导的政党联盟为一方，与印度共产党、印度共产党（马克思主义）等左翼阵线为一方进行竞争。在旁遮普邦、安得拉邦、阿萨姆邦以及果阿邦，则是以国大党与地区性政党之间的竞争为主。而在泰米尔纳德邦，情况更为特殊，自1967年开始国大党就被排除在了该邦的前两名政党之外，该邦两极竞争的主要参与者都是地区性政党。在东北部地区各邦，则表现为国大党与其他地区性政党的不

① Eswaran Sridharan, "The Fragmentation of the India Party System, 1952 - 1999," in Zoya Hasan ed., *Parties and Party Politics in India*, New Delhi: Oxford University Press, 2002, p. 481.

② Avidit Acharya, John E. Roemer and Rohini Somanathan, "Caste, Corruption and Political Competition in India," *Research in Economics*, Vol. 69, No. 3, 2015, p. 338.

稳定竞争。[①]

第三阶段为 1989—2014 年，地方政治的碎片化与联盟政治时代。这一时期的特征是，政党联盟政治兴起，国大党继续呈现相对衰落的态势，而印人党以及各种地区性政党在中央和地方政治中全面崛起。1989 年的大选是这一阶段的开端。此次大选并不只是一次简单的人民党反国大党戏码的重演，而是使印度的政党体系出现了影响深远的变化。在很多邦的地方政治中，政党的组织模式、选民基础都改变了，同时印度的政治经济模式以及社会动员模式也发生了转变。[②]

在全国层面上，印度政党政治的首要特征是政党体系的碎片化，直到 2014 年大选之前，再也没有任何一个单一政党获得人民院多数议席。1989—2009 年的 8 次大选，相对于包括印人党在内的其他所有政党，国大党在得票率上无一例外的具有相对优势，但是国大党却再也没有获得过人民院过半议席。同时，国大党还在 1996 年、1998 年、1999 年输给了由印人党领导的政党联盟。这一变化说明，联盟政治和竞选策略对于印度政党变得格外重要。与其他政党的联合以及在关键选区的胜负，成为了政党在中央执政的关键。而全国层面政党体系的另一个变化，就是印人党以及其他地区性政党在大选中的影响力越来越大。在 1989 年之前，印人党以及它的前身印度人民同盟、国民志愿服务团的得票率从未超过 10%，也从未在人民院取得 35 个以上的议席。人民党只在 1977 年紧急状态之后的大选中获得过 99 个议席。[③]

① Eswaran Sridharan, "The Fragmentation of the India Party System, 1952 - 1999," in Zoya Hasan ed., *Parties and Party Politics in India*, New Delhi: Oxford University Press, 2002, pp. 482 - 485.

② Eswaran Sridharan, "The Fragmentation of the India Party System, 1952 - 1999," in Zoya Hasan ed., *Parties and Party Politics in India*, New Delhi: Oxford University Press, 2002, p. 485.

③ Eswaran Sridharan, "The Fragmentation of the India Party System, 1952 - 1999," in Zoya Hasan ed., Parties and Party Politics in India, New Delhi: Oxford University Press, 2002, p. 485.

表3-1　国大党与印人党在印度人民院选举中
所获议席数与得票率对比（1989—2024年）

年份	国大党获得席位	印人党获得席位	国大党得票率（%）	印人党得票率（%）	当年人民院选举席位总数
1989	197	85	39.53	11.36	529
1991	232	120	36.26	20.11	521
1992	12	0	49.27	16.51	13
1996	140	161	28.8	20.29	543
1998	141	182	25.82	25.59	543
1999	114	182	28.3	23.75	543
2004	145	138	26.53	22.16	543
2009	206	116	28.55	18.8	543
2014	44	282	19.52	31.34	545
2019	52	303	19.46	37.3	545
2024	99	240	21.19	36.56	543

注：（1）1992年举行的是旁遮普邦在人民院中所属议席的选举。由于受到武装暴力活动的影响，在1987—1992年该邦被联邦总统直接管辖，因此在1992年才补选该邦在人民院的13个议席。（2）Election Commission of India，“Election Results – Full Statistical Reports，” https：//eci. gov. in/statistical—report/statistical—reports/。

在地方政治层面，政治碎片化程度加深以及印人党和地区性政党的崛起同样也是这一时期地区性政党政治的主要特征。在整个20世纪90年代，印度的地区性政党体系表现出四个特点。第一，在大多数邦都形成了一种两极结构。其中，一些邦是由两个政党之间的竞争构成的两极结构，例如在中央邦、喜马偕尔邦、拉贾斯坦邦和古吉拉特邦。而在另一些邦，则是两个政党联盟之间或是一个政党与其他几个小党联盟之间的两极竞争，例如在西孟加拉邦、喀拉拉邦、特里普拉邦、马哈拉施特拉邦、旁遮普邦。第二，在那些政党体系呈现三极或者多极竞争的邦，则由于政党联盟政治的兴起以及地区性政党的分化重组，使得它们向着两极结构变化，例如在卡纳塔克邦、比哈尔邦以及奥里萨邦。第三，在北方邦这样的选举大邦，依然是各方力量角逐的重点，但显然印人党已经成为了其中重要的一极。第四，在一些两极结构或两党结构的邦，印人党也开始占据议席，并逐步发展为这些邦的第三大政党。而在其余邦里，印人党都得到了发展壮大。[①]

这一时期，印人党在地方政治中的崛起十分引人注目。1990 年，印人党首次独自组建邦一级政府，该党获得了在中央邦和喜马偕尔邦独立执政的机会。同时，印人党还与人民党一起在拉贾斯坦邦和古吉拉特邦联合执政。印人党开始成为地方政治的重要参与力量。同时，由于国家政党在中央的执政需要依赖与其他小党联盟，因此在地方的选举中国家大党也需要与地方小党进行合作。印人党通过与地方各个小党的合作与联盟，使其逐步成为了地方政治的重要参与力量。印人党在邦政治层面的崛起事实上也从另一个角度加剧了印度地方政治的碎片化。[②]

第四阶段：2014 年至今，印人党占据优势的时代。这一时期，印人党在大选中对国大党取得了压倒性优势，终结了印度大选单一政党无法取得半数席位的时代。在地方，国家政党与地区性政党的联盟与合作成为了国家政党在地方执政的关键，地区性政党对邦政治和国家政治的影响加大了。在这一时期，印人党之所以能占据优势的关键因素之一，就是地区性政党大多选择了与印人党建立合作关系，使得国大党在地方的生存空间被进一步压缩。

2014 年大选后，获得人民院过半席位的印人党原本可以单独组建政府，但印人党还是选择了与它的地区性政党伙伴们组成联合政府。[③]印人党的主要地方伙伴包括马哈拉施特拉邦的湿婆军、旁遮普邦的最高阿卡利党以及安得拉邦的泰卢固之乡党等，它们共同组成了全国民主联盟进行执政。可见，地区性政党的作用并没有减小，政党联盟在印度政治中的作用依然很强。

目前，在邦议会选举中，联盟政治变得更加重要了。截至 2020 年，在印度邦议会的政党体系中，有 7 个邦的执政者或主要反对者都是政党联盟。在比哈尔邦和北方邦，政党竞争模式与全国层面的模式相似，主

---

① Eswaran Sridharan, "The Fragmentation of the India Party System, 1952 – 1999," in Zoya Hasan ed. , *Parties and Party Politics in India*, New Delhi: Oxford University Press, 2002, pp. 490 – 491.

② Eswaran Sridharan, "The Fragmentation of the India Party System, 1952 – 1999," in Zoya Hasan ed. , *Parties and Party Politics in India*, New Delhi: Oxford University Press, 2002, p. 486.

③ Himanshu Roy, M. P. Singh and A. P. S. Chouhan eds. , *State Politics in India*, Delhi: Primus Books, 2017, p. 13.

要是印人党领导的全国民主联盟和国大党领导的团结进步联盟之间的竞争。在喀拉拉邦则是以印度共产党（马克思主义）、印度共产党、人民党世俗派等左翼政党组成的左翼民主阵线与国大党领导的团结进步联盟之间的竞争为主。在西孟加拉邦则是以地区性政党全印度草根国大党与印度共产党（马克思主义）等左翼政党组成的政党联盟之间的竞争为主。除了这几个政党联盟结构相对比较稳定的邦，在其他以国家政党之间的竞争为主、地区性政党与国家政党竞争为主或地区性政党之间的竞争为主的地区，政党联盟与合作关系同样十分重要。因为，在这些邦的政党政治中，一般都存在着多个主要政党，政党之间通常需要联合才能执政。例如，在2017年果阿邦邦议会选举之后，印人党需要与地区性政党马哈拉施特拉果阿党联合才能超过国大党。同样，在那些以地区性政党之间的竞争为主的邦，各政党依然需要寻找其他地方或国家政党作为竞选和执政的伙伴。

从以上几个阶段的发展变化可见，印度地区性政党体制的发展趋势有三个。第一，印度的地区性政党体系与国家层面的政党体系演变一致，从国大党的一党独大转向两极化或多极化，也可以说是逐渐碎片化。第二，印度的地方政治地方化趋势越来越强，地方政治已经可以超越地方进而影响国家层面的政治形势。印度政治从“国家政治决定地方政治”演变为“地方政治决定国家政治”。第三，联盟政治在地方政治中的作用变得越来越重要。随着印度政党碎片化程度的加深，政党联盟在地方选举中的作用上升了。无论是国家政党还是地区性政党，在地方选举中寻求合作伙伴都是十分必要的。

二、印度的央地关系与政党政治

总体而言，印度关于分邦与重组、中央的总统直辖权应用、中央与地方的财政权力分配、经济自由化过程中地方政府的权力等问题，不仅仅是中央与地方关系的问题，也是地区性政党与国家政党之间的问题。印度各个国家政党、地区性政党，都根据自己的利益在这些问题上采取不同的立场而相互竞争和博弈，也在相关问题上与立场相似的政党进行联盟与合作，因此央地关系中的问题也是政党政治的重要问题。自独立以来，印度的中央与地方关系并不是一成不变的。在联邦制之下，印度中央与地方的权力关系也随着印度政治形势以及政党体系的变化而变化。在国大党一党独大时代，印度中央的权力相对较大，尤其是在尼赫鲁和英迪拉·甘地执政时期，中央政府相对于邦政府具有绝对的权威。而在尼赫鲁去世之后的1964—1969年，以及1990年以后印度政党体系逐渐碎片化和地方化的时期，印度中央的权力相对下降，地方邦的权力逐渐提升。央地关系的变化，决定了中央对地方事务有多大的影响力，也决定了地区性政党的执政与发展在多大程度上依赖于中央执政党。

（一） 印度联邦制下的央地关系性质

印度在独立时最迫切的任务主要有以下几个方面：需要将各个土邦纳入印度联邦；要维持联邦的完整；基于印巴分治的惨痛教训，印度教徒和穆斯林之间的紧张关系需要缓和；赋予低种姓、部落以及其他边缘群体平等的政治和社会权利；缓和各个语言群体的认同热情；实现经济增长并为全体人民创造就业和发展机会。这几个方面的任务也是印度面临的巨大挑战。独立之初，土邦也具有相当程度的异质性。因此，印度需要建立一个旨在防止国家分裂并且相对中央集权的联邦体制。为了实现上述目标，印度一方面通过语言建邦认可地方认同的多样性，同时也维持了国家统一的架构；另一方面，通过宪法赋予中央政府强大的权力以便维持国家的统一。

如何使语言、社会以及宗教群体相互融合是十分复杂的问题。在印度，由于语言差异与地区差异重叠在一起，因此这些群体代表着潜在的社会分歧，严重的政治对立关系也可能因此而起。对此，印度通过制度化的机制来解决这一问题。早在20世纪20年代，国大党就认识到了印度的语言和地区差异，所以国大党在早期就把自己转变为代表各省精英的组织。如独立之后，尼赫鲁便担心各语言邦之间的差异会促使地方民族主义发展，进而让各邦滋生出独立的想法；1948年，制宪委员会中的语言省区委员会也认为语言建邦会对印度的统一带来威胁。但是，由于马德拉斯省爆发的骚乱以及甘地主义领袖婆提·史瑞拉姆鲁的去世，印度政府在1953年最终做出了妥协。随后印度成立了邦重组委员会对邦重组问题进行调查。该委员会认为，承认印度地方的语言和文化有利于维护印度联邦的统一，而不是破坏统一。该委员会的很多建议体现在了1956年的“邦重组法”中，该法案让语言相近的地区组建成邦，以此重新划分了印度的行政区。尽管语言是划定行政区的主要标准，但地方文化、经济可持续性以及宗教也成为了部分考虑因素。①

大多数的政党都接受语言建邦的制度性安排。但是，这种制度性安排在20世纪60年代还是受到了国大党内部右翼以及一些右翼政党的挑战。右翼主张要将印地语设立为印度的官方语言。然而，这类建议很快就遭到了南方的泰米尔纳德邦的强烈反对。该邦的主要政党达罗毗荼进步联盟虽然在1963年放弃了分离主义的诉求，但依然保留了反印地语的立场，尤其是反对1963年通过的《官方语言法案》。最终，中央政府还是妥协了，承诺中央与地方各邦沟通的官方语言依然沿用英语，所有由联邦公务员委员会开展的考试也依然用英语进行。② 至此，所有试图将单一语言推举为全印官方语言的努力都终止了。语言建邦本身就强调了印度是一个语言多样化的国家，明确了语言多样性是印度的永久特征，同时这一政策也使得语言不再是印度政治竞争的基础。③ 印度建立的“国家—民族”而不是“民族—国家”通过给予地方在国家政治中发言权，抑制了分离主义倾向，同时还使得中央与边缘的冲突不能成为印度政党体系的意识形态基础。④

另外，鉴于印度地方的多样性，印度宪法制定的初衷之一就是要赋予中央政府相对较大的权力以便维持国家的统一。在独立之后，中央政府也是驱动印度经济发展和社会改革的核心力量。⑤

印度宪法将印度的政治制度定义为联邦制，认为印度应当是“各个邦的联合体”，之所以使用“各个邦的联合体”是因为印度的联邦制开

① Pradeep K. Chhibber and Rahul Verma, *Ideology and Identity: The Changing Party System of India*, New Delhi: Oxford University Press, 2018, pp. 21 – 22.

② Duncan Forrester, “The Madras Anti – Hindi Agitation, 1965: Political Protest and Its Effects on Language Policy in India,” *Pacific Affairs*, *University of British Columbia*, Vol. 39, No. 1 – 2, 1996, pp. 19 – 36.

③ Alfred Stepan, Juan Linz and Yogendra Yadav eds., *Crafting State – Nations: India and Other Multinational Democracies*, Baltimore, Maryland: John Hopkins University Press, 2011.

④ Pradeep K. Chhibber and Rahul Verma, *Ideology and Identity: The Changing Party System of India*, New Delhi: Oxford University Press, 2018, pp. 22 – 23.

⑤ Pradeep Chhibber and Ken Kollman, “Centralization and Provincialization,” in Pradeep Chhibber and Ken Kollman eds., *The Formation of National Party Systems: Federalism and Party Competition in Canada, Great Britain, India, and the United States*, Oxford: Princeton University Press, 2004, p. 133.

不是各个邦共同同意的结果，而是一种自上而下实施的政治体制。[①] 根据印度宪法，国家议会只需要简单多数的同意，就可以改变地方邦的大小。而 1956 年的“邦重组法”则迅速地将印度的 27 个邦重组为 14 个。除此之外，印度宪法也对联邦与地方邦的立法权以及治理权做了详细的划分，以此给予地方邦足够的自治权利。然而，如果联邦认为地方邦处于“危机时期”，国家议会就可以针对地方任何事项进行立法。这就是印度宪法第 356 条规定的，如果邦督向中央政府报告邦政府已经不能依照宪法治理该邦，而总统（实际上是总理）认为情况属实的话，那么可以对该邦的任何行政事项行使直接管辖权，同时国家议会可以代邦议会行使立法权。需要注意的是，印度的邦督不是由地方选举产生的，而是由中央直接任命的。[②] 这就意味着，中央在援引宪法第 356 条对地方邦施行“总统直辖”时，对如何定义地方处于“危机时期”是模糊的，中央政府援引该法的权力是具有相当自由度的。1951—1966 年，印度中央一共 10 次对地方邦动用了“总统直辖”权。其中 2 次是由于邦重组问题导致地方的政党无法组建执政联盟，另外 8 次则都是因为中央企图影响地方的政治。[③] 而 1967—1984 年，“总统直辖”权动用了 72 次之多。[④]

在资源分配方面，印度中央政府在宪法上比邦政府拥有更多的权力。从宪法规定来看，地方的税收权力就明显小于中央。中央在决定税收的级别和税率时拥有最终决定权，即使这些税收会严重影响地方。例

---

① Pradeep Chhibber and Ken Kollman, "Centralization and Provincialization," in Pradeep Chhibber and Ken Kollman eds., *The Formation of National Party Systems: Federalism and Party Competition in Canada, Great Britain, India, and the United States*, Oxford: Princeton University Press, 2004, p. 133.

② Pradeep Chhibber and Ken Kollman, "Centralization and Provincialization," in Pradeep Chhibber and Ken Kollman eds., *The Formation of National Party Systems: Federalism and Party Competition in Canada, Great Britain, India, and the United States*, Oxford: Princeton University Press, 2004, p. 134.

③ Stanley Kochanek, *The Congress Party of India: The Dynamics of One - Party Democracy*, NJ: Princeton University Press, 1968.

④ Pradeep Chhibber and Ken Kollman, "Centralization and Provincialization," in Pradeep Chhibber and Ken Kollman eds., *The Formation of National Party Systems: Federalism and Party Competition in Canada, Great Britain, India, and the United States*, Oxford: Princeton University Press, 2004, p. 134.

如，按照宪法第268条和第269条，征税要全部流入邦的财政收入，但中央有权决定以多少税率根据这两条宪法征税。个人所得税、企业所得税、关税以及大多数商品消费税都由中央政府征收。在这些税收中，只有所得税，尤其是个人所得税会按照财政委员会制定的一定比率与邦分享。基于土地以及农业收入的税收、酒类以及一些特定商品消费税、除了报纸以外的所有商品销售税、矿产税、汽车税、电力销售税以及奢侈品税由邦政府征收。邦政府负责征收的税收通常缺乏灵活性，这也导致了邦政府的税收收入弹性不大。①

（二） 印度中央权力较强时期的央地关系

在国大党一党独大时期，中央对地方的经济发展事务拥有绝对的主导权。1952年第一次大选之后，国大党中央政府开始制订国家的发展计划。1955年，一个超越宪法规定范畴的中央机构诞生了，它就是印度计划委员会，该机构既负责制订印度的经济发展计划，同时也是各邦主要财政来源的拨款机构。起初，计划委员会直接隶属于总理办公室，在印度政府中拥有十分重要的地位。计划委员会制订的第二个五年计划确定了中央政府在经济发展领域的绝对权威。②

中央政府的权威在20世纪60年代持续扩张。1970年2月，中央政府开始实施“许可证制度”，即在印度建立任何企业都需要获得政府发放的许可证。该制度实际上增强了中央政府对商业活动的控制力。从1970年3月开始，中央政府还将大多数的银行国有化。同时，大量的政府官僚机构被置于总理办公室的直接领导之下。在这一时期，中央政府还推出了大批针对小农阶层的福利项目，例如，在印度40个县为边缘农民和农业劳工设立小农发展局，推出了干旱地区发展项目以及各种强调农村失业问题的中央倡议。中央政府还推出了贾瓦哈拉尔就业计

① Pradeep Chhibber and Ken Kollman, “Centralization and Provincialization,” in Pradeep Chhibber and Ken Kollman eds., *The Formation of National Party Systems: Federalism and Party Competition in Canada, Great Britain, India, and the United States*, Oxford: Princeton University Press, 2004, p. 135.

② Pradeep Chhibber and Ken Kollman, “Centralization and Provincialization,” in Pradeep Chhibber and Ken Kollman eds., *The Formation of National Party Systems: Federalism and Party Competition in Canada, Great Britain, India, and the United States*, Oxford: Princeton University Press, 2004, p. 136.

划，该项目资金的80%由中央资助计划出资，邦政府负责执行。①

中央政府重新定义了收入税，它将公司税排除在中央必须与地方分享的税收项目之外。这一政策的影响巨大，因为相比个人所得税，公司税的收入在中央政府直接税收中的占比越来越大。个人所得税在1950—1951年占中央政府直接税收的77%，而到了1988—1989年，占比则降至49%。② 此外，中央政府通过行政手段提高物价来增加收入，而不是通过增收消费税。这样，中央政府就不用和邦政府分享税收。③

1975—1977年，英迪拉·甘地施行紧急状态期间，中央政府出台了第42次宪法修正案。该修正案极具争议，它的某些规定是对个人自由的限制。该修正案的最后一项规定国有电台和电视台商业广告所得归中央政府所有。而在此次宪法修正案之前，这些所得是归邦政府所有。当人民党政府在1977年上台之后，第42次宪法修正案被废除，但是表面上比国大党更拥护联邦制的人民党却没有废除上述关于国营媒体广告收入归中央所得的内容。邦政府的一项重要资金来源被剥夺了。④

在20世纪80年代，中央政府在工业发展方面有很大的权力。在许可证制度之下，中央对企业的选址有很大的影响力。当时的卡纳塔克邦不是国大党执政，因此国大党执政的中央政府出于政治考虑，故意将一些工业项目不放在卡纳塔克邦。例如，国营企业印度电话产业集团的迁址。该企业主要生产电话交换机，事实上最适合制造电话交换机的地方是卡纳塔克邦。然而，中央政府最后将该企业建在了北方邦的贡达。除

---

① Pradeep Chhibber and Ken Kollman, "Centralization and Provincialization," in Pradeep Chhibber and Ken Kollman eds., *The Formation of National Party Systems: Federalism and Party Competition in Canada, Great Britain, India, and the United States*, Oxford: Princeton University Press, 2004, p. 137.

② H. L. Chandok, *India Database: The Economy*, New Delhi: Living Media, 1990.

③ Pradeep Chhibber and Ken Kollman, "Centralization and Provincialization," in Pradeep Chhibber and Ken Kollman eds., *The Formation of National Party Systems: Federalism and Party Competition in Canada, Great Britain, India, and the United States*, Oxford: Princeton University Press, 2004, p. 137.

④ Pradeep Chhibber and Ken Kollman, "Centralization and Provincialization," in Pradeep Chhibber and Ken Kollman eds., *The Formation of National Party Systems: Federalism and Party Competition in Canada, Great Britain, India, and the United States*, Oxford: Princeton University Press, 2004, p. 137.

了国有企业以外，葛兰素、塔塔电子、机车公司、印度拖拉机等私营企业原本计划在卡纳塔克邦建厂，但最终都被国大党领导的中央政府要求选址到别的邦。① 这些案例体现了中央政府出于执政党自身的政治利益考虑，运用中央权力来影响地方的发展。

（三）　印度地方权力增强时期的央地关系

1964—1969 年以及 1991 年之后至今，则是邦权力逐步扩大的时期。20 世纪 60 年代，印度出现了第一波的邦权力增长。1964 年，尼赫鲁去世之后，第二任总理夏斯特里为了减少中央政府对经济的控制进行了一些政策调整。首先，就是计划委员会被从总理办公室分离了出来，重要性也随之降低。这使得各邦的首席部长们在一些经济问题上可以绕开计划委员会。② 此外，在制订第四个五年计划时，夏斯特里建立了 5 个委员会，他把各邦的首席部长纳入委员会。这一举动赋予了各邦首席部长在国家经济政策制定中一定的权力。③ 20 世纪 60 年代末，计划委员会已经允许各邦自己制订发展计划，而不需要中央去告知各邦发展计划的内容或各种经济发展计划的性质应当如何。④

1989 年，印度中央政府再次根据宪法第 356 条，以卡纳塔克邦人民党首席部长博马伊已经失去该邦邦议会多数信任为由，在卡纳塔克邦施行"总统直辖"。1994 年，印度最高法院针对该案做出了具有跨时代意义的判决，该判决遏制了中央的权力。最高法院认为宪法第 356 条应当被更有节制地使用，而且只有当总统认为地方形势已经到了邦政府无

---

① Pradeep Chhibber and Ken Kollman, "Centralization and Provincialization," in Pradeep Chhibber and Ken Kollman eds., *The Formation of National Party Systems: Federalism and Party Competition in Canada, Great Britain, India, and the United States*, Oxford: Princeton University Press, 2004, pp. 139 – 140.

② Francine Frankel, *India's Political Economy, 1947 – 1977: The Gradual Revolution*, N. J.: Princeton University Press, 1978, p. 252.

③ Pradeep Chhibber and Ken Kollman, "Centralization and Provincialization," in Pradeep Chhibber and Ken Kollman eds., *The Formation of National Party Systems: Federalism and Party Competition in Canada, Great Britain, India, and the United States*, Oxford: Princeton University Press, 2004, p. 138.

④ Pradeep Chhibber and Ken Kollman, "Centralization and Provincialization," in Pradeep Chhibber and Ken Kollman eds., *The Formation of National Party Systems: Federalism and Party Competition in Canada, Great Britain, India, and the United States*, Oxford: Princeton University Press, 2004, pp. 137 – 138.

法依照宪法运作时才能动用此条宪法。同时，最高法院认为中央过于频繁地动用宪法第356条，会使宪法中设置的中央与地方之间的平衡关系失衡。最高法院还明确指出，当邦首席部长辞职或者首席部长因失去邦议会多数支持而下台时，如果存在形成新的邦政府的可能性，就不能动用宪法第356条。宪法第356条也不能因为赢得国家大选的政党与地方执政党不同，就用来去解散一个选举产生的邦政府。①

1991年以后，随着经济改革的展开，中央政府不能再像以往一样去制定经济政策，邦政府在经济政策方面获得了权力提升。显著的邦权力增长发生在1991年。为了应对财政危机以及履行与国际货币基金组织达成的协议，印度开始着手进行改革。其中，减少中央政府对经济的干预就是改革的重点之一。此外，许可证制度也被废除了。邦政府在工业发展方面有了更大的权力，一些邦政府竞相提出了一些工业与发展方面的优惠措施，以便吸引私有资本的投资。这一时期，邦政府在工业发展上有了更多的发言权，这是印度联邦制得到加强的一个重要标志。②

20世纪90年代许可证制度废除之后，印度企业和外企都可以根据自己的利益自由选择投资地点。因此，为了吸引投资，各个邦政府之间形成了一种激烈的竞争关系。随着中央政府失去了产业审批权，地方邦政府开始成为企业合作的主要对象。③ 随后，印度就出现了一批在吸引投资，尤其是在吸引外国投资方面非常活跃的邦，例如马哈拉施特拉邦、古吉拉特邦、卡纳塔克邦、安得拉邦以及泰米尔纳德邦。此外，中央政府还放松了对石油行业、商品市场、采矿行业等领域的管制，权力

---

① Pradeep Chhibber and Ken Kollman, "Centralization and Provincialization," in Pradeep Chhibber and Ken Kollman eds., *The Formation of National Party Systems: Federalism and Party Competition in Canada, Great Britain, India, and the United States*, Oxford: Princeton University Press, 2004, pp. 137 – 138.

② Pradeep Chhibber and Ken Kollman, "Centralization and Provincialization," in Pradeep Chhibber and Ken Kollman eds., *The Formation of National Party Systems: Federalism and Party Competition in Canada, Great Britain, India, and the United States*, Oxford: Princeton University Press, 2004, p. 139.

③ Rob Jenkins, *Democratic Politics and Economic Reform in India*, Cambridge: Cambridge University Press, 1999, pp. 134 – 135.

被普遍下放给了地方邦政府。[①]

印度的经济改革开始之后，相比中央政府，邦政府在经济管理中的作用逐渐增大。1992—1996 年，邦政府的财政收入增长缓慢，但是邦政府的财政支出却十分迅猛，结果就是邦政府的财政赤字在邦收入账户中的占比从 1990 年的 0.9% 增长到了 1999—2000 年的 2.79%，而同期邦财政赤字率也从 3.19% 上升至 4.68%。同时，中央政府的发展支出呈现逐步下降的趋势，而邦政府的支出则逐步增长。在 1990 年，中央政府的发展支出占总发展支出的 65%，而到了 1999—2000 年则下降至 54%。同时，中央政府除去国防之外的总支出占 GDP 的比重也从 1991—1992 年的 14% 降至 1999—2000 年的 12.5%，下降了 1.5%。[②]

三、印度的央地财政关系与政党政治

在印度的联邦制之下，中央政府在很大程度上握有对地方资源分配的权力。因此，一方面，地方执政党在国家的政党竞争局势中所处的位置，是中央进行财政分配的重要考虑因素；另一方面，由于来自中央的资源支持无疑会影响地区性政党的资源分配能力，而地区性政党的选举和执政同样有赖于对选民的资源分配，中央对地区性政党的选举和执政就有了一定的影响力。在本书第二章中，论述了政党对选民的资源分配是影响政党选举结果的重要因素。在安得拉邦，农村就业机会分配、粮食分配、物质补贴等项目对选举和政党的资源筹措有重要影响。在奥里萨邦，部落地区的福利、普遍的粮食和生活补贴也对政党的选举和执政有重要影响。因此，地区性政党如何处理与中央的关系、地区性政党与国家政党联盟的关系如何、地区性政党在中央内阁以及议会中的代表性如何就成为了影响地区性政党从中央获取资源的重要影响因素。

（一）印度中央和地方的财政关系

理解中央政府对地方执政党的影响力，首先需要简单地理解印度中

---

① Pradeep Chhibber and Ken Kollman, "Centralization and Provincialization," in Pradeep Chhibber and Ken Kollman eds., *The Formation of National Party Systems: Federalism and Party Competition in Canada, Great Britain, India, and the United States*, Oxford: Princeton University Press, 2004, p. 140.

② "Economic Survey 2001 - 2002," Ministry of Finance, Government of India, https://mof.gov.np/uploads/document/file/Economic%20Survey%202001-02_20141224061835.pdf.

央和地方的财政关系。印度中央对地方的转移支付主要有三个渠道，通过财政委员会、计划委员会或中央政府各部委进行转移支付。这些转移包括法定的税收分享，以及各种类别的一揽子拨款。虽然对某些转移支付是按照预先确定的模式拨付，但在分配一些类别的转移支付时中央政府有相当大的自由裁量权。[①]

财政委员会的转移支付又被称为法定转移，这类转移支付已经被预先确定好，很大程度上是根据既定的公式在邦之间进行转移分配。在邦之间进行财政转移分配时固然存在一些酌情考虑的因素，但是这种分配是由一组技术专家确定的，因此原则上财政委员会进行的财政转移支付不能被讨价还价。[②] 在印度宪法中承认各邦财政不平衡的问题，还规定对于来自非企业所得税的净收入，中央和地方应当强制分享（第 270 条）；对于联邦消费税收入，则可选择性分享（第 272 条）。中央和邦的份额以及不同邦之间的税收分配份额由印度总统任命的财政委员会决定。[③] 该委员会的建议会与财政部的《行动报告》一起提交议会。尽管财政委员有时会为教育、保健、安保和司法等活动给出一些因特定目的而需进行的不匹配转移支付建议，但是大体上，财政委员会的职责主要是关于普通目的的无条件转移支付。[④]

计划委员会则主要负责计划资金流的分配。除了法定的转移支付资金流以外，印度的转移支付中还有用于促进发展的非法定资金流，这一部分被称为计划资金流。计划资金流中的很大一部分是由特定的分配公式确定好的，分配公式本身随着时间的迁移曾进行过一些调整。然而，计划委员会负责的一部分转移支付并不按照既有的分配公式进行分配。

---

① M. Govinda Rao and Nirvikar Singh, "The Political Economy of Center – State Fiscal Transfers in India," Working Paper No. 107, Center for International Development, Stanford University, 2001, p. 1.

② Rongili Biswas, Sugata Marjit and Velayoudom Marimoutou, "Fiscal Federalism, State Lobbying and Discretionary Finance: Evidence from India," *Economics and Politics*, Vol. 22, No. 1, 2010, p. 73.

③ M. Govinda Rao and Nirvikar Singh, "The Political Economy of Center – State Fiscal Transfers in India," Working Paper No. 107, Center for International Development, Stanford University, 2001, p. 7.

④ M. Govinda Rao, "Central Transfers to States in India Rewarding Performance While Ensuring Equity," New Delhi: National Institute of Public Finance and Policy, 2017, pp. 4 – 5.

这一部分主要由中央资助计划和中央部门的资助计划构成。①

中央政府各部委负责的则是临时性的转移支付。这部分转移支付没有特定的分配公式。这类转移支付被定义为中央政府根据中央资助计划和中央部门的资助计划指定的拨款和贷款，以及中央对地方邦所有拨款和贷款形式的临时财政支持。这里所说的中央资助计划和中央部门的资助计划就是计划委员会负责管理，但不在公式化转移分配的部分之内的转移支付项目。② 特定目的的转移支付大多由各种中央部委管理的中央资助计划制定。③

印度政府从 20 世纪 70 年代以来就在其预算中拨出相当的部分用于扶贫，印度的扶贫目标大致有三类：其一，促进自我就业；其二，创造新的就业机会；其三，关注印度的落后地区、干旱地区、山区的发展。虽然随着时间的推移，印度政府出台了各种各样的扶贫项目和福利项目，但中央政府的这三大扶贫目标并没有改变。从 20 世纪 80 年代后期开始，印度中央政府逐步减少通过计划委员会以普通目的转移支付的方式向地方邦拨款，而同时逐步增加对农村发展部等中央部委的拨款，进而让资金转移到地方。与计划经济时代相比，中央部委管理的各种社会保障计划明显增加了。中央政府主要通过三种方式控制这些计划的执行：其一，对中央资助计划大力注资；其二，让资金绕过邦一级的行政机构，直接拨付到区县一级，同时加强中央对区县的监管；其三，超过半数的中央补助金，即使一些补助金来自计划委员会，也都以额外中央补助金的形式注资到各种特别计划中，对于这些计划，中央部委虽然不能控制全部，但对邦政府在分配和发放这些资金时能够有相当的控制力。④

---

① Rongili Biswas, Sugata Marjit and Velayoudom Marimoutou, "Fiscal Federalism, State Lobbying and Discretionary Finance: Evidence from India," *Economics and Politics*, Vol. 22, No. 1, 2010, p. 73.

② Rongili Biswas, Sugata Marjit and Velayoudom Marimoutou, "Fiscal Federalism, State Lobbying and Discretionary Finance: Evidence from India," *Economics and Politics*, Vol. 22, No. 1, 2010, pp. 73 – 74.

③ M. Govinda Rao, "Central Transfers to States in India Rewarding Performance While Ensuring Equity," New Delhi: National Institute of Public Finance and Policy, 2017, pp. 4 – 5.

④ N. C. Saxena, "Rural Poverty Reduction through Centrally Sponsored Schemes," *Indian J Med Res*, Vol. 126, 2007, pp. 382 – 383.

（二） 印度中央对地方财政支持的重要性

一直以来，印度虽然是联邦制国家，地方邦拥有相当的自主权，但在财政问题上，中央对地方的影响很大。1997—1998 年，各邦的平均税收约占总税收的 31%，但各邦财政支出约占总支出的 57%。[①] 很明显，地方邦的日常运转必须依靠中央支持。同时，大量的福利计划是通过由中央和地方共同出资的中央资助机制实施的。因此，邦财政支出中的大约 15% 要用于中央部门和中央资助的计划，这些计划是由各中央部委管理的“具体用途转移计划”，管辖权在中央。20 世纪 80 年代以后，各邦在这些计划上的支出呈现逐步增加的趋势，从 1985—1986 年占总支出的 7% 增加到 1995—1996 年的 15%。[②] 近年来，中央的财政转移对地方财政的意义十分重大。中央对各邦的财政转移支付占了邦财政收入的 45% 左右。

表 3-2 印度各邦和中央直辖区的总收入（单位：万亿卢比）

	2016—2017 年	2017—2018 年	2018—2019 年	2019—2020 年	2020—2021 年
各邦财政总收入	20.81	23.21	26.2	29.4	33.27
1. 各邦财政收入	11.17	13.10	14.34	15.79	17.66
（1）各邦税收收入	9.46	11.30	12.15	13.4	14.98
（2）各邦非税收收入	1.71	1.80	2.19	2.39	2.68
2. 中央财政转移支付	9.69	10.11	11.87	13.60	15.60
（3）税收分享	6.08	6.05	7.47	7.03	8.17
（4）财政补助	3.61	4.06	4.40	6.57	7.43

注：（1）2019—2020 年数据为修订预算值，2020—2021 年数据为预算估计值。（2）数据来源：https://rbidocs.rbi.org.in/rdocs/Publications/PDFs/02CH_2710202062A6D8E1CD4649B2BC116E22747FBCB5.PDF。

① M. Govinda Rao and Nirvikar Singh, "The Political Economy of Center - State Fiscal Transfers in India," Working Paper No. 107, Center for International Development, Stanford University, 2001, pp. 7-8.

② M. Govinda Rao and Nirvikar Singh, "The Political Economy of Center - State Fiscal Transfers in India," Working Paper No. 107, Center for International Development, Stanford University, 2001, pp. 7-8.

表 3-3　印度各邦和中央直辖区的财政收入构成（2016—2021 年，单位：%）

	2016—2017 年	2017—2018 年	2018—2019 年	2019—2020 年	2020—2021 年
各邦财政收入（税收 + 非税收）占邦财政总收入比值	53.68	56.44	54.73	53.71	53.08
中央转移支付占邦财政总收入比值	46.56	43.56	45.31	46.26	46.89

注：（1）2019—2020 年数据为修订预算值，2020—2021 年数据为预算估计值。（2）数据来源：https：//rbidocs. rbi. org. in/rdocs/Publications/PDFs/02CH_2710202062A6D8E1CD4649B2BC116E22747FBCB5. PDF。

一些学者认为，自从印度开始经济自由化改革以来，与地区性政党和政治影响力提升、邦政府在经济发展政策上发言权提高相对应的是，地方在财政上的权力日渐受到中央的削弱，财政也逐渐依赖中央的支持。首先，提高利率来吸引外国金融资本的政策，使得各邦为了偿还现有债务的利息而背上沉重的负担，因此各邦都存在（财政赤字）预算危机。随后，财政委员会要求各邦在获得中央财政援助时，需要强制遵守一套新自由主义式政策。而莫迪政府上台之后，随着新的商品和服务税政策实行，对于在地方邦内生产的商品，邦已经无权决定它的税率，因此地方权力进一步被中央压缩。此外，中央政府与外国签订贸易协定也不会充分参考地方的意见，地方邦的一些产品由于没有价格优势而被挤出了市场。2016 年的废钞令则对地方的就业形势和企业都有破坏性的影响，同样废钞令的颁布也没有咨询地方的意见。[①] 由此可见，尽管地方邦的权力整体上在 20 世纪 90 年代以后获得了提升，但在财政问题上，中央依然拥有很大的控制权。在这样的背景下，地方政府的执政就更加依赖中央的财政支持了。

（三）　印度中央对地方的财政转移支付有很大程度上的政治考量

一般而言，基于各邦经济发展水平以及人口规模的差异，中央对地

① Prabhat Patnaik, "Trends of Centre - State Relations in India under the Neo - Liberal Regime," *Studies in People's History*, Vol. 5, No. 1, 2018, pp. 83 - 91.

方的财政转移支付主要目的是平衡各地区的发展。一些定量研究结果发现，无论采取什么样的计算模型和标准，从印度中央获得的人均资源转移与各邦的人均财政收入、税收以及非税收收入都存在显著的负相关关系。[①] 这说明印度倾向于为财政状况较好的邦少分配资源，而为财政状况较差的邦多分配资源。然而，这只是高度简化的总体情况分析。影响印度中央财政拨款的因素并不仅仅只是地区差异。

另一些定量研究的结果表明，影响印度中央政府对地方转移支付力度的因素除了地方的经济发展水平和人口总量等之外，地方的执政党在人民院的议席以及与执政联盟的关系同样也影响着中央对地方的转移支付力度。[②] 很多研究指出，印度中央通过各种渠道对地方的财政转移支付并不只是以经济原则为指导，政治和游说方面的因素也在发挥着作用。[③] 一项研究证实，印度中央政府在对地方进行财政资源分配时会充分考虑党派、选举等因素。该研究通过分析 1974—1997 年的财政分配和选举数据后指出，印度中央政府偏向机会主义，并且基于自身的政治考虑来运用自己在财政再分配方面的自由裁量权。如果地方邦的执政党与中央执政党同属一个政党联盟或者地方邦是“摇摆”邦，即执政联盟有可能在该邦获胜，那么这些邦会比那些与中央执政党不是同一政党联盟的邦以及“非摇摆”邦获得的中央财政分配多出 16% 。[④] 同时，各邦在中央内阁中的代表性也会显著地影响中央对该邦

---

① Prasant Kumar Panda, “Central Fiscal Transfers and States’ Own – Revenue Efforts in India: Panel Data Models,” *The Journal of Applied Economic Research*, Vol. 3, No. 3, 2009, pp. 223 – 242.

② M. Govinda Rao and Nirvikar Singh, “The Political Economy of Center – State Fiscal Transfers in India,” Working Paper No. 107, Center for International Development, Stanford University, 2001.

③ K. Sham Bhat and V. Nirmala, “Political Economy of Tax Revenue Determination in Indian States,” *Indian Journal of Economics*, Vol. 73, No. 290, 1993, pp. 383 – 396; M. Govinda Rao and Nirvikar Singh, “The Political Economy of Center – State Fiscal Transfers in India,” Working Paper No. 107, Center for International Development, Stanford University, 2001; R. Biswas and S. Marjit, “Political Lobbying and Discretionary Finance in India: An Aspect of Regional Political Influence in a Representative Democracy,” Centre for Studies in Social Sciences, Kolkata, 2000.

④ Wiji Arulampalam, Sugato Dasgupta, Amrita Dhillon and Bhaskar Dutta, “Electoral Goals and Center – State Transfers: A Theoretical Model and Empirical Evidence from India,” *Journal of Development Economics*, Vol. 88, No. 1, 2009, p. 103.

的财政分配。[①] 同样，一些研究将地方邦在中央内阁中的代表性以及地方执政党与中央执政党是否同属一个政党或一个政党联盟视为地方邦在中央的游说能力，该研究发现，地方的游说能力越强，能够获得的中央财政支持就越多。[②]

第二节　泰卢固之乡党的政党联盟与选举和执政

一、泰卢固之乡党的政党联盟关系

泰卢固之乡党是印度比较有影响力的几个地区性政党之一，它与国家政党的联盟关系主要呈现三个特点。首先，泰卢固之乡党的政党联盟策略比较灵活，在不同时期与不同阵营的政党都构建过相应的联盟关系。其次，泰卢固之乡党构建政党联盟，主要是一种以选举为目的的实用主义策略，这种策略在选举后执政期间则为泰卢固之乡党与其盟友的关系造成了障碍。最后，泰卢固之乡党的联盟策略让其在印度国家政治中能够发挥相当的作用。泰卢固之乡党在印度悬浮议会时期具有比较重要的影响力，但随着悬浮议会时代的结束，泰卢固之乡党的影响力逐渐下降。

（一）　泰卢固之乡党灵活的政党联盟策略

从建党至今，泰卢固之乡党和印度共产党（马克思主义）、印度共产党、印人党、国大党都有过合作。泰卢固之乡党在不同的时期，都是基于政治上的实际考虑构建与其他政党的联盟关系，而不是基于政治意识形态或政策理念的相似度。1989 年，泰卢固之乡党成为了“国民阵线”的一部分，这是泰卢固之乡党在中央施展影响力的第一次尝试。在 1991 年、1996 年、1998 年的国家大选以及 1994 年的邦议会选举中，泰卢固之乡党与印度共产党（马克思主义）以及印度共产党进行了席位上的协调，以便共同反对国大党。1999 年的大选中，泰卢固之乡党放

---

① Prasant Kumar Panda, “Central Fiscal Transfers and States’ Own - Revenue Efforts in India: Panel Data Models,” *The Journal of Applied Economic Research*, Vol. 3, No. 3, 2009, pp. 223 - 242.

② Rongili Biswas, Sugata Marjit and Velayoudom Marimoutou, “Fiscal Federalism, State Lobbying and Discretionary Finance: Evidence from India,” *Economics and Politics*, Vol. 22, No. 1, 2010, pp. 68 - 91.

弃了与左翼政党松散的联盟关系，转而与印人党组成选举联盟。在中央，泰卢固之乡党支持印人党领导的政党联盟，作为交换，泰卢固之乡党在地方的执政会得到印人党中央政府的各种政策倾斜。1999年的选举中，泰卢固之乡党赢得了安得拉邦人民院多数议席，因此可以在中央有力地支持印人党领导的全国民主联盟政府。① 输掉了2004年和2009年的邦议会选举之后，2014年泰卢固之乡党再与印人党结成选举联盟，赢得了邦议会选举。2019年，泰卢固之乡党与印人党的关系在选举之前破裂，泰卢固之乡党又开始寻求与国大党建立合作关系。但是，至今泰卢固之乡党和国大党依然无法形成实质性的选举联盟，双方只是在立场上表示理解与合作。

建党初期，泰卢固之乡党主要与左翼政党联盟，共同在安得拉邦的政治中反对国大党。泰卢固之乡党与左翼政党关系的终结，主要原因在于泰卢固之乡党期望通过当时在中央执政的印人党扩展在国家政治中的影响力并分享中央权力，但是泰卢固之乡党和印人党的联盟与其和左翼政党的关系是不能兼容的。泰卢固之乡党认为与全国民主联盟的合作可以使其获得中央政府对安得拉邦更多财政和发展项目上的支持。随着泰卢固之乡党与印人党结盟，不满印人党执政的左翼政党转向支持国大党，因此泰卢固之乡党也与国大党领导的团结进步联盟中的各种左翼政党产生了激烈的冲突。同时，泰卢固之乡党在经济改革上的政策和立场也使得其很难再与左翼政党开展合作。②

泰卢固之乡党与印人党的联盟关系总体上是互惠互利的。1999年选举时，即使泰卢固之乡党不愿意加入印人党在中央领导的全国民主联盟，但是印人党还是选择与泰卢固之乡党联盟。此时的泰卢固之乡党握有29个人民院议席，也因此成为了印人党在联邦层面执政的重要盟友。在瓦杰帕伊领导的全国民主联盟政府，泰卢固之乡党能够获得至少4个部长职位或重要中央部委中的关键职位。作为泰卢固之乡党在人民院支

---

① Eswaran Sridharan, "Coalitions and Party Strategies in India's Parliamentary Federation," *The Journal of Federalism*, Vol. 33, No. 4, 2003, p. 146.

② Ritu Khosla, "Lok Sabha Elections in (Un) Divided Andhra Pradesh: Issues and Implications in Telangana and Seemandhra," in Mujibur Rehman ed., *Rise of Saffron Power: Reflections on Indian Politics*, Abingdon: Routledge, 2018, p. 349.

持全国民主联盟信任案动议的条件之一，泰卢固之乡党的重要成员巴拉约吉还被任命为人民院议长。[①]

与泰卢固之乡党的联盟关系也使印人党在安得拉邦的地方政治中有所收益。印人党与泰卢固之乡党的合作使得印人党将其影响力扩展到了海德拉巴之外，并延伸到了邻近的几个特伦甘纳地区的区县。虽然印人党在滨海安得拉和特伦甘纳地区的一些地方有一定的影响力，但是在安得拉邦印人党还没有强大到足够挑战地区性政党的领导地位。[②] 1999年，在人民院选举中，泰卢固之乡党和印人党以联盟的形式获得了安得拉邦42个人民院议席中的36个。印人党前所未有地获得了安得拉邦人民院议席中的7个，而之前的两次人民院选举中，印人党从未获得过安得拉邦人民院议席。[③]

然而，与盟友印人党在中央的失败同步，泰卢固之乡党也输掉了2004年和2009年的邦议会选举。2014年，时隔十年之后，泰卢固之乡党再次与印人党结成选举前政党联盟。然而，两党达成协议的过程却很不容易，主要分歧点在于席位分配上。泰卢固之乡党并不愿意与印人党分享太多在邦议会的议席，然而印人党却要求泰卢固之乡党让出294个邦议会选区议席中的100个。泰卢固之乡党认为印人党的要求与其在安得拉邦实际的政治实力并不相符。最终，经过近一个月的谈判，双方相互妥协之后，同意印人党竞选安得拉邦42个人民院议席中的14个以及294个邦议会议席中的65个。[④] 在这样的条件下，泰卢固之乡党与印人党再次组成了选前联盟，并获得了2014年邦议会选举的胜利。

---

① Ritu Khosla, "Lok Sabha Elections in (Un) Divided Andhra Pradesh: Issues and Implications in Telangana and Seemandhra," in Mujibur Rehman ed., *Rise of Saffron Power: Reflections on Indian Politics*, Abingdon: Routledge, 2018, p. 349.

② Ritu Khosla, "Lok Sabha Elections in (Un) Divided Andhra Pradesh: Issues and Implications in Telangana and Seemandhra," in Mujibur Rehman ed., *Rise of Saffron Power: Reflections on Indian Politics*, Abingdon: Routledge, 2018, p. 350.

③ Prasad Nichenametla, "TDP Back in NDA, Ties up with BJP for Andhra Polls," *Hindustan Times*, https://www.hindustantimes.com/india/tdp-back-in-nda-ties-up-with-bjp-for-andhra-polls/story-QpiQQCTLhk1H8bfcOlrY4I.html.

④ Kumar Uttam, "BJP-TDP Alliance Did Not Come Easy," *Hindustan Times*, https://www.hindustantimes.com/india/bjp-tdp-alliance-did-not-come-easy/story-iy6IOKsNgH1x6BN9KXiOQI.html.

2018 年 3 月，泰卢固之乡党与印人党领导的全国民主联盟关系恶化。为了抗议印人党领导的中央政府在安得拉邦分邦问题上的不公正，奈杜领导的泰卢固之乡党退出了全国民主联盟。2019 年，泰卢固之乡党与印人党的关系继续恶化。2019 年 2 月，莫迪到访安得拉邦。由于两党关系急剧恶化，莫迪到访时没有任何一名安得拉邦政府的部长级官员到杰亚瓦达机场[①]迎接。在安得拉邦贡都尔县的一场集会上，莫迪公开讽刺奈杜，称“奈杜确实十分资深，只不过是在输掉选举、更换政党盟友以及背叛自己的岳父罗摩·拉奥方面”。[②]

与印人党决裂之后的泰卢固之乡党很快就与国大党展开了合作，然而与国大党的合作在实践上并不顺利。奈杜期望的是与国大党以及其他地区性政党一道组建一个“反莫迪政府阵线”。然而，在奈杜和拉胡尔·甘地见面之后，发现两党之间的合作并不容易。最终，泰卢固之乡党和国大党决定不在安得拉邦以及特伦甘纳邦的选举中进行实质性的合作。两党只是在理念上互相支持，而在选举中不相互协调和分配席位。[③]

2019 年之后，泰卢固之乡党与印人党决裂之后要面对两个政治现实：其一，印人党在国家政治中的超强地位；其二，国大党在地方和中央的全面衰落。印人党不再是 1998 年时的中央执政党，它不再需要泰卢固之乡党作为关键盟友支持其在中央的执政。同时，国大党也无法再给予泰卢固之乡党地方以及中央层面的政治支持。2014 年之后，国大党在国家层面的政治中已经十分衰弱；在邦政治层面，由于 YSR 大会党从国大党中分裂出去，而且国大党受到分邦等各类议题的负面影响，在邦政治层面也十分衰弱。因此，泰卢固之乡党面临的政党联盟形势十分严峻，也许重新对印人党妥协，回到印人党的执政联盟才是其唯一出

---

① 杰亚瓦达国际机场为安得拉邦首府的国际机场。

② “‘You Are Senior in Stabbing Your Own Father – in – Law in Back’: PM Modi Turns Chandrababu Naidu’s Jibe on its Head,” *DNA*, https: //www. dnaindia. com/india/photo – gallery – you – are – senior – in – stabbing – your – own – father – in – law – in – back – pm – modi – turns – chandrababu – naidu – s – jibe – on – its – head – 2718310.

③ Rahul Devulapalli, “Congress – TDP Split: Too Late to Reverse the Effect?” *The Week*, January 24, 2019, https: //www. theweek. in/news/india/2019/01/24/congress – tdp – split – too – late – to – reverse – the – effect. html.

路，因此在2020年7月，再次传出泰卢固之乡党正在重新接近印人党的消息。从务实的角度看，泰卢固之乡党有望在2024年的国家大选和邦议会选举时再次与印人党结成联盟。①

（二）泰卢固之乡党盟友关系中的冲突与障碍

泰卢固之乡党与印人党最初的结盟始于两党在选举政治上的相互需要。从泰卢固之乡党的角度而言，它需要与其合作进入国家政治舞台，而印人党则需要泰卢固之乡党来支持自己的联合政府。然而，除了选举，泰卢固之乡党和印人党在一些实际政策问题上的冲突也是明显的，两党的盟友关系并不顺利。

1999年泰卢固之乡党与印人党取得选举胜利之后，泰卢固之乡党逐渐发现印人党中央政府的一些政策会给自己在地方的执政带来负面影响，因此泰卢固之乡党需要与印人党拉开距离才能淡化这些负面影响，结果就是两党的联盟关系也随之弱化了。由于印人党政府的一些具有印度教民族主义倾向的政策在公众中制造了不安的情绪，因此奈杜决定与印人党保持一定的距离。奈杜直接批评瓦杰帕伊政府应当为物价上涨负责，② 还认为与印人党的联盟关系会损害泰卢固之乡党在邦政治中的利益，因此他拒绝与印人党在安得拉邦的议会选举中进行任何形式的联盟或者席位调整。随后，印人党在很多邦都出现了选举失利。泰卢固之乡党还考虑到，如果和印人党过于紧密，可能会失去穆斯林群体的选票，而这些选票对于泰卢固之乡党在几个人民院选区和邦议会选区的席位都至关重要。③

2004年，国大党再次赢得了安得拉邦议会选举的胜利，在选举失利之后泰卢固之乡党很快结束了与印人党的联盟关系。在此次邦议会选举中，泰卢固之乡党与国大党的得票率只差5%。奈杜在泰卢固之乡党

---

① Yunus Y. Lasania, "TDP is Likely to Rekindle Alliance with BJP in Andhra Pradesh," *The Siasat Daily*, July 21, 2020, https://www.siasat.com/tdp-is-likely-to-rekindle-alliance-with-bjp-in-andhra-pradesh-1927065/.

② S. Nagesh Kumar, "Second Thoughts in Andhra Pradesh," *Frontline*, Vol. 15, No. 26, 1999.

③ Ritu Khosla, "Lok Sabha Elections in (Un) Divided Andhra Pradesh: Issues and Implications in Telangana and Seemandhra," in Mujibur Rehman ed., *Rise of Saffron Power: Reflections on Indian Politics*, Abingdon: Routledge, 2018, pp. 349-350.

的官方网站上分析泰卢固之乡党败选的原因就包括与印人党的联盟关系。其他原因还包括反奈杜执政的势力影响、纳萨尔派的反对、国大党对选民承诺的物质利益赠予、以特伦甘纳为名的各种反泰卢固之乡党势力等。结束了与印人党的联盟关系之后，泰卢固之乡党采取了民粹主义的政策，包括对农民承诺提供免费的电力，实施“英迪拉玛住房计划”为无家可归者提供住房等。[①]

2014年，泰卢固之乡党与印人党再次结盟，并且取得了邦议会选举胜利。与之前十分相似的是，选举结束后两党矛盾又逐渐暴露出来，并且在2018年全面恶化。泰卢固之乡党于2018年退出了印人党领导的执政联盟。然而，泰卢固之乡党退出执政联盟的行为很快为其带来了严重的负面影响。在2019年4月的人民院选举中，泰卢固之乡党只赢得了安得拉邦25个人民院议席中的3个，而在2014年泰卢固之乡党还有15个议席。[②] 在同期举行的邦议会选举中，泰卢固之乡党同样遭遇了惨败，获得的邦议会议席从117个减少至23个，得票率从2014年时的39.8%降至13.14%。[③] 同样，与泰卢固之乡党的联盟关系恶化之后，印人党在安得拉邦也承受了相应的损失。印人党在2019年安得拉邦的人民院选举中没有赢得任何一个席位，得票率只有0.98%，而其在2014年大选时还能获得3个安得拉邦的人民院议席，得票率为8.5%。[④] 但是，相对而言，泰卢固之乡党的损失要大于印人党，因为1980—2019年，印人党在安得拉邦所能获得的人民院席位十分有限，大多数

---

① Prasad Nichenametla, “TDP Back in NDA, Ties up with BJP for Andhra Polls,” *Hindustan Times*, https://www.hindustantimes.com/india/tdp-back-in-nda-ties-up-with-bjp-for-andhra-polls/story-QpiQQCTLhk1H8bfcOlrY4I.html.

② “Election Results - Full Statistical Reports: Statistical Reports of General Elections to Lok Sabha,” Election Commission of India, 1951-2019, https://eci.gov.in/statistical-report/statistical-reports/.

③ “Election Results - Full Statistical Reports: Statistical Reports of General Elections to State Legislative Assembly (Vidhansabha),” Election Commission of India 1951-2019, https://eci.gov.in/statistical-report/statistical-reports/.

④ “Election Results - Full Statistical Reports: Statistical Reports of General Elections to Lok Sabha,” Election Commission of India, 1951-2019, https://eci.gov.in/statistical-report/statistical-reports/.

时候都毫无收获。[1] 安得拉邦的人民院议席对于印人党自身来说并不重要，对于印人党来说更重要的是赢得安得拉邦人民院多数议席的某个地区性政党是否能够成为印人党在中央执政的盟友。显然，当泰卢固之乡党同时输掉人民院和邦议会选举时，它对印人党的盟友价值就不明显了。

（三） 泰卢固之乡党的政党联盟与国家层面的政党政治

在整个20世纪90年代，泰卢固之乡党手中握有的人民院席位一直呈现上升趋势，这也为泰卢固之乡党在国家政治中赢得了相应的话语权。1991年人民院选举时，泰卢固之乡党虽然不是安得拉邦的执政党，但是却获得了13个人民院议席，从1991年至2004年下台时，泰卢固之乡党一般都能握有12个以上的人民院议席，1999年时则获得了29个人民院议席。相对的，在2004年和2009年输掉邦议会选举的情况下，泰卢固之乡党也能分别保有5个和6个人民院议席。[2] 除此之外，还有数位泰卢固之乡党籍的内阁官员和中央政府官员。在很多国家政治议题上，泰卢固之乡党都有自己的影响力和话语权。

泰卢固之乡党对国家政治的影响力在20世纪90年代末达到了顶峰。对于此时在中央执政的印人党来说，泰卢固之乡党是最关键的政党盟友。1994年的邦议会选举后，泰卢固之乡党成为了十分强大的地区性政党。1994年，泰卢固之乡党赢得邦议会选举胜利，其中一个原因在于泰卢固之乡党对选民承诺了大米补贴。[3] 随后，安得拉邦的政治出现了两极化的趋势，在1998年大选时，印人党的策略是简单拼凑出一个由其领导的政党联盟。在这一时期，印人党在国家层面最大的两个竞争对手是国大党和新人民党。因此，印人党通过与那些从国大党和新人民党中分裂出来的小党在选举之前结盟，以此削弱国大党和新人民党的

---

① 1980—2019年的10次大选中，印人党在安得拉邦只有在1999年、1998年、2014年时分别获得过7个、4个和3个议席，1984年和1991年都只获得1个议席，而其余5次大选都没有赢得议席。

② "Election Results – Full Statistical Reports: Statistical Reports of General Elections to Lok Sabha," Election Commission of India, 1951 – 2019, https: //eci. gov. in/statistical – report/statistical – reports.

③ Ritu Khosla, "Lok Sabha Elections in (Un) Divided Andhra Pradesh: Issues and Implications in Telangana and Seemandhra," in Mujibur Rehman ed., *Rise of Saffron Power: Reflections on Indian Politics*, Abingdon: Routledge, 2018, p. 349.

竞争力。印人党也与很多地区性政党进行了交易。在当年的大选中，虽然印人党的得票率落后国大党一个百分点，为 25%，但印人党获得了人民院 543 个议席中的 182 个，成为了人民院中的最大政党。此外，印人党为了避免自己的印度教民族主义特性会使潜在的合作政党产生顾虑，还弱化了其执政时国家治理议程中的印度教民族主义倾向。最终，在选举之后，印人党又吸引了另一个盟友和两个外部政党的支持，其中之一就是当时日趋壮大的泰卢固之乡党。①

这一时期，泰卢固之乡党成为了对印人党执政十分关键的支持者。与泰卢固之乡党的关系关乎印人党能否在中央稳定执政。1998 年，印人党主导的联合政府由于地区性政党全印度安那达罗毗荼进步联盟的退出而解散，因此在 1999 年举行了新的选举，这是四年来的第三次国家大选。在这次大选中，印人党对一些合作政党进行了调整，以便维持一个与上次大选时相似的政党联盟。由印人党主导的政党联盟——全国民主联盟正式形成。此次大选中，印人党的得票率为 24%，仍然少于国大党的 28%；但是，印人党赢得了人民院 182 个议席，而国大党则只获得了 114 个议席。全国民主联盟的成员跨越了全国，并且在印度历史上第一次形成了一个稳定的政党联盟。全国民主联盟组建的联合政府之所以稳定，是因为这是一个具有盈余的政党联盟，且加入全国民主联盟的政党数量远远多于维持人民院多数议席所需的数量。然而即便如此，鉴于当时泰卢固之乡党手中握有的人民院议席数，如果泰卢固之乡党退出联盟，全国民主联盟就会失去执政地位。② 因此，泰卢固之乡党也成为了在中央具有显著影响力的地区性政党。

二、泰卢固之乡党的政党联盟关系与中央对泰卢固之乡党执政的影响

在本书第二章中，已经详述了“圣雄甘地全国农村就业保障计

---

① Eswaran Sridharan, “Coalitions and Party Strategies in India's Parliamentary Federation,” *The Journal of Federalism*, Vol. 33, No. 4, 2003, p. 140.

② Eswaran Sridharan, “Coalitions and Party Strategies in India's Parliamentary Federation,” *The Journal of Federalism*, Vol. 33, No. 4, 2003, p. 141.

划”、粮食补助计划等福利机制对泰卢固之乡党和国大党在安得拉邦取得选举胜利以及维持执政的重要性。而这些福利计划的资金大多来源于中央资助计划。由于中央资助计划属于印度中央政府各部委直接控制分配的财政项目，且不需要像财政委员会和计划委员会控制的项目一样按照特定的分配模式进行分配，因此中央政府在分配时具有较强的自主性。但是，中央资助计划往往与各邦的社会保障和福利计划直接相关。同时，该计划的拨款会直接影响地方执政的政党对选民的资源分配。因此，中央资助计划在分配时就有很强的政治性。此外，地区性政党在与国家政党结盟时，除了选举因素之外，最为重要的考虑是希望国家政党能够在财政方面支持地方的执政。

在国大党执政安得拉邦期间，同为国大党的中央政府对安得拉邦的财政拨款和中央资助计划拨款都比较集中在 2009 年的选举前后，而在泰卢固之乡党执政时期，印人党执政的中央政府对安得拉邦的拨款则比较平均。然而，事实上在泰卢固之乡党执政期间，印人党领导的中央政府对安得拉邦的财政支持要远远高于国大党中央政府对国大党领导的安得拉邦的支持。在泰卢固之乡党执政安得拉邦期间，每年获得的中央财政拨款总体比国大党执政期间要多 69%，而每年获得的中央资助计划拨款要多 205%。原因在于，在国大党执政期间，中央政府同为国大党，因此国大党中央不需要担心由同一政党执政的安得拉邦政府会干扰中央的执政。在这一时期，国大党担心的是在邦议会选举和人民院选举中失去安得拉邦，因此在 2009 年大选年时集中倾注资源，以使使国大党在安得拉邦取得胜利。而泰卢固之乡党与印人党政府则是政党联盟的关系，在 2004 年以前，泰卢固之乡党作为印人党执政联盟中的关键一员，对印人党在中央的执政稳定有举足轻重的作用。因此，泰卢固之乡党在获取中央财政支持时有了更多的议价能力。因此，中央需要对安得拉邦维持一定程度的财政拨款。2014 年大选之后，随着印人党在国家大选中获得压倒性的胜利，印人党已经不再需要泰卢固之乡党作为其盟友维持执政地位，泰卢固之乡党也逐渐显现出反印人党的姿态，因此 2014 年以后的印人党中央政府显著地减少了对泰卢固之乡党邦政府的财政支持。

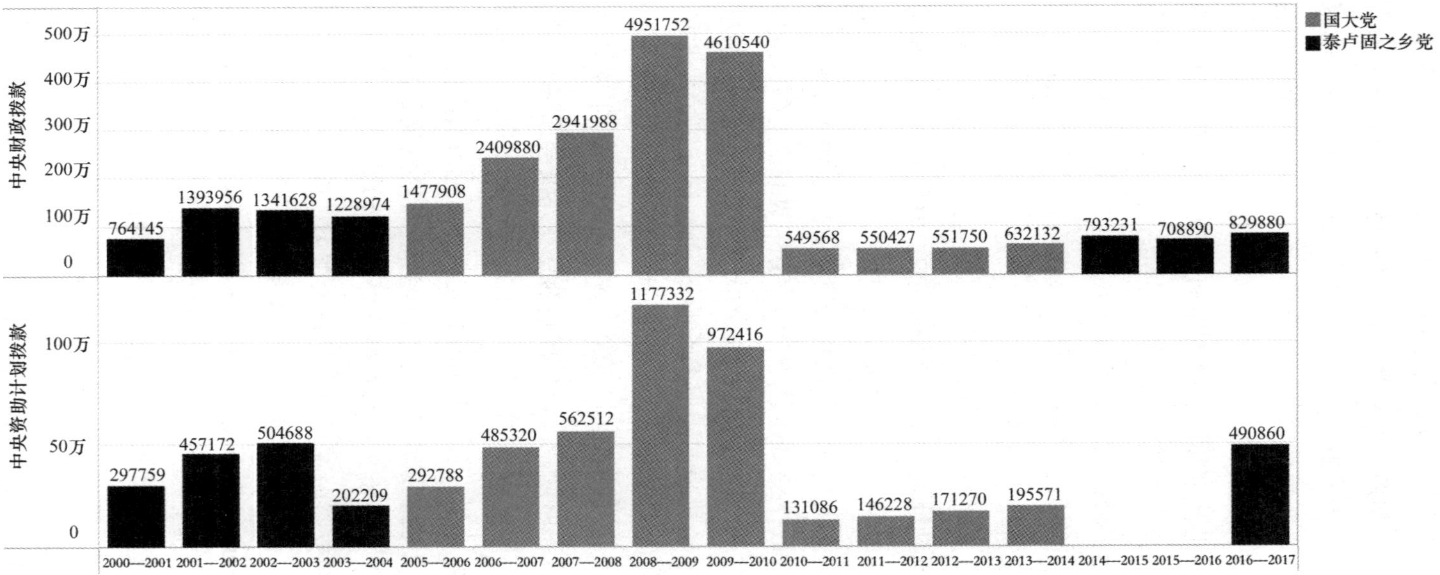

图3-1　中央对安得拉邦的财政拨款与中央资助计划拨款

数据来源：https://www. rbi. org. in/Scripts/AnnualPublications. aspx?head=State%20Finances%20:%20A%20Study%20of%20Budgets。

表 3 –4　国大党与泰卢固之乡党执政安得拉邦时期中央对安得拉邦的财政支持力度比较（单位：十万卢比）

	年均中央财政拨款	年均中央资助计划拨款
国大党执政时期（2005—2014 年）	281818.25	80418.74
泰卢固之乡党执政时期（1999—2004 年 & 2014—2019 年）	476226.86	245330.04
变化百分比	+69%	+205%

数据来源：https：//www. rbi. org. in/Scripts/AnnualPublications. aspx？ head = State% 20Finances% 20：% 20A% 20Study% 20of% 20Budgets。

2014 年之后，泰卢固之乡党与印人党的分裂本质上是因为财政问题，其中比较具有代表性的是关于“特殊类别地位”的争执。印度中央政府对一些经济社会发展状况比较落后或自身存在发展困难的邦赋予“特殊类别地位”。拥有这一地位的邦，其在中央资助计划和外来援助项目上所有开支的 90% 将由中央政府承担，其余 10% 以中央给予该邦无息贷款的形式拨付，此外，还能在中央拨款、税收减免、中央预算倾斜、债务减免、投资等方面享有优势地位。“特殊类别地位”由印度计划委员会推荐，国家发展委员会批准给予。计划委员会规定符合下列五个特征之一的邦可以被授予“特殊类别地位”：山区和地形复杂的地区；人口密度较低或部落人口占比较大的地区；处于边境战略位置的地区；经济和基础设施落后的地区；邦自身的财政状况难以为继的地区。

2014 年，特伦甘纳地区独立建邦时，由于原来的安得拉邦首府与经济重镇海德拉巴将随特伦甘纳地区一道离开安得拉邦，这意味着安得拉邦的财政收入将大幅减少。因此，基于分邦后造成的财政问题，安得拉邦向中央要求获得“特殊类别地位”。此时，国大党领导的中央政府同意了安得拉邦的要求。辛格总理在联邦院讲话时对安得拉邦获得“特殊类别地位”的要求做了口头承诺。但是，印人党上台后认为它所任命的第 14 届财政委员会在规划中央对地方的税收转移和拨款时，已经综合考虑了各邦的发展差异，对落后的邦进行了财政倾斜，因此没有必要再区分普通地位和“特殊类别地位”。除此之外，中央还会给予特定的邦财政赤字补贴，安得拉邦就是其中之一。[①] 然而，泰卢固之乡党执政的安得拉邦政府显然与印人党有不同的看法，他们认为中央在安得拉邦分邦问题上已经十分不公，之后还不愿兑现对安得拉邦的承诺。“特殊类别地位”问题也成为了泰卢固之乡党和印人党的重要分歧点。2018 年，导致泰卢固之乡党与印人党的结盟关系破裂最重要的原因就是两党在“特殊类别地位”问题上的分歧。泰卢固之乡党在 2014 年与印人党结成选前联盟的一个重要原因就在于，它期望握有中央权力的印人党能够在安得拉邦分邦之后对安得拉邦有相应的倾斜和支持。然而，在选举之后印人党却拒绝为安得拉邦提供更多的财政支持。[②]

第三节　比朱人民党的政党联盟与选举和执政

一、比朱人民党的政党联盟关系

比朱人民党在发展过程中，主要是与印人党发展过稳定的联盟关系。但是，比朱人民党与印人党的联盟在 2009 年邦议会选举和人民院选举之前就结束了。因此，比朱人民党的政党联盟关系可分为两个阶段，即 2000—2009 年的稳定联盟时期，以及 2009 年至今比朱人民党以自身利益为基础进行的灵活联盟时期。

比朱人民党在处理政党联盟关系方面有三个特点。其一，比朱人民党的联盟关系主要基于选举合作，而与同阵营政党的政策分歧始终存在。其二，比朱人民党的政党联盟有很大的灵活性，即使中央执政党与比朱人民党不属于同一执政联盟，比朱人民党依然能够灵活处理与中央执政党的关系。同时，比朱人民党组建政党联盟也十分灵活，意识形态和政策分歧并不是比朱人民党建立政党联盟的障碍。其三，比朱人民党

① “What is Special Category Status and Why Andhra Pradesh Wants it,” *Times of India*, March 16, 2018, https://timesofindia.indiatimes.com/india/what-is-special-category-status-and-why-andhra-pradesh-wants-it/articleshow/63328026.cms.

② K. Venkateshwarlu, “News Analysis: How the TDP-BJP Marriage of Convenience Broke,” *The Hindu*, March 8, 2018, https://www.thehindu.com/news/national/andhra-pradesh/news-analysis-how-the-tdp-bjp-marriage-of-convenience-broke/article22982324.ece.

在意识形态上趋于世俗化、中立化，能够与政党盟友的意识形态保持距离，避免选举上的负面影响。

（一）　比朱人民党以选举为核心的联盟关系

比朱人民党在奥里萨邦执政初期，与印人党形成了在奥里萨邦执政的政党联盟。这是由于比朱人民党的影响力主要集中在沿海地区，在内陆和部落地区印人党在选举上有不成比例的影响力，为了应对国大党的挑战，比朱人民党需要在邦政治中与印人党联合。同时，比朱人民党也希望在印人党领导的中央政府中分享一些权力。① 比朱人民党成立之后，奥里萨邦国大党领导人比朱·帕特奈克以及新人民党都对比朱人民党和印人党联盟的出现十分忧虑。而纳文·帕特奈克则期望比朱人民党能够整合并聚集奥里萨邦所有非国大党的选票，因此与印人党进行合作。②

比朱人民党与印人党的联盟关系对于印人党来说也是重要的。在与比朱人民党结成联盟之前，印人党从未赢得过奥里萨邦的人民院议席。在 1998 年的国家大选中，印人党与比朱人民党在选举前结成联盟。奥里萨邦一共有 21 个人民院议席，通过合作分配，比朱人民党竞选其中的 12 个，印人党竞选另外 9 个。最终，在此次大选中，比朱人民党赢得了 9 个议席，而印人党赢得了 7 个。印人党在奥里萨邦的得票率也从 1996 年大选时的 13.4% 跃升至 21.2%。而对于比朱人民党来说，印人党在奥里萨邦的选举中具有桥接选票的作用，同时作为国家政党的印人党还是潜在的中央政府执政党。③

2000 年的奥里萨邦议会选举，比朱人民党与印人党的联盟被证明是非常成功的，比朱人民党获得了 68 个议席，而印人党获得了 38 个议席。而纳文·帕特奈克作为多数党领袖，也成为了比朱人民党—印人党联盟的领袖。同时，由于印人党只赢得了其竞选的 61 个议席中的 38 个，因此在邦政治中的议价能力便相对较弱，其原本想要获得奥里萨邦

① Eswaran Sridharan, "Coalitions and Party Strategies in India's Parliamentary Federation," *The Journal of Federalism*, Vol. 33, No. 4, 2003, p. 148.

② Dasarathi Bhuyan, *Orissa Politics from 1936 to Contemporary Politics*, Delhi: Manglam Publications, 2010, pp. 139 – 140.

③ Eswaran Sridharan, "Coalition Strategies and the BJP's Expansion, 1989 – 2004," *Commonwealth & Comparative Politics*, Vol. 43, No. 2, 2005, pp. 206 – 209.

副首席部长的职位，但被比朱人民党拒绝了。[①]

总体而言，比朱人民党与印人党的合作从来都不是一帆风顺的。两党虽然在选举上可以展开合作，但选举结束之后两党在权力分配、意识形态等问题上的分歧点很快就突显出来。比朱人民党与印人党的合作关系事实上十分坎坷，甚至数次濒临破裂。

首先，两党的矛盾表现在权力分配方面。在比朱人民党获得政权后不久，比朱人民党的创始人之一迪尔普·雷与纳文·帕特奈克反目。迪尔普·雷曾是纳文·帕特奈克的父亲比朱·帕特奈克领导的奥里萨邦政府中的工业部长，如今成为了比朱人民党的反对者。2002 年 3 月的联邦院[②]选举中，迪尔普·雷不但获得了 14 名比朱人民党邦议员的支持，还获得了 8 名印人党邦议员、2 名国大党邦议员以及 1 名贾坎德解放阵线邦议员的支持。这一结果出乎纳文·帕特奈克的预料。随后，他到德里向总理瓦杰帕伊控诉，强烈批评奥里萨邦的印人党不但不阻止 8 名邦议员支持迪尔普·雷，而且还与其展开合作意图罢免自己。此刻，比朱人民党与印人党的关系达到了最紧张的时刻。实际上，奥里萨邦的印人党分支希望退出奥里萨邦的联合政府。早在 2002 年奥里萨邦印人党的会议中，印人党的邦议员就对纳文·帕特奈克领导的比朱人民党—印人党联合政府进行了强烈批评，认为比朱人民党独断专行，只听从一个小集团官员的建议。[③] 实际上，印人党不满的是其无法从比朱人民党领导的邦政府中分享到更多的权力和更多的职位。

迪尔普·雷在当选联邦院议员之后，宣称纳文·帕特奈克的父亲比朱·帕特奈克的追随者比朱·帕里瓦尔将号召邦议员罢免纳文首席部长的职位。对此，纳文·帕特奈克以腐败、违反纪律以及反党等罪名驱逐了数名比朱人民党党员。而相对的，这些邦议员们也将担任联邦水利部长的阿琼·塞提赶下了比朱人民党在国家议会中的领导位置，转而选择了帕拉桑纳·阿查亚。作为报复，纳文·帕特奈克将三名比朱人民党的

---

① Dasarathi Bhuyan, *Orissa Politics from 1936 to Contemporary Politics*, Delhi: Manglam Publications, 2010, p. 140.

② 印度国家议会的联邦院选举，成员由各个邦议会选举产生。

③ Dasarathi Bhuyan, *Orissa Politics from 1936 to Contemporary Politics*, Delhi: Manglam Publications, 2010, p. 140.

人民院议员开除党籍，但印人党籍的人民院议长马诺哈尔·乔希却拒绝支持纳文·帕特奈克的决定，不愿意宣布这三名议员成为独立议员。[①] 出于选举和政治上的考虑，纳文·帕特奈克最终还是与印人党达成了妥协，在邦政府中任命了更多印人党籍官员。[②] 最终，比朱人民党和印人党在第一任期内勉强维持了联盟关系，并以政党联盟的形式参加了2004年的邦议会选举。

在2004年的邦议会选举和国家大选中，国大党为首的各种反对力量对比朱人民党造成了严峻的挑战。它们在各个选区发起了激烈的攻势，一些被纳文·帕特奈克逐出党外的政客也拿到了国大党给予的候选人资格，其中就包括迪尔普·雷等人。此外，在同年举行的国家大选中印人党也失去了在中央的执政地位，国大党和其盟友在全国各地都表现不俗。面对各种压力，比朱人民党和印人党联盟依然表现良好，赢得了奥里萨邦的议会选举，维持了执政地位。两党还进行了一些席位上的交换和调整，以维持各自在人民院和邦议会中的席位占比。[③]

2004年大选之后，两党的关系再次趋于冷淡。两党在地方“潘查亚特”选举中也不愿意与对方协调议席。在第二任期内，比朱人民党与印人党也存在一些分歧。纳文·帕特奈克在第二任期内继续了第一任期时的清廉作风，坚持对自己政府内部涉嫌腐败和犯罪的官员进行罢黜。[④]

比朱人民党与印人党在一些涉及央地关系的问题上立场是有差异的。在这些问题上，奥里萨邦的印人党一般都会与印人党中央保持一致，反对比朱人民党的立场。例如，在将奥里萨邦纳入“特殊类别地位”以便将邦借贷转变为中央资助拨款的问题上，印人党持反对意见；在经济政策方面，比朱人民党极力反对国家铝业有限公司私有化，而印

---

① Dasarathi Bhuyan, *Orissa Politics from* 1936 *to Contemporary Politics*, Delhi: Manglam Publications, 2010, p. 196.

② Dasarathi Bhuyan, *Orissa Politics from 1936 to Contemporary Politics*, Delhi: Manglam Publications, 2010, p. 164.

③ Dasarathi Bhuyan, *Orissa Politics from 1936 to Contemporary Politics*, Delhi: Manglam Publications, 2010, p. 168.

④ Dasarathi Bhuyan, *Orissa Politics from* 1936 *to Contemporary Politics*, Delhi: Manglam Publications, 2010, pp. 181 – 182.

人党则持赞成意见。[①]

比朱人民党与印人党在具体政策问题上的分歧与差异十分常见。韩国浦项制铁在奥里萨邦的投资建厂问题也是比朱人民党与印人党之间的重要矛盾。印人党一直反对浦项制铁在奥里萨邦的投资。2005 年 6 月，印人党的邦议会领袖，同时也是邦工业部长比斯瓦布珊·哈里坎丹直接拒绝出席奥里萨邦与浦项制铁的合作备忘录签字仪式。印人党邦议员胡阿尔·奥拉姆也猛烈抨击与浦项制铁的协议。随后，哈里坎丹等印人党议员还到德里向印人党中央进行控诉，同时纳文·帕特奈克也到德里寻求印人党领导阿德瓦尼和瓦杰帕伊的调解。然而，印人党中央并没有打算让奥里萨邦的印人党议员们停止对该项目的批评，印人党对该项目的反对愈演愈烈。[②] 相似的例子还有塔塔钢铁集团投资的问题。塔塔钢铁集团在位于卡林伽纳噶尔[③]的投资项目由于涉及部落民的迁移，在 2006 年演变为激烈的冲突。这一事件严重损害了比朱人民党和印人党联合政府亲部落的形象。印人党对邦政府展开了激烈批评，同时数名印人党邦议员威胁退出执政联盟。[④]

在纳文·帕特奈克的第二任期内，印人党的反对和批评十分常见。很多批评都是针对比朱人民党在邦政治中的专断而展开。而实际上，比朱人民党与印人党矛盾的本质是政治权力争夺。比如 2008 年，由于两党都想提名自己的候选人参选联邦院议员而爆发的矛盾。[⑤] 总体而言，比朱人民党和印人党是一种勉强维持住的选举联盟关系，在日常的执政中分歧和冲突则是多见的。因此，当比朱人民党能够独立掌握奥里萨邦的政权之后，与印人党的联盟关系就很难维系了。

（二） 比朱人民党处理政党关系的灵活性

比朱人民党与中央执政党的关系是其灵活处理政党联盟问题的最佳

---

① Dasarathi Bhuyan, *Orissa Politics from 1936 to Contemporary Politics*, Delhi: Manglam Publications, 2010, p. 188.

② Dasarathi Bhuyan, *Orissa Politics from* 1936 *to Contemporary Politics*, Delhi: Manglam Publications, 2010, pp. 189 – 190.

③ 卡林伽纳噶尔位于奥里萨邦贾贾普尔县。

④ Dasarathi Bhuyan, *Orissa Politics from* 1936 *to Contemporary Politics*, Delhi: Manglam Publications, 2010, pp. 193 – 194.

⑤ Dasarathi Bhuyan, *Orissa Politics from* 1936 *to Contemporary Politics*, Delhi: Manglam Publications, 2010, pp. 195 – 196.

体现。2000—2009 年，比朱人民党与印人党具有正式的联盟关系，在邦政治层面国大党是比朱人民党最大的反对者。但是，2004 年国大党在中央执政之后，比朱人民党没有受限于与印人党的联盟，与国大党展开了一系列积极的合作，以此获得了中央政府的支持。

2004 年，瓦杰帕伊在大选中落败，印人党不再是中央执政党。同时，国大党领导的中央政府派了数位部长到访奥里萨邦并发表了支持纳文·帕特奈克的演说。国大党中央的这些举动与奥里萨邦国大党支部的态度实际上是相悖的。这样的形势下，无论是印人党还是奥里萨邦的国大党，都对中央政府部长的到访以及他们对纳文·帕特奈克的赞赏疑心重重。中央政府还给予了奥里萨邦一些福利和发展项目。然而，国大党并未能和比朱人民党结成政党联盟重组奥里萨邦政府。比朱人民党和国大党始终存在一些小矛盾，如辛格曾与比朱人民党人民院议员代表发生过争吵，比朱人民党和印人党的邦议员和成员也对总理进行过批评。但这些分歧都通过辛格与纳文·帕特奈克的直接沟通得到了化解。在财政资源方面，新政府的财政部长和计划委员会主席一分不少地批准了奥里萨邦提出的年度拨款额度。[①] 总而言之，国大党领导的中央政府并没有站到比朱人民党领导的奥里萨邦政府的对立面，也没有让奥里萨邦失望。

而比朱人民党的政党合作对象并不仅限于国大党和印人党。比朱人民党甚至能与主张将奥里萨分邦的贾坎德解放阵线展开选举合作，也能与各种意识形态和政治立场迥异的政党建立选举伙伴关系。在 2009 年选举之前，比朱人民党看到了印人党的颓势。由此，纳文·帕特奈克宣布终结与印人党的合作之后，转而寻求与贾坎德解放阵线、民族主义国大党以及左翼政党合作。由于这些政党与比朱人民党在意识形态和执政理念上南辕北辙，因此比朱人民党与这些政党的合作仅限于选举时的议席分享。[②]

此外，由于中央执政党在资源分配方面拥有绝对的优势，比朱人民

① Dasarathi Bhuyan, *Orissa Politics from 1936 to Contemporary Politics*, Delhi: Manglam Publications, 2010, p. 192.

② Dasarathi Bhuyan, *Orissa Politics from 1936 to Contemporary Politics*, Delhi: Manglam Publications, 2010, pp. 204 – 208.

党在地方执政无法缺少中央的支持。其在 2008 年与印人党分道扬镳，却在 2014 年之后又开始接近印人党。最为明显的是 2019 年后，当印人党以绝对优势稳固了在中央的执政之后，比朱人民党也逐步修复了与印人党的关系。

（三） 比朱人民党在意识形态上的中立与界限

比朱人民党虽然是印人党的政党盟友，但是其明显不是一个具有印度教民族主义色彩的政党。事实上比朱人民党的意识形态比较世俗化，在宗教和族群问题上，不受特定意识形态的限制，一般从政治实用主义的角度看待问题。最明显的两个案例就是 2002 年邦议会遭极端分子袭击和 2008 年坎达马县的族群冲突发生后，比朱人民党都主动与盟友印人党划清了界限，公开反对印人党的印度教民族主义立场。

2002 年袭击事件发生后，比朱人民党对作为印度教民族主义政党的印人党更多了一层疑虑。比朱人民党的领导人相信，此次袭击是印人党扰乱奥里萨邦政府阴谋的一部分。而 2008 年的骚乱事件让比朱人民党和印人党的关系严重恶化。之后，2009 年选举时两党不再是选举同盟，各自独立开展竞选。[①] 2009 年 4 月，人民院选举和奥里萨邦邦议会选举先后举行。而在当年 3 月，比朱人民党终止了与印人党的联盟关系。纳文·帕特奈克领导的比朱人民党已经不愿意再与印人党分享议席。

最终，2009 年的选举结果是比朱人民党获得了压倒性的胜利，获得了 103 个邦议会议席以及 14 个人民院议席。比朱人民党的优势同时击败了印人党和国大党。事实证明，在坎达马县的骚乱之后与印人党切割是十分明智的做法。至此，比朱人民党打造了其在奥里萨邦政党政治中一党独大的地位。

二、比朱人民党的政党联盟关系与中央对比朱人民党执政的影响

和泰卢固之乡党的情况类似，比朱人民党在面对与印人党的盟友关

---

① Preeti Pratishruti Dash and Abinash Dash Choudhury, "More Ally than Enemy: BJP and BJD's Strange Connection in Odisha," *The Wire*, August 16, 2019, https://thewire.in/government/more-ally-than-enemy-bjp-and-bjds-strange-connection-in-odisha.

系时，其中重要的考虑之一也是期望获得中央对奥里萨邦的财政支持。当比朱人民党在 2000 年获得奥里萨邦的选举胜利之后，它与印人党建立了稳固的盟友关系。因此，2000—2004 年，比朱人民党能稳定地获得来自中央的财政支持。有趣的是在 2004 年之后，印人党失去了中央的政权，但上台之后的国大党政府是一个无法独自在人民院过半，需要依靠其他政党支持的政权。而刚好在这一时期，比朱人民党与印人党的关系出现了很多矛盾。比朱人民党灵活地展现出了对国大党中央的善意和合作意向。国大党中央也认可纳文·帕特奈克在奥里萨邦的执政，并为其提供了各种各样的支持。这些支持也反应在了国大党中央政府对奥里萨邦逐年增长的财政支持上。

2009 年邦议会选举之前，比朱人民党与印人党的关系已经破裂，两党决定单独竞选，不进行选举合作。当比朱人民党在 2009 年获得邦议会压倒多数的胜利之后，对于比朱人民党和印人党来说，两党之间的关系无论在邦层面还是国家层面都已经不再重要。因此印人党在中央与比朱人民党的合作减少了。而国大党在面对在地方强势执政的比朱人民党时，也认识到比朱人民党已经不太需要与国大党联盟才能稳固自己在地方的执政地位。因此，国大党中央政府也削减了对奥里萨邦的财政支持。在 2014 年印人党获得国家大选胜利之后，对比朱人民党领导的奥里萨邦邦政府的财政拨款以及中央资助计划拨款虽然要高于国大党时期，但明显低于 2009 年之前的水平，主要原因也在于此时的比朱人民党和印人党已经不是当年彼此需要的政党盟友了。

与安得拉邦一样，奥里萨邦也一直在寻求获得“特殊类别地位”。纳文·帕特奈克曾在多个场合要求中央给予奥里萨邦“特殊类别地位”。印度计划委员会规定的五个符合“特殊类别地位”的特征之一就是部落人口占比较大，而奥里萨邦毋庸置疑是符合这项条件的邦。此外，经济发展水平不高的奥里萨邦申请获得“特殊类别地位”具有一定的正当性。奥里萨邦最近几次向中央提出“特殊类别地位”的理由是，奥里萨邦在面对自然灾害时是脆弱的，需要中央的支持，尤其是 2019 年的法尼台风造成自然灾害之后。2019 年，在赢得邦议会选举之后，纳文·帕特奈克在与莫迪会面时，要求中央给予奥里萨邦“特殊类

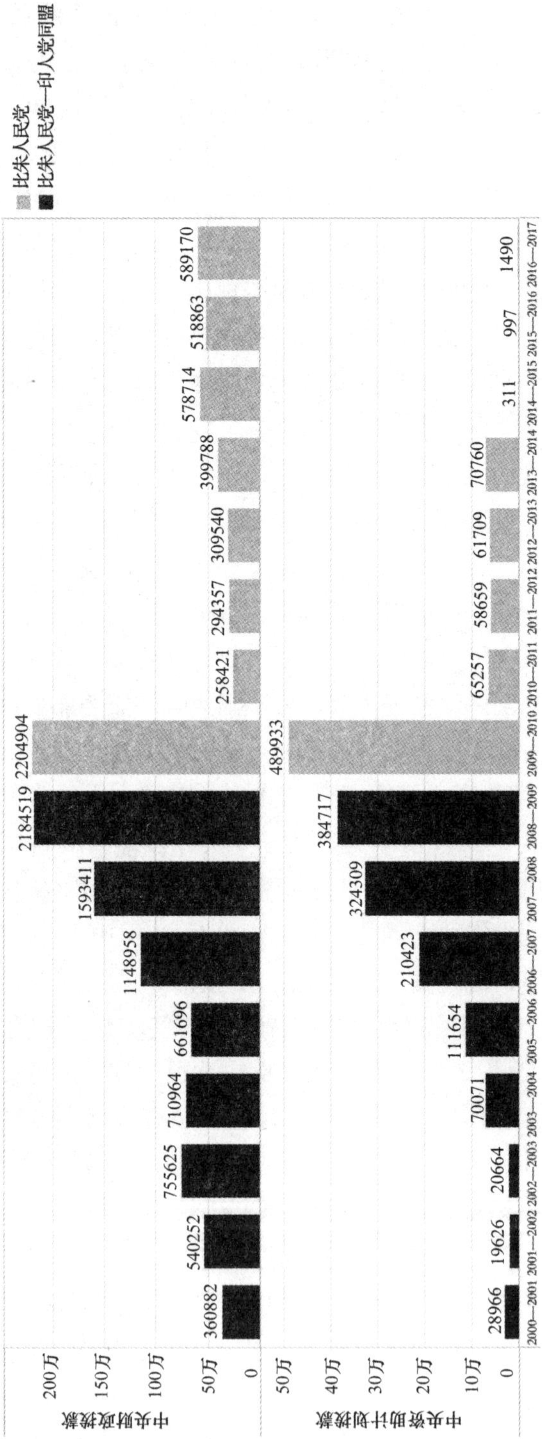

图3-2 中央对奥里萨邦的财政拨款与中央资助计划拨款

数据来源：https://www.rbi.org.in/Scripts/AnnualPublications.aspx?head=State%20:%20Finances%20:%20A%20Study%20of%20Budgets。

别地位”。[①] 对于比朱人民党提出的请求，印人党领导的中央政府给予了否定的回复，莫迪政府始终不愿意在“特殊类别地位”问题上让步。目前，印人党在中央的强势地位，使其很难再去同意地区性政党在财政方面的要求。

小结

由上述分析可知，政党联盟对印度地区性政党的选举成败以及执政的可持续性具有重要影响。印度的政党体系、中央与地方的权力分配、央地财政关系、地方邦的政治形势决定了政党联盟对地区性政党成败的影响力。通过对泰卢固之乡党和比朱人民党的政党联盟与它们各自执政历程分析，可以得出以下几点结论。

第一，地方特定的政治形势决定了政党联盟是地区性政党选举成败的关键因素，原因主要有两方面。一方面，在挑战地方最强大政治力量国大党时，地区性政党需要与国家政党结盟。在印度政党政治的发展过程中，一个重要的主轴是反国大党。在地方邦，这就表现为其他政党共同反对国大党。在2014年之前，国大党在很多邦都拥有较大的影响力，地区性政党如果需要挑战国大党的权威，就需要与其他反国大党的政治力量结盟。而印人党恰好是这样一个全国性的反国大党力量，因此泰卢固之乡党、比朱人民党乃至其他邦的一些地区性政党都愿意与印人党结成选举联盟，尤其是在政治实力还不足以单独赢得邦议会选举的时期。而印人党与地区性政党的结盟策略，不但拓展了其在地方的影响力，而且也让印人党在国家议会的选举中获益匪浅。另一方面，地方政治的进一步碎片化趋势，让政党联盟变得更加重要。随着印度政党体系的发展变化，在地方邦的政治中，具有影响力的政党越来越多。在安得拉邦的政党政治中，在2009年之前都是以国家政党对地区性政党，即国大党和泰卢固之乡党为主的两极化斗争。而在2009年之后，特伦甘纳民族委员会党、YSR大会党迅速崛起，成为了有力的竞争对手。安得拉邦的

① “Naveen Patnaik Meets PM Modi, Requests Special Category Status for Odisha after Cyclone Fani,” *The Indian Express*, June 11, 2019, https://indianexpress.com/article/india/naveen-patnaik-meets-pm-modi-requests-special-category-status-for-odisha-after-cyclone-fani-5774716/.

政党竞争模式逐渐变为以地区性政党对地区性政党的模式。在这样的形势下，从政党联盟的角度看，一个超强的中央执政党盟友对于地区性政党来说变得比以前更重要了。这也解释了为什么 2019 年以后泰卢固之乡党在与印人党讨价还价时变得十分弱势和无力。同样，对比朱人民党来说，在 2009 年之前也十分依赖与印人党进行联盟来获取地方选举的胜利。

能够与泰卢固之乡党和比朱人民党进行对照的还有哈里亚纳邦的地区性政党哈里亚纳发展党。该党所在的哈里亚纳邦与安得拉邦和奥里萨邦类似，并没有强烈的族群认同和分离主义历史。但同为地区性政党的哈里亚纳发展党却没有办法长期稳定执政。该党曾在 1996 年的邦议会选举中以 22.66% 的得票率赢得了 33 个邦议会议席，占据邦议会议席的 33.67%，进而赢得邦议会选举胜利，其党主席班西·拉尔成为了该邦的首席部长。[①] 然而，哈里亚纳发展党的执政时间只有短短 4 年，在 2000 年的哈里亚纳邦邦议会选举中，哈里亚纳发展党得票率跌至 5.55%，只赢得邦议会 2 个议席。[②] 导致哈里亚纳发展党没有办法长期执政的一个重要原因就是该党政党联盟策略的失败。2000 年，印人党在哈里亚纳邦转而与印度国家人民党联盟，哈里亚纳发展党随即输掉了 2000 年的邦议会选举。[③] 此后，哈里亚纳发展党再也无法取得邦议会选举的胜利。2004 年，哈里亚纳发展党在成立 13 年后与国大党合并。

第二，印度特定的央地关系决定了中央执政党对地区性政党的执政与选举有重要影响。虽然 1991 年之后印度地方邦的权力得到了提升，但是总体而言印度联邦在各种重要政治议题上依然拥有较大的权力。这就使得在中央执政的政党可以利用联邦的权力来影响地方的政党政治。

---

① "Election Results – Full Statistical Reports: Statistical Reports of General Elections to State Legislative Assembly (Vidhansabha)," Election Commission of India 1951 – 2019, https: //eci. gov. in/statistical – report/statistical – reports/.

② "Election Results – Full Statistical Reports: Statistical Reports of General Elections to State Legislative Assembly (Vidhansabha)," Election Commission of India 1951 – 2019, https: //eci. gov. in/statistical – report/statistical – reports/.

③ Ajay Jha and Chief Correspondent, "Haryana Vikas Party Announces Merger with Congress," *Culf News*, October 15, 2004, https: //gulfnews. com/world/asia/india/haryana – vikas – party – announces – merger – with – congress – 1. 335702.

例如，安得拉邦的分邦议题显然也具有政党政治的分野，特伦甘纳民族委员会党和 YSR 大会党支持分邦，泰卢固之乡党和中央执政的国大党政府则在两种态度中摇摆。中央政府的态度显然会给地方政治带来影响。国大党中央政府在分邦问题上摇摆不定的态度使得特伦甘纳民族委员会党和 YSR 大会党在 2014 年的邦议会选举中失败。在“特殊类别地位”问题上，中央执政的印人党很显然是要收紧中央对地方财政分配的控制权，不再愿意为地方提供财政优惠。然而，这一政策导致了泰卢固之乡党在 2019 年邦议会选举的失败。除此之外，中央的产业政策、资源开发政策、福利分配政策等，都会对地区性政党执政的可持续性带来相当程度的影响。

第三，地区性政党的执政有赖于中央的财政支持。中央的财政支持，对地区性政党推行福利项目有重要影响，而选民能否收获福利又决定了政党的选举成败。在印度各邦的财政收入构成中，来自中央的分配大概占到 50% 以上，而中央在财政分配上具有很强的政治考量，对同政党和同政党联盟执政的邦会有相应的倾斜。莫迪政府上台之后，通过 GST 税制改革等手段，进一步加强了中央政府对税收的控制。而地区性政党的执政则对地方邦的财政状况有很强的依赖性，例如在本书第二章中，就提及泰卢固之乡党早期在安得拉邦的执政就明显受制于财政问题，并最终导致了选举失败。比朱人民党在 2004 年获胜之后，就开始疏远失去中央权力的印人党，转而接近国大党，进而获得了中央的各种财政支持项目，使其维持了长期的执政。从这个角度来看，中央的财政政策对地区性政党的执政有显著的影响，政党联盟对地区性政党执政的可持续性有十分明显的作用。

第四，地区性政党只能从政治实用主义的角度出发灵活调整自己的联盟策略才能获得成功。地区性政党的联盟不能以意识形态与政策理念的趋同为基础建立。地区性政党与国家政党的联盟关系本质上只是为了在国家议会和地方议会的选举中进行席位协调、组建选举联盟。对于很多地区性政党，尽管它们在意识形态上具有很强的地域性或族群性，或代表特定群体的认同，又或是世俗化的，但这不会成为地区性政党与意识形态分歧较大的政党结盟。如上文所述，与印人党的印度教民族主义立场不同，泰卢固之乡党和比朱人民党都要比印人党世俗化；而在具体政策，尤其是涉及央地关系的问题上，泰卢固之乡党和比朱人民党与印人党的分歧很大。

第五，随着悬浮议会时代的结束，中央执政党在政党联盟关系中的优势地位越来越明显。印人党在 2014 年大选中单独获得人民院过半席位之后，印度长达 30 年的悬浮议会时代结束了。随着国大党的衰落，各个地区性政党的发展基础又限制在特定地区，无法组成统一的地区性政党联盟，印度已经正式进入印人党一党独大的时代。握有联邦权力的印人党，已经可以十分轻松地通过各种中央政策影响地方的发展，进而影响地区性政党的执政。而在政党联盟关系中，由于印人党并不受制于特定地区性政党对其执政联盟的支持，因此它并不需要像之前的辛格政府和瓦杰帕伊政府那样去照顾地区性政党的利益诉求。但对于地区性政党来说，不论是印人党现阶段的盟友还是那些与印人党有矛盾的政党，现在都无法轻视与印人党的关系。近年来，泰卢固之乡党与印人党的关系就例证，泰卢固之乡党与印人党恶化的关系使泰卢固之乡党遭受了严重的失败和损失。在这样的背景下，地区性政党与国家政党的联盟关系对其选举和执政的作用就变得更加重要了。

第四章

印度地区性政党与地方政治精英

在印度政治中，精英领导或者说克里斯马型领导具有十分重要的作用。印度的广大选民在投票时，很大程度上是投给自己支持的领导人，而不是政党或政党的政策纲领。在国家层面，自独立以来，印度政治基本上就是由一小群精英群体的决策塑造的；在地方层面，占据社会和经济优势地位的精英群体往往占据着重要的政府职位或者成为了某个政党的核心成员。在今天的印度政治中，地区性政党的领导层同样是由一个小集团的地方精英群体构成。在地方，政党之间的竞争以及政党内部的斗争本质上都是一群地方政治精英之间的斗争。政治精英们因为特定利益或裙带关系团结在一起组建政党，也会因为利益分歧而走向分裂。地方精英群体的组合与分化，是导致地区性政党建立、组合、分裂与消亡的重要原因。地方精英群体无疑是影响地区性政党存续的重要因素。

第一节　印度选举政治中的地方政治精英

从不同的角度出发，对政治精英会有不同的定义。在国家、邦和地方层面，印度的政治精英具有其独特的社会和经济背景。在庇护型的政党—选民关系中，印度的政治精英对于选举具有重要的影响力。同时，政治精英也在政党的组建、分裂与融合问题上具有关键作用，并且强力塑造着政党的组织结构。

一、印度的政治精英

关于精英的定义是多样的，大部分文献都认为精英指的是社会中控制着较多财富、权力以及各种社会资源的少数群体。维尔弗雷多·帕累托认为，精英就是那些从任何社会价值标准或物质标准去衡量，在权力、财富和知识等方面，都能得分最高的人。而精英主要分为两类：其一，统治精英，即政府中直接或间接发挥重要作用的个人；其二，非统治精英，即除了统治精英以外的所有精英。①

印度的地方精英通常指的是那些位于现代国家和传统社会之间的集体。他们通过两种方式去诠释规范和政治需求。他们在国家、邦和地方的选举中充当"掮客"，对官员和更高级别的政治精英进行游说并达成协议，同时还会组织集体示威。在地方，政治精英可以是表列种姓、表列部落等边缘群体的代表，也可以是拥有土地、财权、权势和较高社会地位的高种姓或优势地位种姓。② 亚当·齐格菲尔德关于印度地方政治的著作中，则给予了政治精英一个相对狭窄的定义。他将精英定义为获得民选官职或即使没有官职也全职专业从事政治的人。在这个定义之下，精英与政客是可以互换使用的。他将一般的政党党员和志愿参与政治的积极分子排除在精英之外，因为这些角色在选举中的作用并不是为他们自己拉票，而是去说服别人如何投票。因此，在他的研究里任何不是精英的人都被当作选民，因为其在选举中的主要职能是投票。③

传统上，印度的政治精英大多来自城市，出身于高种姓以及受过良好的教育。但印度政治精英的社会构成并不是固定不变的，随着印度社会和政治的发展，来自各种边缘或下层群体的政治代表也成为了新的政治精英。当代印度政治中，各种各样的群体为了追求平等、尊严和公正而展开的斗争构成了印度政治发展的主线之一。阿舒托什·瓦尔什尼认

---

① Vilfredo Pareto, *The Rise and Fall of the Elites: An Application of Theoretical Society*, New Jersey: The Badminton Press, 1968, p. 27.

② Subrata Kumar Mitra, "Room to Maneuver in the Middle: Local Elites, Political Action, and the State in India," *World Politics*, Vol. 43, No. 3, 1991, pp. 391 – 400.

③ Adam Ziegfeld, *Why Regional Parties? Clientelism, Elites, and the Indian Party System*, New York: Cambridge University Press, 2016, p. 57.

为，印度独立之后国家建设所追求的三大目标之一就是为那些长期处于社会秩序底层的群体带来尊严与公正，其他两项目标则是维持国家统一以及消除贫困。[①] 因此，在印度政治发展的过程中，有很多以不同种姓、语言、宗教、阶级以及族群为基础构成的持有特定身份认同的群体在选举政治中获得了整体地位的提升，并在政治上获得了一定的话语权与代表性。在选举政治中，为了维护自身所属群体利益，这些不同的群体组成了长期支持特定候选人的各种“选举集团”或“票仓”。这些各式各样的“选举集团”和“票仓”在各级议会和立法机构中的民选代表，也在不同的历史时期上升成了政治精英。

鉴于主要研究对象是印度地区性政党与政治，因此将政治精英定义为那些在印度各级选举中，长期从事政治，能够直接影响选举结果或能够取得民选官职的个人。

总体而言，可将印度的政治精英按照他们所处的政治舞台划分为三类：第一类是活跃于国家政治舞台的政治精英，他们是中央政府中的官员、国家议会中的议员、最高法院的法官等；第二类是在邦政治舞台上活跃的精英，即各邦的部长级官员、邦议会议员、政党领袖等；第三类则是在地方，即在地方的城市和农村活跃的政治精英，他们是邦议会的代表、地方政府官员、“潘查亚特”的领导、各个种姓集团和部落集团的领导等。

（一） 国家层面的政治精英

印度政坛上的第一批政治人物绝大多数来自城市，他们大多出身法律专业，领导过独立运动。在20世纪50年代，印度国家政治中占主导地位的政治人物都是精通英语、法律专业出身的城市精英。绝大多数的政治人物来自高种姓，而且很多政治领袖都有在海外留学的经历。[②] 由于选举政治的特性，很多国家议会的议员从普通公民上升为议员只需要赢得一次选举即可。那些先天占有社会优势地位的阶层自然更容易去参与竞选并赢得选举。从独立之后到20世纪60年代末，印度国家议会中

---

① Ashutosh Varshney, *Battles Half Won: India's Improbable Democracy*, New Delhi: Penguin Books, 2013, p. 3.

② Ashutosh Varshney, *Battles Half Won: India's Improbable Democracy*, New Delhi: Penguin Books, 2013, pp. 64 – 76.

的人民院议员大多是“弹射式”地成为了国家议会的议员，在地方议会拥有立法经验的议员在人民院中占比较少。议员们大多都有本科以上学历，大多数议员都是从事法律、政治与社会事务、媒体等工作出身的人。[①]

种姓、家庭和阶层往往是影响政治精英事业发展的重要因素。印度提维迪政治数据中心与民主改革协会的研究显示，在全印度有20%的政治精英家庭，自1980年以来一直到2020年都在参与选举政治。同时，相比低种姓出身的人，出身高种姓或优势地位种姓的人更有可能组成政治精英家庭。[②] 也有一些学者认为，政治精英家庭的现象在印度北方地区比较常见，但在南方地区，情况却很不一样。[③] 在2009年的国家议会选举中，来自普通阶层政治家族议员连任的可能性是同一阶层的非政治家族议员的1.3倍。但是，来自低种姓的政治家族议员获得连任的可能性几乎是非政治家族低种姓议员的2倍。[④]

印人党在国家和地方邦政治中的崛起，往往与代表传统精英集团的政治力量崛起有关。相对的，其他的政党则代表边缘群体，例如少数族群以及主要的其他落后阶层群体。有研究显示，印度的政治代表权总体上一直向精英倾斜，但这些精英的构成随着时间的推移发生了变化。例如，早在2014年印人党崛起之前，人民院中高种姓的代表就呈现出了激增的趋势；而少数群体和女性在人民院中的边缘化则是一个长期现象。同时，自2014年以来，印人党的执政和选举还促进了一类特定精英群体的地位提升，即那些植根于地方商业网络中的精英群体。[⑤]

---

① Satish K. Arora, "The Social Background of V Lok Sabha," *Economic and Political Weekly*, Vol. 8, No. 31/33, 1973, pp. 31 – 33.

② Revathi Krishnan, "How Political Elites are Placed in India Today, and their Impact on State Capacity," *The Print*, March 3, 2020, https://theprint.in/india/how – political – elites – are – placed – in – india – today – and – their – impact – on – state – capacity/375074/.

③ Revathi Krishnan, "How Political Elites are Placed in India Today, and their Impact on State Capacity," *The Print*, March 3, 2020, https://theprint.in/india/how – political – elites – are – placed – in – india – today – and – their – impact – on – state – capacity/375074/.

④ Neelam Deo and Arjun Chawla, "The Paradox of Dynastic Politics in India," in Surendra Munshi ed., *Democracy under Threat*, New Delhi: Oxford University Press, 2018.

⑤ Gilles Verniers and Christophe Jaffrelot, "The Reconfiguration of India's Political Elite: Profiling the 17th Lok Sabha," *Contemporary South Asia*, Vol. 28, No. 2, 2020, pp. 242 – 254.

（二）　邦层面的政治精英

在地方和邦政治中，则是本地出身的精英占据主要地位，他们大多是占有土地的地主阶层。萨拉瓦提·斯里瓦斯塔瓦在20世纪60年代关于北方邦政治精英的研究中指出，邦议员大多来自社会经济地位较高的阶层，即在种姓、职业和教育方面占据优势的群体，他们通常职业出身较好并且受过良好教育。① 相似地，对第四届比哈尔邦邦议会成员社会出身的研究发现，邦议会议员们大多来自社会上流阶层。经济上他们属于社会的中上层阶级；教育上他们大多是大学生或有本科学历；职业上则比较混杂，有农民、律师、商人等。② 早期关于泰米尔纳德邦达罗毗荼进步联盟籍邦议员的研究显示，这些邦议员大多受过较好的教育，出身背景大多与大农户、地主有关。③ 其他一些早期对印度邦政治的研究也发现，高种姓依然在印度立法机构中占据着很大的比例。④ 然而，也有一些邦的情况是不一样的。在早期，有一些邦议员也出身于经济地位较为落后的阶层。⑤

（三）　地方层面的政治精英

在印度地方，农村出身的政治精英也具有很大的影响力。早在1821年，英国驻印官员蒙特斯图亚特·埃尔芬斯通就指出要在印度维持一个有序的政府，就不能缺少农村地区精英支持，因此英国在印度的统治需要与农村上层社会联合。⑥ 同时，针对马哈拉施特拉邦西部地区农村的研究发现，在农村地区，精英阶层通常来自当地的优势地位种姓，他们大多拥有土地，并且担任基层的政府公职。这些优势地位种姓

---

① Saraswathi Srivastava, "The Pattern of Political Leadership in Emerging Areas: A Case Study of Uttar Pradesh," Ph. D, Banaras Hindu University, 1969.

② Dayadhar Jha, *State Legislature in India: Legislature in the Indian System*, New Delhi: Abhinav Publication, 1977.

③ K. Ramaswamy Sastry, "Social Background of the Dravida Munnetra Kazhagam (DMK) Legislative Elite," Master, University of New Brunswick, 1978.

④ Shashilata Puri, *Legislative Elite in an Indian State: A Case study of Rajasthan*, New Delhi: Abhinav Publication, 1978.

⑤ Sashishekbar Jha, *Political Elite in Bihar*, Bombay: Vora and Company, 1972.

⑥ Anthony T. Carter, *Elite Politics in Rural India: Political Stratification and Political Alliances in Western Maharashtra*, Cambridge: Cambridge University Press, 1974, p. 3.

在基层政府中的代表性往往超过其人口占比。[①] 在尼赫鲁时代，虽然国家的整体经济发展战略重点是国家的工业化，但政治上国大党则需要把农村边缘地区整合到国家构建的过程中。因此，国大党的各种地方分支也逐步深入到了农村，农村的基层民众也因此能接触到国大党中央的高层。在随后的20年里，印度人民院中出身于农村地区以及家庭背景与农业相关的议员比例不断增长。[②]

总体而言，农村地区各式各样的政治精英崛起是印度经济和社会发展的结果。社会、经济和技术的发展提升了一些群体的经济和社会地位，他们因此开始要求在政治上获取更大的代表性。这些群体的经济崛起又与传统的种姓、宗教、族群等认同因素相混合，造就了代表各种新兴群体利益的政治精英。农村的"绿色革命"与经济自由化发展和城市化是比较明显的例子。

一方面，从20世纪60年代中期开始，印度开始了"绿色革命"，大量引进高产粮食作物、推广现代农业技术，使得农产品产量得以显著提高。这一过程导致了一批富裕的农业生产者出身的商业阶层崛起，这一新兴群体有动机也有能力在政治上寻求更大的代表性。这一趋势最终导致了各种农业种植产业出身的政党崛起，并最终促成了国大党一党独大时代的终结。相关的研究发现，高产品种作物的种植使得农产品产量激增，为那些长期被排除在主流政治之外的群体提供了财富。而这些依赖农业的群体也有强烈的动机去提高他们在政治上的代表性，以便促使政府提高在农业上的投入和补贴。此外，由于需要在农产品市场上掌握一定的定价权，这些新兴的农业群体就需要形成一个农村地区跨阶级联合行动体，进而在政治上具备了集体行动的能力。[③] 在这个过程中，很多来自农村地区掌握土地的种姓或相应的阶级群体开始进入政治领域，也就成为了新的政治精英。泰卢固之乡党的核心成员在早期就是得益于

---

① Anthony T. Carter, *Elite Politics in Rural India: Political Stratification and Political Alliances in Western Maharashtra*, Cambridge: Cambridge University Press, 1974, pp. 3 – 5.

② Ashutosh Varshney, *Democracy, Development, and the Countryside: Urban – Rural Struggles in India*, Cambridge: Cambridge University Press, 1995, pp. 191 – 193.

③ Aditya Dasgupta, "Technological Change and Political Turnover: The Democratizing Effects of the Green Revolution in India," *American Political Science Review*, Vol. 112, No. 4, 2018, pp. 918 – 938.

“绿色革命”对安得拉邦从事农业生产相关领域阶层的经济社会地位的提升。

另一方面，从20世纪90年代开始的经济自由化也促成一批新兴中产阶层在城市地区崛起。基于他们的经济地位，新兴的中产阶层也在政治上有了自己的诉求。因此在一些研究中，直接把在印度城市地区的精英定义为随着经济发展而出现的中产阶层，他们对城市的基础设施建设、管理和经济发展政策都有自己相应的政策偏好。①

二、政治精英与选举

在印度，政治精英对选举的影响主要有两个方面。其一，在以庇护型为主的政党—选民关系之下，政治精英可以通过给予特定选民群恩惠和利益而获取选票支持；政治精英也通过庇护主义关系而从更高级的精英那里获取恩惠和利益。其二，选民对政治精英个人魅力的神化和崇拜，使得一大批克里斯马型政治领导人能够轻松地利用某种群体认同获得选民的支持和持久的忠诚。

（一）　庇护主义民主下的政治精英

首先，正如本书第一章中的论述，印度选举政治中的政党—选民关系是以庇护主义为基础的。因此，印度的政治精英一般是与选民建立一种庇护主义式的关系，进而获取相应的选举利益。然而，需要说明的是，这种庇护主义关系有两个层面。其一，是政治精英与选民之间的庇护主义关系。选民直接从他们支持的政客那里获取好处和利益，同时也有可能是政治精英威胁选民，而政治精英则收获选票。其二，是政治精英之间的庇护主义关系，即中央的政治精英与地方政治精英之间的恩庇侍从关系以及高级政治精英与基层政治精英之间的恩庇侍从关系。

庇护型政党—选民关系也解释了为什么在印度这样一个具有较高投票率的民主代议制国家，且绝大多数选民都极端贫困的国家，民主选举上台的政府却很少代表穷人的利益。掌握权力的政治精英对那些对其维

---

① D. Asher Ghertner, “Gentrifying the State, Gentrifying Participation: Elite Governance Programs in Delhi,” *International Journal of Urban and Regional Research*, Vol. 35, No. 3, 2011, pp. 504 – 532.

持政治权力比较重要的非精英阶层提供直接的利益回报。精英作为施惠者控制着政府，对他们的受惠者的利益则是一种交易性质的补偿安排，总体上精英的执政还是以精英自己的利益为基础。[①]

一些研究指出，不论是在全国层面还是在邦层面，都很难说明选民在投票时比较关注哪种议题。但是，在印度近年来的选举中发现，宗教、种姓以及其他族群相关的问题更有可能影响精英阶层的投票；而水资源、经济条件和基础设施等议题更容易影响普通民众的投票。[②] 这从一个侧面证明了，普通大众更加关注现实的利益获得；而种姓、宗教、族群等问题，更像是精英用来进行选举动员和政治竞争的口号和工具。

其次，在政治精英之间也广泛存在着庇护主义的关系。有研究指出，近年来之所以印度政府在分配公共资源时具有很强的党派特性，是因为政客们在进行政治分肥时的首要目标是确保下级政府中政治精英的配合。由于在邦和地方的各类议员和代表们通常会利用他们对地方政府资源的控制施加影响力，因此逻辑上对于中央政府来说，来自这些地方政治精英的帮助与协作对于中央的各种发展项目实施通常是十分重要的。[③] 因此，作为回报，政客们在进行政治分肥时不仅要为地方政治精英提供寻租上的好处，还需要他们在这个庇护主义网络中为特定个人分配特定利益的权力，这使得他们成为了中间的“掮客”。所以，政客们要把好处分给对未来选举和发展项目实施有影响的选区，而地方政治精英则要把这些从中央获得的利益中的至少一部分奖励给特定的个人。[④]

（二） 克里斯马型政治领导人

在整个南亚地区，对政治领袖的个人崇拜由来已久，南亚地区的政治中充斥着各式各样的克里斯马型政治领导人。无论是在农村还是城市，选民用头冠、花环、头巾以及佩剑来装扮他们的政治领袖，背诵对

---

① Siwan Anderson, Patrick Francois and Ashok Kotwal, “Clientelism in Indian Villages,” *American Economic Review*, Vol. 105, No. 6, 2015, pp. 1780 – 1816.

② Nalini Kant Jha, “Paradox of Indian Politics: Backward Elite, Forward Mass,” *The Indian Journal of Political Science*, Vol. 62, No. 2, 2001, pp. 221 – 240.

③ Nalini Kant Jha, “Paradox of Indian Politics: Backward Elite, Forward Mass,” *The Indian Journal of Political Science*, Vol. 62, No. 2, 2001, pp. 221 – 240.

④ Nalini Kant Jha, “Paradox of Indian Politics: Backward Elite, Forward Mass,” *The Indian Journal of Political Science*, Vol. 62, No. 2, 2001, pp. 221 – 240.

政治领袖的赞美诗。选民的投票，并不是一群公民以他们国家的长期总体福祉为出发点而自发进行的投票，而是各种利益集团，或者是各种因群体利益而集合在一起形成的票仓，选择他们群体中的一员来为他们所属的群体提供特定利益。[①] 此类现象在整个南亚次大陆十分常见，政治人物经常被民众神化和崇拜。

对政治人物的偶像式崇拜在选举政治上带来的最直接影响在于，相比政党本身或政党的意识形态和政策取向，选民会更加忠诚于政治人物个人。印度政治的这种特征也让政党和选民之间的庇护主义关系变得更加容易建立。被奉为偶像的政治精英们只需要给予选民一些短期的恩惠作为回报，即可收获选民的长期忠诚。同时，这也让政治精英在政治上有了更多的灵活性。鉴于选民对政治精英个人的忠诚，政治精英转换所属阵营、变更党籍、建立新政党或融入别的政党都变得更容易操作。

克里斯马型政治领导人的存在还让认同政治变得更加容易，政治精英很容易利用某种群体性的排他认同来动员选民。在印度的现实政治中可以看到很多克里斯马型政治领导人都在利用某种认同因素做选举动员。如印人党的北方邦首席部长约吉·阿迪亚纳特。阿迪亚纳特既是民选官员，曾经担任过人民院议员，同时他还是一名印度教僧侣，是北方邦一座著名印度教神庙的大祭司。在阿迪亚纳特身上，政客与宗教神职人员双重身份实现了重叠。选民对他的支持既是基于世俗政治，也是基于宗教考虑。

在印度由于大众政治和精英政治各自关注的议题是有区别的，因此印度的政治精英们往往会在选举上利用大众政治议题煽动选民。在印度，大众政治的主要舞台是在街头和投票所。投票、煽动、示威、游行等是印度大众政治的主要形式。而精英政治的主要舞台则是英文媒体、大学讲堂、公司会议以及那些公司主管、国际金融机构的官员、外国政府代表、说客与政府官员和政客等权贵会面的“门廊”。协商、讨论和议价是精英政治的典型形式。类似经济改革这样的议题是精英政治的范畴，因为它没有立刻直接影响到大多数选民的生活；但宗教、种族冲突之类的议题却是大众政治的范畴，因为类似阿约迪亚寺庙争端这样的事

---

① Anastasia Piliavsky ed., *Patronage as Politics in South Asia*, Delhi: Cambridge University Press, 2014, p. 3.

件能给大多数选民直观的感受，这类议题有强大的动员效果。[①]

三、政治精英与地区性政党

（一） 政治精英与政党的组建、分裂与融合

在庇护主义民主中，精英对于政党类型的塑造有十分强大的作用。例如，在阿根廷，庇隆主义党很快将自己从一个代表劳工利益的政党转变为一个支持新自由主义改革的政党。这种剧烈的转变之所以能够实现，是因为他们的政党—选民关系是庇护主义性质的。[②] 在印度的政治环境中，政治精英同样具有塑造政党的作用，他们可以组建政党，也可以分裂政党或让政党之间进行融合。如果选民对政党类型，即对一个政党是地区性政党还是国家政党没有偏好，那么政治精英们就没有动机去组建不同类型的政党。反之，如果选民对某一政党类型有强烈的偏好，政客们就有很强的动机去组建一个能够迎合选民偏好的政党。[③]

在以庇护型政党—选民关系为基础的政党体系中，政治精英对政党的组建、分裂与融合有决定性的作用。政治精英可以通过分裂或合并政党来塑造政党类型，在这一方面政治精英有很大的自由度。国家政党的分支可以通过分离的方式组建新的地区性政党。同时，地区性政党也可以合并进入国家政党，或者是与别的地区性政党组合变成新的国家政党。关键在于，只要政党获取选票的方式是庇护主义模式的，那么政治精英在组建新政党或融入某个政党方面就有较大的自由度。因为，他们这样做不会给他们的选举带来负面影响。政治精英可以根据自身的政治利益组建地区性政党，即使他们的选民基础并没有很强的地方认同，也没有群体性地抱怨所在地区遭受的不公正，甚至选民都不用去相信该地区性政党会为地区利益更好地服务。反之，政治精英也可以组建或合并进入国家政党，即使他们的选民有强烈的地区认同，对地区遭受的不公

① Ashutosh Varshney, *Battles Half Won: India's Improbable Democracy*, New Delhi: Penguin Books, 2013, pp. 285 – 290.

② Steven Levitsky, *Transforming Labor – Based Parties in Latin America: Argentine Peronism in Comparative Perspective*, Cambridge: Cambridge University Press, 2003.

③ Adam Ziegfeld, *Why Regional Parties? Clientelism, Elites, and the Indian Party System*, New York: Cambridge University Press, 2016, p. 68.

正待遇有强烈的不满或者他们相信地区性政党能更好地代表他们的利益。①

政治精英关于组建、分裂或融合政党的决定，事实上是一种理性的成本与回报计算。亚当·齐格菲尔德对印度政党政治的研究认为，影响政治精英是否组建或加入地区性政党的因素有三个。其一，组建一个成功的地区性政党比组建一个成功的国家政党所付出的成本要低得多。其二，在多党联合执政的情况下或者政府首脑是在高度碎片化的政党体系中通过两轮选举产生的情况下，地方小党更有可能获得国家层面的权力。因此，政治精英也不需要为了获得国家层面的权力而付出更多的成本去组建或加入国家政党。其三，地方政治精英如果在意识形态上比较具有独特的地方特性，将使其很难在其他地方找到意识形态相近的盟友，因此这些地方政治精英更倾向于建立或加入地区性政党。这里需要说明的是，在庇护主义关系为主的选举中，虽然意识形态分野不会影响选民的投票选择，但是意识形态会影响政客对政党归属的选择。②

（二）政治精英与地区性政党的组织结构

印度的政党大多都以一个政治精英为核心建立，并且采取集权化的组织模式。由于印度选民对政治精英个人的忠诚度较高，在印度的地区性政党中又存在着很多克里斯马型政治领导人，这就注定了政治精英构成了各个政党的核心。由于个别政治精英代表着政党本身，因此政党不能够放任各个分支自由进行政治活动。政党领袖必须将自己的权威和意志贯彻到党内各个分支，才有可能维护政党的统一与生存。在当今的印度政坛上，泰卢固之乡党、比朱人民党、全印度安那达罗毗荼进步联盟以及全印度草根国大党等比较成功的地区性政党，都拥有克里斯马型政政领导人，而这些政党的组织架构都是集权式的。

除了集权式的领导之外，印度地区性政党另一个重要特征就是政治精英家庭对政党的世袭领导。在 21 世纪，政治家族世袭的现象在印度政治中依然十分常见。目前，在人民院中有 1/4 的民选议员来自政治精

① Adam Ziegfeld, *Why Regional Parties? Clientelism, Elites, and the Indian Party System*, New York: Cambridge University Press, 2016, pp. 68－69.

② Adam Ziegfeld, *Why Regional Parties? Clientelism, Elites, and the Indian Party System*, New York: Cambridge University Press, 2016, pp. 73－75.

英家庭。有研究指出，2004 年，来自传统政治精英家庭的人民院议员在所有议席中的占比为 20%，2009 年为 30%，2014 年则为 22%。[①] 这些“民主世袭家族”与传统贵族只有一个区别，就是他们需要获得选举上的认可。印度各个政党虽然在政党的规模、意识形态、历史长短、领导以及支持基础上有显著差异，但家族世袭的议员却普遍存在于各个政党中。2014 年大选选出的人民院中，国大党有 47.73% 的议员来自政治精英家庭、印人党有 14.89%、印度共产党在人民院的 4 个议席获得者全部来自政治精英家庭、印度共产党（马克思主义）则为 11.11%；提及的地区性政党中，比朱人民党有 40% 的人民院议员来自政治精英家庭、泰卢固之乡党则有 31.25%、全印度安那达罗毗荼进步联盟为 16.22%、全印度草根国大党为 17.65%、YSR 大会党为 44.44%、特伦甘纳民族委员会党为 31.25%、最高阿卡利党为 25%。[②] 在选举时，各个政党都偏爱提名政党中资深政客家庭的成员成为候选人。[③]

在选举政治中，政治精英家庭的后代之所以能够继续世袭式从政，一方面体现的是政治精英的个人声望和魅力在印度选举政治中的重要作用，即选民不但认可政治精英本人的领导魅力，也能连带认同其家庭成员；另一方面，政治精英家庭能够完成民选官职的世袭，一个客观原因在于政党组织结构的“私有化”和“家庭化”，即政党在选举时愿意以亲属关系为重要依据去提名相应的候选人并为其投入选举资源。因此，总体而言，政治精英家庭的世袭现象本身也是印度选举中政治精英重要作用的一种体现。

第二节 泰卢固之乡党的崛起发展与地方政治精英

泰卢固之乡党从建党至今经历了两代领导人，泰卢固之乡党的两位

---

① Kanchan Chandra ed., *Democratic Dynasties: States, Party, and Family in Contemporary Indian Politics*, Cambridge: Cambridge University Press, 2016, p. 12.

② Kanchan Chandra ed., *Democratic Dynasties: States, Party, and Family in Contemporary Indian Politics*, Cambridge: Cambridge University Press, 2016, pp. 17–18.

③ Kanchan Chandra ed., *Democratic Dynasties: States, Party, and Family in Contemporary Indian Politics*, Cambridge: Cambridge University Press, 2016, p. 37.

党主席是该党的核心政治精英。这两位党主席对泰卢固之乡党的组织、生存与延续有重要的影响力。政党领袖的魅力与民粹主义的动员策略为泰卢固之乡党争取了选民的支持。泰卢固之乡党的发展历程，本身也是安得拉邦各党政治精英在政党政治中进行竞争与联合的缩影。

一、泰卢固之乡党政治精英的社会背景

在安得拉邦政治中比较有影响力的种姓是从事农业生产的雷迪和卡玛。这两个种姓分别只占人口总数的 6.5% 和 4.8%，属于占有土地的优势地位种姓。随着“绿色革命”的开展，两个种姓都从农业相关的各种产业中获得了可观的商业利益。泰卢固之乡党最初就是以卡玛种姓为核心建立的政党，而安得拉邦的国大党则主要代表雷迪种姓的利益。

在建国之后，像卡玛和雷迪这样本身只具有社会地位意义的优势地位种姓，利用国家发展的契机，成功地提升了自己的经济地位和政治地位。建国初期，安得拉邦就十分重视农业的发展，该邦倾向于农业发展的预算投入模式，几乎成为了其他各邦的样板。安得拉邦优先投资灌溉设施、对电力设施的投资以及耕作政策都以农业生产的需求为导向。在 1974 年第四个五年计划完成之前，安得拉邦 55.9% 的预算都投入到了灌溉和电力设施上。而在第五个五年计划（1974—1978 年）中，对这些领域的投资更是高达预算总额的 74%，使得该邦对教育、医疗等其他社会发展领域的投资都受到了挤压。显而易见，这种政府投资模式显然更加符合地主群体的利益。而占有土地的就是雷迪和卡玛等从事农业生产的种姓。在第五个五年计划期间，通过对农村信贷市场的独占、建立种姓网络、争取政治权力，安得拉邦的地主和富裕农民已经成为了“出身农业的企业家”，他们从中获取了巨大的利益。他们将剩余的财富转向酒店、工厂、磨坊、借贷以及银会等。卡玛种姓是这一时期崛起的“出身农业的企业家”之一，他们通过雇佣廉价劳动力、经营借贷产业、兼并小农和部落民的土地积累了大量的财富。[1] 伴随着经济地位的提升，这两个种姓也积极参与政治。这一阶段的社会经济发展造成的

---

① Inukonda Thirumail, *Talangana - Andhra: Castes, Regions and Politics in Andhra Pradesh*, Delhi: AAKAR Books, 2013, p. 98.

结果之一就是安得拉邦的政治精英大多来自这两个种姓。

需要注意的是，种姓只是泰卢固之乡党政治精英崛起的社会背景，并不是泰卢固之乡党选举胜利或影响安得拉邦政党政治的核心因素。种姓因素也不能解释泰卢固之乡党与国大党的对立，印度研究选举政治的权威学者苏里认为，虽然大部分的卡玛都支持泰卢固之乡党，但只占安得拉邦人口总数 5% 左右的卡玛却不能使泰卢固之乡党在选举上获胜。大多数选民都不是这两个种姓中那些对政党抱有感情的“铁杆”支持者。安得拉邦的政治也没有以种姓为基础出现不可改变的极化倾向。甚至，在泰卢固之乡党鼎盛时期，在安得拉邦的邦议会中也难以发现卡玛种姓出身议员比例的相对上升，或雷迪种姓议员占比的相对下降。[①] 此外，安得拉邦的政治精英也没有按照各自的种姓出身来选择政党归属。相反，驱动政治精英们选择阵营的，只有实际的选举利益。

二、泰卢固之乡党的政党领导人

泰卢固之乡党的两任党主席无疑就是泰卢固之乡党的最为核心的人物。泰卢固之乡党的建立者罗摩·拉奥和通过推翻他而上台的第二任主席奈杜是两位风格迥异的领导人。但这两位政治精英的个人作用决定了泰卢固之乡党的崛起、发展、延续与统一。

罗摩·拉奥在创立泰卢固之乡党之前，曾经是一名电影明星。他在 295 部泰卢固语电影中饰演过各式各样的英雄人物，而且这些电影大多都获得了票房上的成功。[②] 印度绝大多数政党都因领导人的人格魅力而发展兴盛，泰卢固之乡党也不例外，罗摩·拉奥的个人魅力是泰卢固之乡党成功崛起的关键因素。安得拉邦的人民对罗摩·拉奥寄予厚望，认为罗摩·拉奥可以将安得拉邦从之前国大党“错误”的统治下解救出来。罗摩·拉奥也是一个坚定而又热心的政治人物。他的理想主义、决心、电影明星的人气以及努力工作的形象俘获了大众。人们带着钦佩和敬畏之心看待罗摩·拉奥，将其视为一个具有超越凡人能力的领袖。同

---

① K. C. Suri, “Telugu Desam Party: Rise and Prospects for Future,” *Economic and Political Weekly*, Vol. 39, No. 14/15, 2004, pp. 1481 – 1490.

② R. J. Rajendra Prasad, *Emergence of Telugu Desam: And an Overview of Political Movement in Andhra*, Hyderabad: Master Minds, 2004, p. 33.

时，罗摩·拉奥还是一个了不起的公共演讲者。他认为人们不会在乎演讲者说了什么，而是对观看演讲者如何讲话抱有兴趣。因此，罗摩·拉奥常用纯正的泰卢固语演讲，他的舞台表现能力十分完美，能够极好地把信息传递给选民。他还是拥有数百万影迷的电影明星，他出演的电影大多是神话题材，并且经常扮演罗摩和黑天神，因此经常使用自己在电影中的形象来传递政治信息。媒体对他的竞选也发挥了重要的作用，泰卢固语报纸《安那都报》为他的竞选做了良好的宣传。[①]

一些政治观察家和罗摩·拉奥本人都相信泰卢固之乡党会随着罗摩·拉奥本人而消亡。罗摩·拉奥曾经说过："泰卢固之乡党与我一同到来，也将随我一同而去。"[②] 1989 年，罗摩·拉奥宣称自己是"哲学王"，并且开始穿戴印度教苦行僧侣的僧袍。[③] 在罗摩·拉奥执政期间，整个邦政府都沦为了他的工具，[④] 其独断专横的风格，最终导致了泰卢固之乡党政府内部的一些人也加入了反罗摩·拉奥的政变。

鉴于罗摩·拉奥在党内的核心作用，泰卢固之乡党的领导核心逐渐变成了罗摩·拉奥以及他的家族。罗摩·拉奥的家庭成员在一定程度上获得了相当大的政治权力。由于忧虑自己的地位不保，奈杜最终采取了相应措施。1995 年 8 月，罗摩·拉奥被奈杜策划的内部政变拉下台。奈杜将 219 名邦议会议员中的 162 名强制留在海德拉巴的总督酒店内。这些议员被要求与罗摩·拉奥保持距离并共同罢黜罗摩·拉奥。罗摩·拉奥时代就此落幕。[⑤]

公众对罗摩·拉奥被夺权反应冷淡，原因在于：其一，奈杜的政变被公众视为罗摩·拉奥的家庭事务，在罗摩·拉奥被解除职务时，他的儿子、女儿和女婿基本上都已经站到了他的对立面；其二，罗摩·拉奥

---

① K. C. Suri, "Telugu Desam Party: Rise and Prospects for Future," *Economic and Political Weekly*, Vol. 39, No. 14/15, 2004, pp. 1481 – 1490.

② K. C. Suri, "Telugu Desam Party: Rise and Prospects for Future," *Economic and Political Weekly*, Vol. 39, No. 14/15, 2004, pp. 1481 – 1490.

③ K. C. Suri, "Telugu Desam Party: Rise and Prospects for Future," *Economic and Political Weekly*, Vol. 39, No. 14/15, 2004, p. 1483.

④ Inukonda Thirumali, *Telangana – Andhra: Castes, Regions and Politics in Andhra Pradesh*, Delhi: AAKAR Books, 2013, p. 106.

⑤ Inukonda Thirumail, *Talangana – Andhra: Castes, Regions and Politics in Andhra Pradesh*, Delhi: AAKAR Books, 2013, p. 106.

长期以来的民粹主义政策已经成为了安得拉邦的负担，很多民粹主义福利项目既无产出又阻碍发展，精英阶层对此十分反感；其三，在罗摩·拉奥的个人专制下，绝大多数的邦议员和邦部长都失去了实权，因此他们对罗摩·拉奥极为不满。①

继任者奈杜是西里温凯特瓦拉大学毕业的经济学研究生。他早期是国大党中的领袖和部长。泰卢固之乡党建立后，奈杜长期担任泰卢固之乡党的总秘书长。泰卢固之乡党的党组织架构和主要职能规划都是由奈杜设立的。奈杜还在罗摩·拉奥的政府中担任税收与财政部长，是一位行事谨慎而又务实的领导人。②

奈杜之所以能够继承和延续泰卢固之乡党的发展，是因为本人卓越的政治才能。在罗摩·拉奥掌权时，奈杜是为数不多可以自由与罗摩·拉奥见面的人。罗摩·拉奥依赖奈杜的建议和能力，而奈杜虽然亲手罢黜了罗摩·拉奥，但务实的奈杜一直使用罗摩·拉奥的说辞和形象维持泰卢固之乡党的统一和延续。在获得执政权后，奈杜为了争取选举支持，还一直给罗摩·拉奥的塑像和照片供奉花环，他在公众集会时也会使用罗摩·拉奥的照片和影像。③

三、泰卢固之乡党的政治精英与政党

泰卢固之乡党本质上是一个围绕着核心领袖人物建立起来的高度个人化的政党。泰卢固之乡党的政治精英对于泰卢固之乡党本身有两个重要影响：其一，由于泰卢固之乡党高度依赖领导人的个人魅力和政治能力，因此政党领袖必须以集权的模式塑造和管理政党；其二，党内核心政治精英内部的分化与矛盾是影响泰卢固之乡党分化与统一的最重要因素，对泰卢固之乡党的延续与生存有重要影响。

第一，罗摩·拉奥和奈杜塑造的泰卢固之乡党组织结构本质上是集

---

① K. C. Suri, "Telugu Desam Party: Rise and Prospects for Future," *Economic and Political Weekly*, Vol. 39, No. 14/15, 2004, p. 1484.

② K. C. Suri, "Telugu Desam Party: Rise and Prospects for Future," *Economic and Political Weekly*, Vol. 39, No. 14/15, 2004, p. 1484.

③ K. C. Suri, "Telugu Desam Party: Rise and Prospects for Future," *Economic and Political Weekly*, Vol. 39, No. 14/15, 2004, pp. 1485 – 1486.

权式的。在罗摩·拉奥担任党主席时期，他认为党组织最好就是他自己本人的延伸，而且其他的党内领导人对于他维持权力并不重要，因为在人民眼中只有罗摩·拉奥本人是重要的。因此，他宣布在党内以及在其执政时的邦政府内部，不存在二号人物，在他之上的人或者与他平级的人也是不可能存在的。同时，他又称也没有人在他之下，因为这种说法就意味着有人可以在地位和权威上排在他之后，进而使他的地位变成一种“相对的”存在。即使是某种程度上的“相对”，对于罗摩·拉奥来说也是无法接受的。罗摩·拉奥时常抨击国大党缺乏党内民主，然而他本人在泰卢固之乡党内部的所作所为正是他所批判的。罗摩·拉奥宣称要作为泰卢固之乡党的党主席终其一生，党内所有重要职务虽然要由党内大会正式选举产生，但是这些职务都要由党主席提名和认可。然而，这种方式也正是罗摩·拉奥所批评的国大党党内集权。①

任何批评罗摩·拉奥的人要么被噤声，要么就要被逐出泰卢固之乡党，尤其是那些认为自己是党内二号人物的领导人。泰卢固之乡党的建党人之一巴斯卡拉·拉奥，在1984年短暂地担任首席部长一段时间后，就在国大党的支持下与泰卢固之乡党分道扬镳了。1987年，斯里尼瓦苏鲁·雷迪由于被怀疑企图要做泰卢固之乡党的二号人物，被逐出了泰卢固之乡党。他控诉罗摩·拉奥和奈杜管理泰卢固之乡党犹如“对待自己的家庭财产”。很多早期支持罗摩·拉奥的领导人逐渐对泰卢固之乡党感到幻灭。泰卢固之乡党在国家议会的领导乌彭德拉，在种姓中具有影响力的帕德玛纳巴哈姆、加纳·雷迪、瓦桑塔·纳格斯瓦拉·拉奥、雷努卡·乔杜里等领导人都离开或者因为从事“反党活动”被逐出了泰卢固之乡党。②

奈杜上台后虽然没有像罗摩·拉奥那样独断专行，但是奈杜对罗摩·拉奥的夺权，本质上体现的还是公权力的私有化。奈杜从罗摩·拉奥那里继承下来的，依旧是一个以个别领袖为核心的政党，党组织结构的集权化并没有改变。政党组织架构的集权化也许是印度社会文化的产

① K. C. Suri, “Telugu Desam Party: Rise and Prospects for Future,” *Economic and Political Weekly*, Vol. 39, No. 14/15, 2004, p. 1483.

② K. C. Suri, “Telugu Desam Party: Rise and Prospects for Future,” *Economic and Political Weekly*, Vol. 39, No. 14/15, 2004, pp. 1483 – 1484.

物，如果不是集权型的政党，政党组织迟早会失控。那些采用自由化管理的政党领袖，反而会被视为软弱无能的领导者。

第二，泰卢固之乡党政治精英的内部冲突实际上给泰卢固之乡党造成了分裂和消亡的风险，只不过历史的机遇和奈杜超强的个人政治能力维护了泰卢固之乡党的统一和生存。罗摩·拉奥的家族成员都期望继承他的权力，而奈杜发动的政变激化了罗摩·拉奥家族内部的权力斗争，各种矛盾也逐渐公开化。

1996 年的人民院选举中，由罗摩·拉奥的遗孀帕尔瓦提领导的泰卢固之乡党罗摩·拉奥派与奈杜领导的泰卢固之乡党都竞相宣称自己是罗摩·拉奥政治遗产的继承者。泰卢固之乡党罗摩·拉奥派虽然获得了大众社会党和新人民党的支持，但是他们的得票率只有 10.6%，没有获得任何一个议席。而奈杜的泰卢固之乡党则获得了 16 个人民院议席，得票率高达 32.6%。1998 年人民院选举时，已经被边缘化的泰卢固之乡党罗摩·拉奥派虽然继续参选，但那些曾经支持罗摩·拉奥的人中的一部分已经重新回到了奈杜领导的泰卢固之乡党，另一部分则加入了其他政党。另一个竞争者，即罗摩·拉奥的长子楠达穆里·拉玛克里希那，由于感到自己再也无法在泰卢固之乡党内获得任何重要的职位，因此离开了泰卢固之乡党。他先是加入了罗摩·拉奥遗孀领导的泰卢固之乡党罗摩·拉奥派，随后又加入了印人党，之后又加入了国大党。还有另一个从泰卢固之乡党分离出去的政党，模仿了泰米尔纳德邦从达罗毗荼进步联盟分裂出去的安纳达罗毗荼进步联盟，建立了安纳泰卢固之乡党。[①] 该政党的领袖就是罗摩·拉奥的另一个儿子楠达穆里·哈里克里希那，他在 1995 年罢黜其父亲职务的过程中充当过十分积极的角色，而之后他又企图夺取安得拉邦首席部长的职位。起初，安纳泰卢固之乡党似乎会成为奈杜的泰卢固之乡党最为有力的竞争者，但是该党在 1999 年的邦议会选举中惨败之后就逐步消失了。[②]

毫无疑问，1995 年泰卢固之乡党的权力更替给政党的生存带来了巨大挑战，泰卢固之乡党的分裂甚至消亡在当时都是很可能出现的状

---

① “Anna” 在南印度的几种语言中意为“哥哥”，与北印度的“भैया”（bhaiyaa）相似。

② K. C. Suri, “Telugu Desam Party: Rise and Prospects for Future,” *Economic and Political Weekly*, Vol. 39, No. 14/15, 2004, p. 1485.

况。奈杜领导的泰卢固之乡党之所以能够延续和发展，原因是侥幸的：其一，奈杜的挑战者们没有继承罗摩·拉奥那样的领袖魅力，也没有获得选民的支持；其二，最为重要的是，奈杜刚好是一名政治能力卓越的领袖；其三，恰好在当时的邦政治中，没有其他特别强势的敌对政党能够撼动泰卢固之乡党的执政权。

四、泰卢固之乡党政治精英的执政与选举

在执政与选举方面，以个别政治精英为核心建立起来的泰卢固之乡党有三个特征：第一，泰卢固之乡党在选举上趋向于使用民粹主义方式动员选民；第二，在执政时期，泰卢固之乡党以集权的方式领导政党，也以集权的方式管理政府；第三，无论是罗摩·拉奥时期还是奈杜时期，家族化的政党管理以及公权力的私有化是不变的特征。

第一，泰卢固之乡党的政治精英意识形态倾向不明显，趋向于民粹主义模式的选举动员，并且期望尽可能地扩大自己的选举支持基础。罗摩·拉奥是民粹主义与克里斯马型相结合的典型领导人；而务实的奈杜在执政上更加注重提高治理水平，但在选举动员上依然摆脱不了民粹主义的特征。从罗摩·拉奥到奈杜，泰卢固之乡党本质上都是围绕政党领袖个人建立起来的政党，如果领袖个人不能以民粹主义的方式直接接触选民，泰卢固之乡党的选举注定是失败的。因此，给予各种选民群体福利项目并从中收获选举回报，是泰卢固之乡党庇护主义式选举的重要手段。

在泰卢固之乡党建立后不久，安得拉邦的卡玛种姓很快就聚集在了罗摩·拉奥周围。但要赢得选举，罗摩·拉奥需要大众的支持。如前文所述，罗摩·拉奥对基层的政府管理结构做出了重大调整。罗摩·拉奥在执政期间采取了很多措施，他废除了传统上在乡镇一级的农业生产管理官员帕特瓦里，并将原有的乡级行政区拆解之后重新划分为更小的乡级行政区，称为“税收曼达尔”。这些措施极大地改变了基层政治形势，在底层人民中十分受欢迎。因此，当后来的国大党政府企图改变罗

摩·拉奥的政策时，由于民间阻力巨大而无法推翻罗摩·拉奥的这些政策。[①]

罗摩·拉奥将所有权力集于一身，同时又利用强大的个人魅力建立与选民的直接联系。这使他能凌驾于很多地方领导之上，使得泰卢固之乡党制定的各种福利补贴能够直接分发到每个家庭。这使得罗摩·拉奥树立了一种关心人民的“泰卢固人老大哥”形象，并使其拥有了一种全新的与选民直接联系的关系。对此，国大党也制定了自己的针对个人的福利政策，进而在安得拉邦开创了一种持续至今的民粹模式。当罗摩·拉奥的继任者奈杜由于财政问题不得不减少大米补贴时，泰卢固之乡党很快就输掉了选举。随后，在安得拉邦的选举和政党竞争中，围绕粮食、电力、水资源的补贴问题已经不再是进行补贴与否的争论，而只在于补贴多少的问题。[②]

一些学者指出，泰卢固之乡党是以罗摩·拉奥为核心建立起来的政党，作为电影明星的罗摩·拉奥是典型的克里斯马型政治领导人，他的领导风格是民粹主义式的，当泰卢固之乡党在安得拉邦占据主导地位后，他们还吸引了低种姓的投票。[③] 罗摩·拉奥执政时主要依靠大规模的福利项目争取基层选民的支持；而奈杜虽然改变了罗摩·拉奥大规模民粹主义式的福利政策，但依然重视给予选民特定的福利，以此来维持选民的支持。奈杜的执政重点是通过推行自由主义的市场化改革，以整体上提升安得拉邦的经济发展水平。但是，奈杜从来没有放弃各种福利项目，在 1999 年大选之前的几个月，奈杜还推出了一系列福利项目，覆盖低种姓、部落人民、少数群体、女性、残障人士以及任何在选举上有影响力的群体，其规模远超之前的罗摩·拉奥政府。[④]

第二，不论是罗摩·拉奥还是奈杜，他们的执政风格都是集权、铁

---

① Inukonda Thirumali, *Telangana – Andhra*: *Castes*, *Regions and Politics in Andhra Pradesh*, Delhi: AAKAR Books, 2013, p. 105.

② Carolyn Elliott, “Clientelism and the Democratic Deficit,” *Studies in Indian Politics*, Vol. 4, No. 1, 2016, p. 27.

③ Oliver Mandelsohn and Marika Vicziany, *The Untouchables*, *the Subordination*, *Poverty and the State in Morden India*, Cambridge: Cambridge University Press, 2000, p. 206.

④ K. C. Suri, “Telugu Desam Party: Rise and Prospects for Future,” *Economic and Political Weekly*, Vol. 39, No. 14/15, 2004, p. 1486.

腕式的，他们的政策都以个人的政策取向为核心。与泰卢固之乡党的政党组织模式相似，泰卢固之乡党的政治精英在执政时，对政府也进行个人化、集权化的管理。1989 年 2 月，在邦议会选举之前，他解除了所有的邦政府部长职务，并且组建了一个全新的邦政府，并称泰卢固之乡党从来不缺乏担任政府相应职位的人。①

奈杜认为自己的政治理念和实践应当随着时间和环境的变化而改变。奈杜的上台意味着泰卢固之乡党以实用主义政治和经济改革为主的新时代开始，也标志着罗摩·拉奥的克里斯马型政治、民粹主义和集权统治的结束。奈杜认为自己是一个富有活力的领导人。他通过各种激励措施，促使邦议员和部长支持他的领导。相比党的职能机构，奈杜更加重视政府部门的重要性，当然前提是他要牢牢控制着政府的官僚机构。鉴于安得拉邦种姓和族群的多样性，他还十分重视党内以及政府内部的社会平衡，没有人可以挑剔奈杜偏袒任何一个社会群体。

一方面，奈杜不具备罗摩·拉奥那样的个人魅力，但是他通过大量措施有效地控制了政府机构和党组织，并且通过与基层人民的直接沟通以及务实的面对基层问题而弥补这一缺陷。他善于利用媒体，通过举办公开的民众与政府对话活动、对政府部门办公室进行突访、作为首席部长每周在电视上与民众面对面等，增加了自己的曝光度，也塑造了自己的个人魅力。②

另一方面，奈杜上台之后，他让一批新的社会和经济精英围绕在自己的周围，也加强了对泰卢固之乡党的控制。奈杜通过家庭联姻等方式加强了泰卢固之乡党的社会网络。奈杜自称执政是为了实现人民共同的社会和政治目标，然而现实的结果却是他的政党和一批被称为“工业化主义者”的人占有了大量的财富。自由化不仅仅导致了公有财产和国家资源的私有化，还创造了一个由公众人物构成的富有阶层。③

第三，无论是罗摩·拉奥还是奈杜执政，由于政党是以少数政治精

---

① K. C. Suri, “Telugu Desam Party: Rise and Prospects for Future,” *Economic and Political Weekly*, Vol. 39, No. 14/15, 2004, p. 1484.

② K. C. Suri, “Telugu Desam Party: Rise and Prospects for Future,” *Economic and Political Weekly*, Vol. 39, No. 14/15, 2004, p. 1485.

③ Inukonda Thirumali, *Telangana – Andhra: Castes, Regions and Politics in Andhra Pradesh*, Delhi: AAKAR Books, 2013, p. 108.

英为核心建立起来的，家族化的政治在执政和选举中都无法避免。奈杜之所以能够成功夺权上台，本质上体现的也是印度地方政治中，政治精英家庭的权力要大于法制的力量，公权力和私权力混淆不清。需要注意的是，1995 年政变发生时泰卢固之乡党刚于前一年赢得安得拉邦议会选举，成为了安得拉邦的执政党。泰卢固之乡党党内政变不仅是党内权力的变更，也是邦政府的权力变更。如果说政党私有化可以解释党内的夺权，那奈杜的夺权证明在印度的民主实践中似乎政府也是私有化的。奈杜的政变，事实上得到了邦督和邦发言人的支持。政变之后邦督要求奈杜领导泰卢固之乡党组建新的安得拉邦政府。一些法律专家认为，印度的法律虽然规定邦督有权力要求任何人组建新的政府，但是邦督实际上没有权力要求奈杜以泰卢固之乡党之名去组建新政府，因为奈杜在此之前已经在法律上被逐出了泰卢固之乡党。一些宪法专家则认为，如果奈杜要有合法性，他应当在邦议会内部打倒罗摩·拉奥的政权，而奈杜则是在议会之外通过强制手段夺权。

五、泰卢固之乡党与其他地方政治精英集团的关系

泰卢固之乡党崛起的历程以及泰卢固之乡党与国大党之间的竞争粗略地看似乎是以种姓为单位展开的政治与权力斗争。但实际上，泰卢固之乡党与国大党的界限并不严格按照种姓来区分，种姓斗争只在泰卢固之乡党初期发挥过部分作用。安得拉邦的政党斗争，更像是一小部分占据社会和经济资源的政治精英之间的斗争。因此，在安得拉邦的政治中，政治精英的叛党与党籍变更现象十分普遍。

第一，安得拉邦早期的政党竞争，体现了一种传统社会群体之间的竞争关系，这种竞争关系在 20 世纪 90 年代之后已经逐渐淡化。早期，由于雷迪种姓主导了国大党在安得拉邦的分支，因此雷迪种姓掌控着政府的权力。相对的，在建国之后的 30 多年里，安得拉邦的卡玛种姓逐渐转变为一个企业家团体，但是却很少触碰政治。然而，问题在于在印度的社会环境中，经商也需要政府的支持，这就意味着他们需要获取政治权力。卡玛种姓认为他们的社会地位与雷迪种姓其实是相同的，但在政治上却没有雷迪那样的权力。因此，开始出现了像 N. G. 兰伽这样的农民民族主义者作为卡玛种姓的领袖来与雷迪种姓竞争。然而，卡玛种

姓内部是分裂的，出身农民或从事农业的卡玛支持印度共产党，而兰伽的支持者则多为一些民族主义者。最终，兰伽和他的支持者们和雷迪种姓主导的国大党和解了。那些对国大党不再抱有幻想的人急需一个新的领袖。在这样的背景下，就不难理解罗摩·拉奥建立的泰卢固之乡党为什么能很快获得成功。①

第二，由于政党—选民关系以庇护主义关系为基础，因此安得拉邦的政治精英们可以随意变更政党。政党竞争从某种程度上变成了一小群政治精英之间的分化与斗争。特伦甘纳邦首席部长卡拉昆特拉·钱德拉塞卡·拉奥也是特伦甘纳民族委员会党的建立者和党魁，早期曾是一名国大党党员，在 1983 年加入泰卢固之乡党后又于 2001 年建立特伦甘纳民族委员会党。② 有时，叛党也并不受种姓归属的限制，政客们选择党籍时首先考虑的是政治利益。2019 年，先前还在批评印人党的一些泰卢固之乡党籍国家议会议员脱离泰卢固之乡党加入了印人党，YSR 人会党的秘书长甚至认为印人党在安得拉邦一半的议员来自泰卢固之乡党，属于印人党中的泰卢固之乡党派。③

在安得拉邦相对比较落后、长期干旱的拉亚拉西马地区，政治暴力现象十分常见，帮派势力盛行。泰卢固之乡党的奈杜就来自拉亚拉西马地区的契托尔县。安得拉邦警方在 2015 年报告称在当地有 69 个帮派，持有各类武器多达 3600 件。目前，这些帮派虽然较少进行街头暴力，但是它们时常介入选举和酒类贩卖许可证的投标活动。④

---

① Inukonda Thirumali, *Telangana – Andhra: Castes, Regions and Politics in Andhra Pradesh*, Delhi: AAKAR Books, 2013, p. 105

② Adam Ziegfeld, "Dynasticism across Indian Political Parties," in Kanchan Chandra ed., *Democratic Dynasties: States, Party, and Family in Contemporary Indian Politics*, Cambridge: Cambridge University Press, 2016, p. 110.

③ "Half of AP BJP is TDP Faction, Says Lakshmi Parvathi," *Times of India*, August 29, 2019, https://timesofindia.indiatimes.com/city/visakhapatnam/half – of – ap – bjp – is – tdp – faction – says – lakshmi – parvathi/articleshow/70882377.cms.

④ G. S. Radhakrishna, "Factionalism, Violence and Politics in Andhra Pradesh's Rayalaseema," *The Wire*, March 31, 2017, https://thewire.in/politics/rayalaseema – politics – andhra – pradesh.

第三节　比朱人民党的崛起发展与地方政治精英

在奥里萨邦，包括比朱人民党在内的几个主要政党都不是以代表特定种姓集团利益为基础建立的政党，每个政党的领袖都希望自己能够赢得最广泛的支持。在奥里萨邦的所有政治精英中，比朱人民党的政党领袖以自己超凡的个人魅力，赢得了坚实的选民基础，维护了比朱人民党的统一，并使比朱人民党逐步发展为邦政治中一党独大的政党。

一、比朱人民党政治精英的社会背景

与安得拉邦情况不同的是，即使在建党初期，奥里萨邦的各个主要政党也并不是以特定种姓为基础建立的，也没有以种姓认同进行选举动员。但是，奥里萨邦各个政党的领袖们、各种政治精英都出身于特定的几个高种姓，他们在历史上长期在社会和经济上占有优势地位。

奥里萨邦也是一个地方主义强烈的邦，在邦以下的各个地区都有各自的地域认同，并在奥里萨省时期（英国殖民时期）长期反对省级政府。在印度独立之前，奥里萨邦事实上是由26个土邦组成。① 印度独立之后，奥里萨邦的政治领袖大多出身高种姓。直到1957年选举时，拥有土地的贵族阶层和地主们依然主导着该邦的政治，甚至各个部落的领袖也是出身于各部落传统的社会精英阶层。

二、比朱人民党的政党领导人

与其他很多印度政党一样，比朱人民党也是围绕核心政治领导人建立起来的政党。比朱人民党的核心就是纳文·帕特奈克，他实际上继承的是其父比朱·帕特奈克的政治遗产。早期追随纳文·帕特奈克建立比朱人民党的元老们，很多是比朱·帕特奈克的追随者。比朱人民党的核心政治精英，就是比朱·帕特奈克家族以及家族的追随者。

---

① B. B. Jena, "Orissa Politics," *The Indian Journal of Political Science*, Vol. 55, No. 3, 1994, pp. 285 – 298.

比朱·帕特奈克的一生十分传奇。比朱·帕特奈克年轻时是一名飞行员，二战时期他服役于英属印度的“皇家印度空军”并最终成为空军运输部队的指挥官。日本入侵东南亚地区之后，比朱·帕特奈克负责撤离英国人，他还参与过运送物资的行动。同时，比朱·帕特奈克还是印度独立运动分子，他 13 岁时就认识了圣雄甘地。二战期间，他一方面坚信要打败日本，另一方面也要争取印度的独立。最终，1943—1946 年，他因积极推动印度摆脱英国殖民统治而被判入狱，在印巴分治的前一年得以获救。1947 年，比朱·帕特奈克创办了自己的航空公司，还在第一次印巴战争期间运送士兵到克什米尔前线。同时，比朱·帕特奈克还参与了苏加诺领导的印尼独立运动。1948 年，他飞往印尼爪哇岛营救了两名被荷兰殖民当局拘捕的反抗者。印尼独立之后，苏加诺授予比朱·帕特奈克荣誉公民称号。①

印度独立之后，比朱·帕特奈克在印度政治舞台上占有重要的地位。比朱·帕特奈克是尼赫鲁政策圈子中的成员。之后，比朱·帕特奈克成为了他的家乡奥里萨邦的首席部长。由于和英迪拉·甘地有争执，他离开了国大党。在英迪拉·甘地推行紧急状态期间，比朱·帕特奈克作为政治犯被捕入狱。他还是人民党的建立者之一，1977 年英迪拉·甘地下台之后人民党上台执政，② 因此，他也成为了新政府的部长级官员。1977—1979 年，比朱·帕特奈克担任印度联邦钢铁与煤矿部长，于 1980 年和 1984 年被选为人民院议员。③

此外，比朱·帕特奈克也是奥里萨邦政治中的重要人物。1960 年，他成为国大党奥里萨邦分支主席。在他的领导下，国大党赢得了 1961 年奥里萨邦的邦议会选举，他因此成为了首席部长。他曾回忆说：“1961 年，我成为尼赫鲁的国大党在奥里萨邦的领导人，并使该党在历史上第一次成为奥里萨邦议会中的绝对多数党。尼赫鲁坚持要我放弃我的企业，去领导奥里萨邦政府。”④ 1963 年，比朱·帕特奈克辞去首席

---

① “Obituary: Biju Patnaik,” *The Economist*, Vol. 343, No. 8014, 1997, p. 88.

② “Obituary: Biju Patnaik,” *The Economist*, Vol. 343, No. 8014, 1997, p. 88.

③ “Biju Patnaik Dead,” Rediff. com, April 18, 1997, http://www. rediff. com/news/apr/17biju. htm.

④ “Biju Patnaik Dead,” Rediff. com, April 18, 1997, http://www. rediff. com/news/apr/17biju. htm.

部长职务，但仍然是奥里萨邦政治中的重要人物。1969 年，他和国大党领导人英迪拉·甘地的矛盾公开化，随即离开了国大党，自己组建了一个名为乌特卡尔国大党的地区性政党。该政党在 1971 年的邦议会选举中表现还算良好，但并没有获得成功。此后，比朱·帕特奈克作为联邦部长和人民院议员活动于国家政坛。1989 年，他再次回到奥里萨邦，准备参与邦议会选举。1990 年的邦议会选举中，他领导新人民党的奥里萨邦分支获得了邦议会 139 个议席中的 123 席，得票率高达 53.69%。比朱·帕特奈克在 27 年之后再次成为了奥里萨邦的首席部长。他的再次出任，也象征着奥里萨邦工业化的开始。[①] 奥里萨邦的纺织、商品制造等产业是由比朱·帕特奈克建立的。他利用自己的政治影响力在奥里萨邦建立了数个庞大的国有企业，其中包括帕拉迪布港以及位于鲁吉拉的钢铁厂。[②]

比朱·帕特奈克的一些执政理念是比较先进的。他在第二次担任奥里萨邦首席部长期间，积极反腐，吸引私有资本投资奥里萨邦，出台对“草根”阶层女性赋权的法律。然而，他还是输掉了 1995 年的邦议会选举。1997 年 4 月，比朱·帕特奈克病逝。[③] 他曾说“克里斯马型政治领导人不需要意识形态”，在他去世后，人民院前议长拉比·雷也用这句话来追忆他的一生。[④]

比朱·帕特奈克有两个孩子——吉达·迈哈达和纳文·帕特奈克。长女吉达·迈哈达毕业于剑桥大学，是著名的作家和纪录片制作人，长期定居美国纽约；次子纳文·帕特奈克在从政之前也是一名作家和艺术家。1997 年 12 月，他与父亲的支持者一道建立了比朱人民党。在奥里萨邦新人民党的 43 个邦议员中，有 29 人离开了新人民党与纳文·帕特

---

① Dasarathi Bhuyan, *Orissa Politics from 1936 to Contemporary Politics*, Delhi: Manglam Publications, 2010, p. 102.

② "Obituary: Biju Patnaik," *The Economist*, Vol. 343, No. 8014, 1997, p. 88.

③ "Biju Patnaik Dead," Rediff. com, April 18, 1997, http://www.rediff.com/news/apr/17biju.htm.

④ Syed Firdaus Ashraf, "Charismatic Leaders Do Not Need Any Ideology," Rediff. com, April, 1997, http://www.rediff.com/news/apr/17biju1.htm.

奈克一道创立比朱人民党。①

2000年，纳文·帕特奈克开始执政奥里萨邦时既不懂奥里亚语，也不懂奥里萨邦，更不懂政治。然而，出乎预料的是，他以及他领导的比朱人民党成为不论是在国大党执政时期还是印人党执政之下都能屹立不倒的政坛常青树。奥里萨邦的政治逐渐向着比朱人民党一党独大的局面发展。2019年，比朱人民党赢得邦议会选举之后，纳文·帕特奈克连续第五次担任奥里萨邦首席部长。至此，他已经成为奥里萨邦历史上任职时间最久的首席部长，也成为印度历史上任职时间最久的三位首席部长之一，其余两位是任职25年之久的锡金邦首席部长帕万·查姆林和任职23年之久的西孟加拉邦首席部长乔蒂·巴苏。② 纳文·帕特奈克几乎完全依靠个人的勤奋努力、人格魅力以及公正、清廉、正直的形象赢得了选民的支持。与他的父亲比朱·帕特奈克一样，纳文·帕特奈克也是一位典型的克里斯马型政治领导人。

三、比朱人民党的政治精英与政党

由于比朱人民党是以纳文·帕特奈克为核心，以支持比朱·帕特奈克的原新人民党的奥里萨邦分支为基础，从新人民党中分裂出来的政党。因此，纳文·帕特奈克对比朱人民党的领导有两个特点：其一，比朱人民党也是以党主席为核心建立起来的政党，因此克里斯马型政治领导人和集权领导必不可少；其二，比朱人民党本质上是一群奥里萨邦政治精英基于现实政治利益组合在一起的政党，这也导致了比朱人民党出现过严重的党内分裂问题，给政党的延续和统一造成过很大的威胁。

第一，比朱人民党是以纳文·帕特奈克为核心建立的政党，因此他只有通过成为一个克里斯马型政治领导人并结合集权领导模式才能维持政党的统一和生存。十分幸运的是，他具有成为一个魅力型领袖的特

① Manoranjan Mohanty, "Orissa Elections and Kalahandi's Tularam," *Economic and Political Weekly*, Vol. 33, No. 5, 1998, pp. 204 - 206.

② Anand St Das, "Naveen Patnaik Set to Make History as Odisha Hands him Power for a Record Fifth Straight Term," News 18, May 23, 2019, https://www.news18.com/news/politics/naveen-patnaik-set-to-make-history-as-odisha-hands-him-power-for-a-record-fifth-straight-term-2156905.html.

质，同时比朱人民党中一些有经验和能力的政治人物也愿意为他的领导贡献力量。

其父在去世之前一直让纳文·帕特奈克远离政治，因此当纳文·帕特奈克成为比朱人民党的主席并且在奥里萨邦担任首席部长时，他还是一个政治上的新人。这虽然是纳文·帕特奈克的短板，但是对于奥里萨邦的人民来说，他们受够了那些老练的政客，政治新人纳文·帕特奈克反倒像一股清流。他在担任首席部长之前都在奥里萨邦之外生活，所以奥里亚语水平非常有限。在演讲时，他只能用罗马拼音标注的奥里亚语讲稿。纳文·帕特奈克曾向听众说："请忍受我一段时间，我会花更多的时间去学习美丽的奥里亚语。"事实上，当他拿起话筒之时，他的声音已经被"纳文·帕特奈克万岁"的口号淹没。①

纳文·帕特奈克实际上是在父亲去世后被动卷入政治的。他在奥里萨邦的人脉关系十分有限。因此，他在执政初期需要依靠那些长期活跃在奥里萨邦政坛的官员和政客。皮亚里·莫汗·马哈帕特拉就是他依赖的顾问。皮亚里·莫汗·马哈帕特拉于2000年加入比朱人民党。尽管比朱人民党内部存在很多争执和矛盾，但由于皮亚里·莫汗·马哈帕特拉的存在，比朱人民党总能对外展现一致的立场。皮亚里·莫汗·马哈帕特拉帮助比朱人民党度过了很多危机。②

总体而言，与泰米尔纳德邦的全印度安那达罗毗荼进步联盟、安得拉邦的泰卢固之乡党一样，比朱人民党也是个人化的政党，所有的权力都集中在纳文·帕特奈克一个人手里。虽然，他看起来十分依赖皮亚里·莫汗·马哈帕特拉，但是实际上一直牢牢掌控着各种事务的决定权。③纳文·帕特奈克虽然不太懂奥里亚语，但他通过各种手段，牢牢地控制着比朱人民党的各级官员。他每周都要与他的部长和地方官员们会晤，即使是以视频或电话会议的方式。同时，他也以强硬的党内管理措施为手段，对异议分子坚决清除。

---

① Dasarathi Bhuyan, *Orissa Politics from* 1936 *to Contemporary Politics*, Delhi: Manglam Publications, 2010, pp. 142 – 143.

② Dasarathi Bhuyan, *Orissa Politics from* 1936 *to Contemporary Politics*, Delhi: Manglam Publications, 2010, pp. 144 – 145.

③ Dasarathi Bhuyan, *Orissa Politics from 1936 to Contemporary Politics*, Delhi: Manglam Publications, 2010, pp. 179 – 181.

如本书第三章中所述，在比朱人民党执政奥里萨邦后不久，2002年在面对迪尔普·雷等党内异见分子时，纳文·帕特奈克的态度是十分强硬的，即使冒着损害与政党盟友印人党关系的风险，也坚决要将异见分子逐出党外。当迪尔普·雷成为联邦院议员之后，企图分裂比朱人民党。此时，比朱人民党在邦议会中一共有 73 个议席，但是迪尔普·雷联合了其中数十名邦议员。如果迪尔普·雷的行动成功，比朱人民党将会失去执政地位。当时的政治观察家相信迪尔普·雷会书写奥里萨邦政治的未来。但是，皮亚里·莫汗·马哈帕特拉和纳文·帕特奈克成功挫败了这次分裂活动。纳文·帕特奈克以清廉反腐的形象进入政界。2002年 8 月，他就以反腐为名清除了数名比朱人民党籍奥里萨邦部长。在此前一年，他还清除了 3 名部长、撤销了 1 名印度行政服务局官员的职务以及请求中央政府让 1 名官员提前退休。这些举动为他赢得了民众的好评。但是，纳文·帕特奈克对党内的反腐，也被批评为是具有政治动机的清除行为。此外，为了遏制党内的分裂活动，他还企图驱逐一批比朱人民党籍人民院议员。实际上纳文·帕特奈克是要对比朱人民党的领导层重新洗牌。①

第二，由于纳文·帕特奈克本人是政治上的新人，比朱人民党又是一群政治精英的组合，而奥里萨邦的政党—选民关系同样是以庇护主义为基础的，政客对政党的忠诚度极低，因此比朱人民党在第一个执政期内，曾面临过严重的政党分裂风险。

奥里萨邦的政党政治中，叛党和变更党籍现象十分常见。从奥里萨邦建立到 20 世纪 80 年代，奥里萨邦的政党政治表现出一种极度不稳定的奇怪状态。各个政党都在忙于处理自己内部的“反叛者”，而不是去应对其他政党的竞争。比朱·帕特奈克本人就是从国大党分裂出来，随后建立了自己的地区性政党，之后又组建了人民党，最后其追随者又通过分裂新人民党建立了比朱人民党。在 21 世纪，这种状况同样很常见。在 2004 年选举前，比朱人民党开除了 15 名党员的党籍，其中包括曾经担任过联邦部长的巴哈贾曼·巴哈拉；印人党开除了 10 名党员的党籍，

① Dasarathi Bhuyan, *Orissa Politics from 1936 to Contemporary Politics*, Delhi: Manglam Publications, 2010, pp. 148 – 151.

其中包括3名还在任的邦议员；国大党也除名了3名“叛变者”。[①] 这些被除名的政客，通常又会加入敌对政党继续进行选举活动。

纳文·帕特奈克强硬的管理措施，曾在党内引起强烈的反弹。2002年，之前对纳文·帕特奈克强烈不满的迪尔普·雷以及维贾亚·马哈帕特拉等人开始召集比朱人民党中对纳文·帕特奈克不满的邦议员加入自己的阵营。最终，这些反对纳文·帕特奈克的邦议员达到了14人，他们希望团结24位议员以便最终分裂比朱人民党。此时，比朱人民党在邦议会147个议席中握有70个议席。异议分子们还一起罢黜了原来比朱人民党在人民院的领袖，也是时任印度联邦水利部长的阿琼·塞提，选举人民院议员普拉桑纳·阿查亚作为他们在人民院的领袖，并且获得了人民院议长马诺哈尔·乔什的支持。普拉桑纳·阿查亚称：“我们不是反对首席部长纳文·帕特奈克本人，而是为了反对他的专制主义作风。”对此，纳文·帕特奈克强硬回应：“没有什么剧烈的改变发生，以后也不会发生。”[②] 并开除了三名比朱人民党籍人民院议员的党籍。

由于此时的比朱人民党依然需要与印人党联合才能在奥里萨邦执政，最终通过与印人党的谈判，纳文·帕特奈克做出了妥协，任命了62名比朱人民党和印人党的党员成为奥里萨邦各个政府部门的首长。同时，他也成功说服了一些反叛的人民院议员和邦议员。因此，分裂比朱人民党的活动最终没有成功。最根本的原因在于，纳文·帕特奈克依然是奥里萨邦最受选民欢迎的政治人物。[③]

纳文·帕特奈克本质上是一个依靠个人魅力取胜的领导人，在第一个任期内，他在比朱人民党内招致了很多反对，并且使比朱人民党出现了严重的分裂危机。但是，在他的顾问皮亚里·莫汗·马哈帕特拉的帮助下，纳文·帕特奈克的比朱人民党赢得了2004年的选举。皮亚里·莫汗·马哈帕特拉亲自管理了2004年的所有选举，为选民分发物品。他亲自挑选了所有比朱人民党的候选人，激励所有的候选人并尽量满足

---

① Dasarathi Bhuyan, *Orissa Politics from 1936 to Contemporary Politics*, Delhi: Manglam Publications, 2010, p. 170.

② Dasarathi Bhuyan, *Orissa Politics from 1936 to Contemporary Politics*, Delhi: Manglam Publications, 2010, pp. 151 – 152.

③ Dasarathi Bhuyan, *Orissa Politics from 1936 to Contemporary Politics*, Delhi: Manglam Publications, 2010, p. 164.

他们提出的选举需求。[①]

四、比朱人民党政治精英的执政与选举

比朱人民党之所以能数次赢得选举，关键因素在于纳文·帕特奈克的克里斯马型魅力。他领导的比朱人民党在选举和执政上有三个特点：其一，他的个人魅力是政党赢得选举的关键因素；其二，由于他本人和大多数政治精英都出身高种姓以及富裕阶层，因此比朱人民党执政主要侧重给予底层人民福利以便稳固自己的票仓；其三，他长期维持的反腐、亲民与公正形象，使其在政治上受益匪浅。

第一，纳文·帕特奈克的个人魅力是比朱人民党长期赢得选举的一个重要因素。2019 年，他第五次领导比朱人民党获得邦议会选举胜利后，有评论写道，他既不是电影里的名人，又不是能言善辩的演说家，也没有向几代人兜售过任何社会运动。他在被空降到政治权力机构之前 50 年都没有从事过政治。很多观察家认为他掌权几年后就会失败，然而事实却截然相反。值得赞扬的是，在过去五次选举中，他代表了奥里萨邦最好的领导者，也证明了奥里萨邦人民对各政党政客的失望。虽然他的父亲是一个天生的群众领袖，但在政治上的成功要比他少得多。纳文·帕特奈克是一个白手起家的群众领袖，他的政治品牌是随着时间的推移而精心打造的。[②]

事实上，纳文·帕特奈克的执政很难说是完美的，在第一个任期结束时，比朱人民党的执政面临着众多严峻的挑战。在纳文·帕特奈克第一个任期中，奥里萨邦失业严重，很多企业倒闭让就业问题雪上加霜，人均收入下降；灌溉项目没有完成，农业受到自然气候和农产品价格的影响面临着严峻的形势。比朱人民党的执政面临着广泛的批评。[③]

---

① Dasarathi Bhuyan, *Orissa Politics from* 1936 *to Contemporary Politics*, Delhi: Manglam Publications, 2010, p. 152.

② Sitakanta Panda, "Why does Odisha Love Naveen Patnaik?" *The New Indian Express*, May 24, 2019, https://www.newindianexpress.com/states/odisha/2019/may/24/why-does-odisha-love-naveen-1981119.html.

③ Dasarathi Bhuyan, *Orissa Politics from* 1936 *to Contemporary Politics*, Delhi: Manglam Publications, 2010, p. 177.

2004 年邦议会选举中，纳文·帕特奈克领导的比朱人民党在国大党横扫全国并且面对众多强劲对手的情况下依然保住了执政权，很大程度上要归功于纳文·帕特奈克在奥里萨邦清廉的形象以及他的个人魅力。[①] 纳文·帕特奈克在公开场合说道："我的政府致力于反腐、政府管理透明化、推行扶贫项目、创造更好的法制和秩序。这些因素确实帮助了我们（赢得竞选）。我父亲的遗产一直存在，但人民给了我们'祝福'以奖励我们的工作。"[②]

2009 年，奥里萨邦邦议会选举和人民院选举之后，印度发展中社会研究中心的民调显示，比朱人民党在奥里萨邦获得的支持，既跨越了阶级也跨越了种姓。比朱人民党在表列种姓中的得票率高达 51%、在表列部落中的得票率为 46%；相对的，主要竞争对手国大党在这两个群体中的得票率分别只有 38% 和 30%。同时，比朱人民党在城市地区的得票率为 48%，农村地区为 51%；而国大党分别只有 33% 和 29%。在各个高种姓群体里，比朱人民党的得票率也同样远超国大党和印人党。[③] 在比朱人民党赢得 2009 年的邦议会选举之后，有评论认为比朱人民党代表了奥里萨邦人民的地方情怀。纳文·帕特奈克被誉为反腐斗士，他还象征着这个落后邦的发展抱负和地方自豪感。[④]

2019 年大选时情况也十分相似。随着国大党在全国的衰落，奥里萨邦的政党竞争变成了比朱人民党与印人党之间的竞争。印度发展中社会研究中心的民调显示，奥里萨邦的选举结果凸显了该邦竞争激烈的选举政治的两个关键方面。其一，人们会发现一场难以捉摸的"形象之争"，一方是简单而忠诚的首席部长纳文·帕特奈克，另一方是强大而果断的总理莫迪。其二，这是一场明显的争斗，一方是依赖福利和平权行动的"农村奥里萨邦"，另一方是渴望成为强大中产阶层的"城市奥

---

① Dasarathi Bhuyan, *Orissa Politics from 1936 to Contemporary Politics*, Delhi: Manglam Publications, 2010, p. 178.

② Dasarathi Bhuyan, *Orissa Politics from 1936 to Contemporary Politics*, Delhi: Manglam Publications, 2010, pp. 178 – 179.

③ Surya Narayan Misra, "Naveen Patnaik Authors a New Chapter for Orissa," *Economic and Political Weekly*, Vol. 14, No. 39, 2009, pp. 148 – 150.

④ Surya Narayan Misra, "Naveen Patnaik Authors a New Chapter for Orissa," *Economic and Political Weekly*, Vol. 14, No. 39, 2009, pp. 148 – 150.

里萨邦”。[①] 2019 年大选之后，根据印度发展中社会研究中心的民调显示，在奥里萨邦，选民更倾向于支持纳文·帕特奈克本人。在该邦进行的民调显示，87% 的受访者表示，相比莫迪，他们更喜欢纳文·帕特奈克；相对的，只有 36% 的受访者表示比起纳文·帕特奈克他们更喜欢莫迪。同时，由于纳文·帕特奈克推出的一系列福利政策，46% 的贫困阶层投票支持比朱人民党，而投给印人党的贫困阶层只有 34%；同样，支持比朱人民党的中下层有 42%，而支持印人党的为 38%。[②]

第二，纳文·帕特奈克将一些民粹主义式的政策与自己的克里斯马型魅力巧妙地结合了起来，保证了比朱人民党的基本票仓。福利政策是纳文·帕特奈克政府最重要的政策。比朱人民党之所以赢得 2004 年的选举，是因为其巧妙地将其政治策略与一个强大的亲穷人计划结合起来。贫困线以下的家庭以每千克 2 卢比的价格供应大米就是一个例子。[③] 相似的，对于 2019 年大选，调查发现，纳文·帕特奈克政府为农民提供经济援助的“克鲁沙克民生和收入增长援助计划”可能是比朱人民党在人民院选举中领先印人党的关键因素。尽管调查发现比起比朱人民党，农民更倾向支持新人民党，但在从“克鲁沙克民生和收入增长援助计划”中受益的农民中（39% 的农民表示他们从该计划中受益），比朱人民党领先印人党 9 个百分点；在没有从“克鲁沙克民生和收入增长援助计划”受益的农民中，新人民党以传统的优势领先比朱人民党。[④]

与其他地区性政党的领导一样，纳文·帕特奈克也是集权式的领导人。但与大多数政党领袖不同的是，他较少引发争议，也不太进行宣传。纳文·帕特奈克政府中的官僚们领导着治理机器，而执政党的政客

---

① Hilal Ahmed and Gyanaranjan Swain, “Post – Poll Survey: Naveen’s Track Record Helps to Overcome BJP Blitz in Odisha,” *The Hindu*, May 28, 2019, https: //www. thehindu. com/elections/lok – sabha – 2019/naveens – track – record – helps – to – overcome – bjp – blitz/article27267792. ece.

② Hilal Ahmed and Gyanaranjan Swain, “Post – Poll Survey: Naveen’s Track Record Helps to Overcome BJP Blitz in Odisha,” *The Hindu*, May 28, 2019, https: //www. thehindu. com/elections/lok – sabha – 2019/naveens – track – record – helps – to – overcome – bjp – blitz/article27267792. ece.

③ Surya Narayan Misra, “Naveen Patnaik Authors a New Chapter for Orissa,” *Economic and Political Weekly*, Vol. 14, No. 39, 2009, pp. 148 – 150.

④ Hilal Ahmed and Gyanaranjan Swain, “Post – Poll Survey: Naveen’s Track Record Helps to Overcome BJP Blitz in Odisha,” *The Hindu*, May 28, 2019, https: //www. thehindu. com/elections/lok – sabha – 2019/naveens – track – record – helps – to – overcome – bjp – blitz/article27267792. ece.

和部长们则相对比较低调。纳文·帕特奈克的公共政策说辞很简单：中间偏右的政策辅以一系列民粹主义福利计划。现在，他对不同的选民群体有不同的意义。一方面，一部分选民对他在救灾方面的成功表示赞赏，女性选民支持他是因为大量的女性福利计划和自助团体，年轻选民喜欢他在体育方面的新表现。纳文·帕特奈克政府的“克鲁沙克民生和收入增长援助计划”、为城市穷人提供低价午餐的阿哈尔餐饮中心、曲棍球世界杯、一系列分期发放的福利计划、向女性发放智能手机、两年一次的奥里萨邦招商引资洽谈会、“奥里萨制造”都广受欢迎。所有的这些现在都是纳文·帕特奈克“冒险故事”的一部分，抵消了那些对他执政的批评。另一方面，选民也选择性地忽略了纳文·帕特奈克的比朱人民党在执政期间的治理缺陷以及经济增长和发展方面的失败。①

第三，反腐、公正和亲民的形象，也是纳文·帕特奈克长期制胜的关键。久而久之，纳文·帕特奈克也被证明是一个精明的政治人物，但是大部分选民称其为“清廉先生”。纳文·帕特奈克的优势在于他不是那种选民早已厌倦的传统政客形象。纳文的“冷血”更多地反映在反腐方面，他掌权之后的第一个和第二个任期中，就有530名官员被进行腐败调查。② 2004年的邦议会选举时，纳文·帕特奈克提前几个月就展开了选举活动，他几乎走遍了奥里萨邦所有的县；而他的主要对手奥里萨邦的国大党却正在忙于内斗，并忙于奔赴德里寻求中央的支持。

尽管纳文·帕特奈克本人是通过继承父亲比朱·帕特奈克的政治遗产而进入政界的，但是，他也批评奥里萨邦的国大党领袖J. B. 帕特奈克对奥里萨邦国大党的家族化统治。J. B. 帕特奈克在2004年的选举时，将国大党人民院议员的候选人资格给予了自己的妻子迦雅提·帕特奈克和女婿索姆雅·兰迦·帕特奈克，而把邦议会候选人资格给了他女婿的哥哥尼兰加·帕特奈克。③

---

① Sitakanta Panda, “Why does Odisha Love Naveen Patnaik?” *The New Indian Express*, May 24, 2019, https://www.newindianexpress.com/states/odisha/2019/may/24/why-does-odisha-love-naveen-1981119.html.

② Dasarathi Bhuyan, *Orissa Politics from* 1936 *to Contemporary Politics*, Delhi: Manglam Publications, 2010, p. 165.

③ Dasarathi Bhuyan, *Orissa Politics from 1936 to Contemporary Politics*, Delhi: Manglam Publications, 2010, p. 170.

纳文·帕特奈克担任首席部长期间，给公众树立了十分良好的形象。一次，纳文·帕特奈克在肯德拉帕拉县与官员谈话中得知 12 千米外的迪亚普拉的一所学校发生了屋顶垮塌事件，导致 2 名学生丧生、12 名学生受伤之后，他迅速奔赴现场，马上宣布了对受害者家属的赔偿方案，并迅速问责了事件的相关政府官员。同时，还命令对所有的学校和医院进行随机安全检查。[①] 在他担任首席部长期间，类似的事件和报道有很多。

五、比朱人民党与其他地方政治精英集团的关系

奥里萨邦的政党竞争并没有沿着种姓、族群或宗教的分野展开。奥里萨邦虽然存在争取部落民权力的社会运动，但并没有形成以部落为基础的政党；奥里萨邦虽然出现过印度教与基督教的严重宗教冲突，但除了印人党具有强烈的印度教民族主义之外，其他政党都没有强烈的宗教特征，比朱人民党则一直坚持自己是世俗主义政党。因此，奥里萨邦的政治精英们也不是某个种姓、宗教团体或边缘社会群体的代表，他们声称自己代表大众的利益，基于自己的政治和经济利益展开政治活动。主流政党中，比朱人民党的领袖纳文·帕特奈克和国大党的领袖 J. B. 帕特奈克来自可兰种姓，印人党的领袖巴桑塔·潘达来自婆罗门种姓。当然，也有政治人物主张要提高一些地位较低的种姓群体的政治地位。例如国大党党员、前联邦部长斯里坎特·杰纳就呼吁纳文·帕特奈克应当将候选人资格更多地分配给其他低种姓和表列部落出身的政治人物。[②]

奥里萨邦的几个主要政党分别都有自己特定的核心选区，也有自己的支持群体。但是，总体而言三个政党在不同种姓、阶级、族群中都有一定比例的支持者，只是在比例上稍微有所差别。以 2009 年的选举结果为例，比朱人民党的支持者主要由高种姓和其他群体构成，而奥里萨邦国大党的主要支持者则是表列部落和表列种姓。同时，比朱人民党的

---

① Dasarathi Bhuyan, *Orissa Politics from 1936 to Contemporary Politics*, Delhi: Manglam Publications, 2010, pp. 164 - 165.

② Sagar, "The Brahmin - Kayastha Hegemony has Overridden Political Social Justice in Odisha," *The Caravan*, May 21, 2019, https: //caravanmagazine. in/politics/brahmin - kayastha - hegemony - re.

支持者大多是受教育程度较高的人，而国大党则正好相反。从阶层属性来看，比朱人民党的支持者大多是相对富裕的阶层，而国大党则主要吸引贫困阶层的投票。但总体而言，比朱人民党在2009年的胜利是全面性的，它在所有社会群体中都获得了相当高比例的支持。[①]

由于在奥里萨邦的政治中，政治精英的种姓、地域、宗教和族群等归属感比安得拉邦更弱，因此，奥里萨邦的政治精英们同样也是以各自的政治利益为基础，选择加入不同的政党。政治精英之间的竞争也因此剧烈地影响着奥里萨邦的政党竞争格局。

小结

通过上述分析，不难发现印度的政治精英在地方政治中扮演着十分重要的角色，对政党的生存与发展有时甚至具有决定性的影响力。本章认为，印度的政治精英们对地区性政党的生存、发展与延续具有以下几点作用。

第一，地区性政党大多以个别政治精英为核心建立，因此政党组织的个人化、家族化和集权化不可避免。与印度很多政党一样，泰卢固之乡党和比朱人民党都是以它们的政党领袖以及一群与政党领袖关系紧密的政治精英为核心组建起来的政党。政党管理的个人化与家族化在这些政党中十分常见。印度地方政治中的政治精英大多出身当地具有优势社会地位和经济地位的家庭。虽然，在印度一些邦，边缘群体或少数群体的平权运动造就了一批出身低种姓、贫困阶层、少数教派以及农村出身的政治精英。但在安得拉邦和奥里萨邦，政治精英大多还是来自地方的高种姓和优势地位种姓，而且多数政治领袖都来自地方经济地位较好的阶层或者直接出生于政治精英家庭。泰卢固之乡党的主要对手，安得拉邦的国大党分支同样采用的是以拉亚塞卡拉·雷迪个人为核心的集权管理模式。2009年拉亚塞卡拉·雷迪去世之后，安得拉邦国大党的中央集权管理体系很快开始瓦解。与同样高度集权化的泰米尔纳德邦政党不同，安得拉邦国大党没有令人信服的意识形态来维持党内中层领导的忠

① Surya Narayan Misra, "Naveen Patnaik Authors a New Chapter for Orissa," *Economic and Political Weekly*, Vol. 14, No. 39, 2009, pp. 148 – 150.

诚，其忠诚一般是建立在领导人之间的裙带关系之上。因此，在邦议会输掉两次补选后，拉亚塞卡拉·雷迪的党羽弃国大党而去并跟随他的儿子创建拉亚塞卡拉·雷迪大会党。[①] 这充分证明核心政治精英对印度政党的组合与分化是多么的重要。

在印度其他地方，政党组织的个人化、家族化情况也十分普遍。政治精英家庭的存在本质上体现的是一种政治不平等，印度的政治不平等可以说是经济不平等的镜像。正如政治由几个政治家族控制一样，印度的商业仍然由几个关系密切的家族控制，这使政治腐败永久化。[②] 例如，旁遮普邦最高阿卡利党主席苏赫比尔·辛格是数次出任过旁遮普邦首席部长的政坛明星帕卡什·辛格·巴达尔的儿子。哈里亚纳邦的印度国家人民党主席欧姆·普拉卡什·肖塔拉是印度前副总理、哈里亚纳邦前首席部长、印度国家人民党创始人德维·拉尔之子。此类案例在印度政坛数不胜数，泰卢固之乡党和比朱人民党绝对不是印度政治的特例。

第二，在印度地方政治中，政党之间的竞争以及政党内部的斗争本质上都是地方政治精英之间的斗争。他们之间展开的斗争很难说是以某种意识形态分歧为基础或为了某个特定阶层或群体的利益而展开，更多的是为了自身的政治和经济利益。理论上，民选政府应当成为“人民的政府”，但在印度的实践中，则是一个利益集团控制着政府，再将利益回报给那些在选举时支持自己的盟友。泰卢固之乡党和比朱人民党的党内斗争都是对政治权力的争夺，而泰卢固之乡党和比朱人民党与其他政党的竞争，更像是政治精英们之间的长期博弈。政党归属乃至政党本身都只是精英们进行权力斗争的工具。

第三，政治精英之间的组合与分化，会直接导致地区性政党的建立、组合、分裂与消亡。这一现象的原因在于两个方面：其一，印度的政党—选民关系主要是基于庇护主义的利益交换关系，选民忠诚于政治精英个人，因此政治精英对政党的分裂与组合给精英个人的选举利益带来伤害的概率较小；其二，政党是以政治精英为核心建立的，政党还大

---

① Carolyn Elliott, “Clientelism and the Democratic Deficit,” *Studies in Indian Politics*, Vol. 4, No. 1, 2016, p. 32.

② Neelam Deo and Arjun Chawla, “The Paradox of Dynastic Politics in India,” in Surendra Munshi ed., *Democracy under Threat*, New Delhi: Oxford University Press, 2018.

多采用集权化的组织结构，精英个人的政治决定以及精英之间的分歧与矛盾对政党本身有巨大的影响。泰卢固之乡党和比朱人民党都曾面临过严重的政党分裂危机，而这些危机的根本原因都在于地方政治精英在权力和利益问题上的分歧激化。泰卢固之乡党在奈杜发动夺权之后出现了各种分裂泰卢固之乡党与反泰卢固之乡党的政治势力，而这些势力大多出自罗摩·拉奥家族内部以及环绕在各个家庭成员周围的政治精英。比朱人民党则在执政初期就遇到了一批又一批互相串联和企图独立建党的政客。也许是政党领袖的能力或是特定的政治形势帮助了政党维持统一，但政治精英之间的合纵连横让地区性政党的生存和延续变得十分脆弱。这也解释了为什么印度的地区性政党都采取集权领导模式。

执政哈里亚纳邦仅4年的地区性政党哈里亚纳发展党的经历就是泰卢固之乡党和比朱人民党的反例。泰卢固之乡党和比朱人民党因为政治精英之间博弈得以诞生和存续，而哈里亚纳发展党则因为政治精英的分裂与协调导致了消亡。哈里亚纳发展党建党的原因与比朱人民党十分相似，是主流政党的政治精英分裂的结果；而政治精英内部协调妥协，又导致了哈里亚纳发展党的消亡。该党主席班西·拉尔是印度前总理英迪拉·甘地的密友，也是国大党的领导人之一。1990年，拉尔因被忽视而与英迪拉·甘地的儿子拉吉夫·甘地产生矛盾。随后，拉尔提出建立一个平行于国大党的组织，同年拉尔被逐出议会。拉尔将他的平行组织转变为一个新的地区性政党，即哈里亚纳发展党。哈里亚纳发展党在1995年与竞争对手印人党结盟，对国大党造成了严重损害。哈里亚纳发展党的消亡也与政治精英内部的再次重组有关。当哈里亚纳发展党在2000年遭遇选举失利之后，为了在哈里亚纳邦政治中对付共同的敌人印度国家人民党和印人党，国大党愿意再次提名哈里亚纳发展党党员成为人民院候选人。同时，哈里亚纳发展党的政治精英还愿意积极与国大党接洽促成合并。哈里亚纳发展党秘书长苏伦德·辛格的妻子基兰·乔杜里是国大党德里分支的领导人，在哈里亚纳发展党与国大党合并的事务上进行了积极的斡旋和协调。①

---

① Ajay Jha and Chief Correspondent, "Haryana Vikas Party Announces Merger with Congress," *Culf News*, October 15, 2004, https://gulfnews.com/world/asia/india/haryana-vikas-party-announces-merger-with-congress-1.335702.

第四，克里斯马型的领导以及民粹主义式的选举动员是政党选举成功的重要条件。泰卢固之乡党和比朱人民党的案例说明，政党领袖需要具备直接获取大量选民支持的领袖魅力，才能有效地获得选民支持并长期维持政党的统一。因为，如果政党领袖不能最大程度地获得选民认可，在庇护主义的民主体制中，其他的党内政治精英必然要与政党分裂。泰卢固之乡党领导人罗摩·拉奥和比朱人民党领导人纳文·帕特奈克以及他的父亲比朱·帕特奈克都是典型的克里斯马型政治领导人。而泰卢固之乡党后来的继任者奈杜，虽然个人魅力不及罗摩·拉奥，也通过灵活利用媒体一定程度上塑造了自己的领袖魅力。当然，奈杜执政时期，泰卢固之乡党的政党—选民关系表现出了更多庇护主义的特征，而克里斯马型特征相对降低。泰卢固之乡党的主要竞争对手、国大党的领袖拉亚塞卡拉·雷迪同样也是一个魅力型领袖。在 2004 年选举之前，拉亚塞卡拉·雷迪走遍了安得拉邦。拉亚塞卡拉·雷迪通过大量的基层走访以及对农村问题的强调，获得农民的支持，这些农民大多觉得自己在泰卢固之乡党的高科技驱动政策下被忽视了。得益于此，拉亚塞卡拉·雷迪领导的国大党获得了 2004 年选举的胜利。①

对于印度其他地区性政党领袖来说同样如此。全印度安那达罗毗荼进步联盟的主席、执政泰米尔纳德邦长达 14 年之久的贾亚拉姆·贾亚拉利塔与泰卢固之乡党的罗摩·拉奥十分相似，她曾经也是著名的泰米尔语电影明星，具有超凡的领袖魅力，曾被称为“印度铁娘子”。全印度草根国大党的主席、现任西孟加拉邦首席部长玛玛塔·班纳吉也是典型的克里斯马型政治领导人，她被西孟加拉邦人民亲切地称为“姐姐”。②

第五，虽然政治家族在印度十分普遍，但政党领袖并不必然会成为克里斯马型政治领导人。对于克里斯马型政治领导人，一个重要的问题在于政党领袖的个人魅力是否可以被继承。泰卢固之乡党的案例说明，

---

① Carolyn Elliott, “Political Society, Civil Society and the State in India: An Ethnographic Narrative of the 2009 Assembly Election in Andhra Pradesh,” *Asian Survey*, Vol. 52, No. 2, 2012, pp. 3348 – 3372.

② Gardiner Harris, “Maverick Minister in India is as Perplexing as she is Powerful,” *New York Times*, September 20, 2012, https://cn.nytimes.com/world/20120920/c20delhi/dual/.

奈杜虽然没有罗摩·拉奥的魅力，但奈杜部分地成为了一个克里斯马型政治领导人。比朱人民党的案例则说明，纳文·帕特奈克虽然不是比朱·帕特奈克那样的克里斯马型政治领导人，但他在执政的数年里树立了一个清廉、自律、关爱人民的政治领导人形象。虽然，世袭化的政治家族在印度十分普遍，选民也能够接受和认可来自政治领袖家庭的新领导人，但是奈杜和纳文·帕特奈克的案例并不能说明有所作为的政党领袖继任者都能成为克里斯马型政治领导人，印度政治中不乏失败的案例。但奈杜和纳文·帕特奈克对自身个人魅力的塑造，的确成为了泰卢固之乡党和比朱人民党赢得选举和长期执政的关键因素。奈杜和纳文·帕特奈克的个人魅力不是必然出现的现象，而是他们刚好成功地将自己塑造成了富有魅力且有能力的政治领袖，进而维持了泰卢固之乡党和比朱人民党的统一与发展。此外，由于印度的政治环境中政客们变换党籍的现象十分普遍，因此政党领袖必须有足够的能力维持政党的统一与生存，所以在一定程度上就要求成功的政党领袖必须具备相当的能力和魅力。奈杜和纳文·帕特奈克成为了这样的领袖，从而使泰卢固之乡党和比朱人民党得以生存和延续。

结　论

前文论述了印度政党政治中政党—选民关系的基本特征是庇护主义式的。在这种政党—选民关系模式之下，印度地区性政党的多次选举胜利与在地方的稳定执政主要取决于三个因素：其一，政党需要将特定的利益高效地分配给对选举具有重要作用的选民群体；其二，政党需要通过适当的政党联盟策略维持在地方的稳定执政并且获取中央政府对其执政的支持；其三，地方政党强烈依赖地方政治精英来维系统一与生存。这三点分别对应本书第二章、第三章与第四章的论述。具体而言，结论如下：

第一，印度的政党政治有其显著的特点和模式，这些特征决定了印度政党的选举成功与生存发展所需要依赖的因素。一方面，印度的政党竞争模式与西方国家有显著的不同。与西方国家相比，印度政治中的意识形态特征较弱，传统的“左右”之争在印度并不明显。基于印度社会的多样性，印度独立至今一个重要的政治主轴是社会各个群体“寻求承认的政治”，即随着经济的发展和政治民主化的加深，各种长期在历史上遭受歧视且社会和经济地位落后的群体在政治上寻求更多的权利、在经济上要求获得更多利益，与此相关的议题占据了印度政治的绝大部分。在这样的背景下，地区性政党的崛起通常被视为特定地区认同和族群认同的产物。不可否认，印度大多数的地区性政党是基于某种特定的地区或族群认同建立的，并长期获得了选举成功。但是泰卢固之乡党和比朱人民党的案例说明，一些地区性政党在不使用身份认同进行政治动员的情况下依然可以多次获得邦议会选举胜利并长期执政。

另一方面，印度的政党—选民关系总体上呈现出庇护主义特征，即政党通过给予选民直接的、个人化的以及物质性的利益来获取选民的支持。这是因为，在缺乏意识形态和纲领性政党竞争的环境之下，各种选民群体都在一个竞争性的政治体系中为自身争取权利和利益。这就使得政党很容易通过庇护主义式的不公正分配来换取特定选民群体的选票支持。当然，个别政党在不同时期和不同地方的选举中会表现出其他特征，有时更多地呈现出克里斯马型政党—选民关系，即选民高度忠诚于政治领袖的个人魅力；而另一些时候也有可能表现出纲领型政党—选民关系，即政党能够为选民提供一整套的政策选项，为全体选民进行间接的、没有选择性的利益分配，使全体选民受益。需要承认的是，在特定的时间，在印度的某些地方，某些政党的政党—选民关系会表现出不同的特征，但是总体上看印度整体的政党—选民关系依然是以庇护型为主。

在这样的背景之下，地区性政党能否多次获得选举胜利并且维持在地方的执政，需要在三个关键的方面获得成功，即：直接有效地给特定选民群体分配利益以获取选举回报；通过政党联盟获取中央政府的资源支持以便获得持续稳定的可分配利益；同时，由于政党竞争的意识形态特征较弱，且政党—选民关系是庇护型的，因此选民缺乏对政党的忠诚度，而政治精英个人的作用被突显了出来，进而政治精英对政党延续与发展具有重要作用。

第二，虽然印度很多地区性政党依靠身份认同进行政治动员并获得了成功，但是泰卢固之乡党和比朱人民党这样的地区性政党依然可以在不使用特定身份认同进行政治动员的情况下获得多次选举胜利。泰卢固之乡党和比朱人民党的案例说明，身份认同对地区性政党选举和执政的作用并不是绝对的。同时，泰卢固之乡党和比朱人民党的案例也说明，在当前的印度政治中，如何在庇护主义选举体系中维持稳定的选民支持同样是多次获得选举成功的关键因素。在邦一级的政党政治中，语言或族群等地区性认同更像是政党进入地区性选举市场的入场券。而政党能否获胜则要取决于政党能否有效争取到关键选民群体的选举支持。特定的身份认同固然是一些地区，如泰米尔纳德邦、旁遮普邦等长期由地区性政党执政的重要原因。在这些地区，特定的文化和历史背景使得地方精英更倾向于选择以地区性政党的形式来动员选民，因为只有这样政治精英们才能以最小的投入获得最大化的回报。但是，在当前印度的选举市场中，地区性政党的数量和类型也在不断增多，即使在持有同一身份认同的地区，也会出现数个代表这一认同的政党。在这样的形势之下，身份认同对于政党多次选举成功的作用是有限的。

泰卢固之乡党和比朱人民党的经验表明，身份认同在这两个地区性政党早期的政治动员中作为某种政治口号对选举动员有所帮助，但在执政和再次选举的过程中，这种作用会逐步降低。一方面，鉴于印度地方社会的多样性，政党如果只代表某种特定的身份认同，如某种地方种姓或族群，那么政党很容易丢失掉大量持有其他身份认同的选民支持。另一方面，在施惠与受惠泛滥的选举体系里，对于选民来说直接的利益获得变得比选民与政党在认同或意识形态上的趋同性更加重要。比起语言、宗教、族群等因素，地方选举中的选民更重视哪个政党能为其提供及时的利益回报。

上述结论并不能否定宗教、族群、语言、种姓等因素在印度政治中的作用，这些因素在国家大选中依然是不可小觑的存在；在地方选举中，不同的身份认同也能够将选民群体进一步分化，创造出各种各样的选举偏好。但是，在地方的选举中，由于选民需要直接选出与自身利益息息相关的邦政府、县级政府以及各级“潘查亚特”领导人，实际的利益回报在选民考虑投票时就变得更加重要了。正如在本书第二章中论述的那样，由于各种福利项目的分配权依然紧握在地方议员和地方政府手中，选民在进行投票选择时很难忽视这些现实利益。

第三，在印度一些地区，地区性政党对关键选民群体的利益分配对选举成败具有重要影响，地区性政党的这种分配策略会随着时间以及政治和社会环境的变化而变化。以泰卢固之乡党和比朱人民党的经验为例，在印度政治中也许最为持久和稳定的特征是大量贫困选民的存在，因此这两个政党在各个时期都提出了针对贫困选民的福利分配政策。这些政策都有一个共同特点，即这些政策并不是为了从根本上提升贫困阶层的经济和社会地位，因为这会触及地方政治精英集团的利益，而重点在于给予贫困阶层立即可以获得的利益以满足他们特定的基本生活需求。这种政策的目的性非常明确，即以短期的分配有效获取选举上的回报。因此，不论是泰卢固之乡党还是比朱人民党，都一致提出了满足贫困选民粮食、衣物等基本需求的政策并一直持续至今。此外，选前利益分配也成为了包括安得拉邦和奥里萨邦等印度大多数地方选举中的重要特征。这种选前的物质赠予本质也是为了以短期的物质分配获取选举上的回报。上述现象体现出来的就是印度选举政治中广泛存在的庇护主义。再者，由于选举依赖于利益分配，因此资金在选举中的作用就越来越重要了。本书第二章就提及，泰卢固之乡党和比朱人民党都在长期的政党竞争与执政中发展出了一套有效的政治资金获取模式，以便维持对选民群体的利益分配。

第四，在印度的联邦制度之下，政党联盟对地区性政党的执政和选举具有重要的影响。首先，由于政党的选举依赖对选民的利益分配，同时在印度的联邦体系中，大多数地区性政党很难依靠地方自身的财政资源长期维持执政，因此地区性政党需要灵活地处理与中央执政党的关系。其次，在很多地方邦，单一政党依然很难以自己的力量单独获得邦议会过半议席，因此它需要和其他国家政党或地区性政党合作建立政党联盟以维持在地方的执政。如本书第三章中所论述的那样，泰卢固之乡党和比朱人民党都与印人党建立过联盟关系。最后，地区性政党的政党联盟策略是以选举利益为基础的，而不是以意识形态或政策取向为导向的。因此，地区性政党的政党联盟关系也非常不稳定，各政党在选举过后经常会在联盟内部爆发冲突和矛盾。如何应对这些问题也对地区性政党的生存有重要影响。

第五，地方的政治精英对政党的生存与延续有重要影响。由于印度的政党—选民关系是庇护型的，所以选民更容易忠于某个政治人物，而不是忠于特定的政党，更不是忠于某种意识形态或政策纲领。在这样的背景之下，政治精英的叛党行为并不会在选举上受到惩罚。因此，在印度政治中，叛党与变更党籍的现象十分普遍。所以，包括泰卢固之乡党和比朱人民党在内的大多数地区性政党都采取了集权化的组织和管理模式，以维持政党的统一。同时，政党领袖也时常将自己塑造为克里斯马型政治领导人，以便直接接触选民并且将政党私有化、家族化，因为这样更容易维持政党的统一。然而，这样的政党组织模式给政党的生存带来了一个巨大的风险，即地方政治精英可以随意根据自身的利益建立、分化、融合政党。这就是为什么印度各邦的地区性政党分化与组合的现象十分普遍。地方政治精英之间的利益博弈深刻影响了政党的统一、延续与生存。因此，地方政治精英与精英集团在特定时间点上的决策，对政党的生存有重要影响。

这里需要说明的是，虽然政治领袖的个人魅力对政党来说是重要的，但是目前印度地方政治中政党—选民关系本质还是以庇护主义为基本特征，而不是一种克里斯马型的政党—选民关系。原因主要在于：其一，地方选民之所以忠诚于特定政治人物，主要是因为特定政治人物能够给予特定选民群体物质或服务回报。纳文·帕特奈克和奈杜虽然都有很强的个人魅力，但他们很难只靠这一点长期获得选民的支持。其二，不论是泰卢固之乡党还是比朱人民党，现任的领导人都不是绝对意义上的克里斯马型政治领导人。因为，克里斯马型政治领导人一般都像罗摩·拉奥和比朱·帕特奈克那样，能够给予全体选民一些宽泛的承诺，选民也相信这些承诺。但是，奈杜和纳文·帕特奈克虽然都具有超凡的个人魅力，但他们都远不及前任领导人，两人的选举胜利和执政更多依靠他们的政治和管理能力。最重要的是，他们是依靠卓越的政治能力维系了政党的统一，而不是靠个人魅力。其三，目前的泰卢固之乡党和比朱人民党各自构建起来的政党—选民关系中，基础依然是庇护主义式的，虽然同时具备一些纲领型或克里斯马型的特征，但都十分不稳定。正如本书第一章理论部分论述的那样，克里斯马型政党—选民关系很难与庇护型和纲领型长期兼容，但是短期内低程度的三种类型关系可能同时存在。

第六，通过对泰卢固之乡党和比朱人民党这两个具有一定特殊性的个案进行研究，进而可总结出一些印度政党政治中比较普遍的现象和特征。地区性政党能够长期执政的三个因素是建立在对泰卢固之乡党和比朱人民党长期执政经验的总结之上得出的高度简化的结论。泰卢固之乡党和比朱人民党在印度政治中具有某些特殊性，因为它们与很多地区性政党相比，族群和认同的色彩较弱。在对泰卢固之乡党和比朱人民党这样的特例进行说明和解释的同时，通过这两个特例将印度政治中的身份认同这一变量进行控制，提炼出印度政治中除了认同政治之外普遍存在的现象和影响政党生存发展的因素。近些年来，随着具有强烈印度教民族主义倾向的印人党在中央的全面执政，一个印度政治中广泛存在的问题日益凸显。如一些学者提出的那样：“为什么贫困的选民要支持精英型政党？为什么社会地位较低的社会群体要支持来自地位较高群体的政客？为什么持有某种意识形态的政党能够获得被该政党核心原则边缘化的群体的支持？”① 这些问题对理解印度政党政治具有重要意义，而要解决这些问题，首先要做的就是对身份认同这一变量进行控制。

泰卢固之乡党和比朱人民党的案例说明，基于特定地区性身份认同建立政党以及利用身份认同进行选举动员并不是所有地区性政党成功的因素。泰卢固之乡党和比朱人民党长期执政的经验虽然可以被视为是特例，但是这两个政党的长期执政所依赖的上述因素，在印度各邦的政治中并不罕见。对特定选民群体的利益分配获取选举回报、选前物质赠予、从公共分配项目中抽取资源、变动性较强的政党联盟关系、央地关系中的政治博弈和政党博弈、集权化的克里斯马型政治政治领导人等现象几乎遍及印度每一个地区。无论是在地区性政党执政的邦还是国家政党长期执政的地区，上述问题都极为普遍。从外部看待印度政治时，鉴于印度特定的文化特征，印度教民族主义等身份认同问题往往会突显出来。但这些特定的宗教、种姓和族群问题在很多时候掩盖了印度政治的一些重要方面，即印度是一个复杂多样的社会，在这个社会中选举政治和政党竞争中大量存在着施惠和受惠的庇护主义现象。正如阿舒托什·瓦尔什尼教授所说的，“印度的民主进程只能说成功了一半”。② 身份认同上的分化只是印度政治的一部分，在地方政治中驱动着印度政治变化和发展的因素则是实际的物质利益争夺和政治权力博弈。而所有的这些，都是在一个极其多样化并且广泛存在着不平等的地方社会中进行的。

第七，政党的分配、联盟与精英这三个因素是地区性政党长期执政的必要条件，三个因素具有相互依赖的关系。泰卢固之乡党和比朱人民党的案例说明，有效而又巧妙的分配政策可以帮助政党获取选票回报，但分配政策需要一定程度的资源支持，这就要求地区性政党与中央执政党乃至其他政党建立务实的联盟与合作关系。同时，与其他政党的联盟关系可以让政党在地方的政治竞争中获得更加稳定的优势地位，也能维

① Tariq Thachil, *Elite Parties*, *Poor Voters*: *How Social Services Win Votes in India*, Cambridge: Cambridge University Press, 2013, p. 11.

② Ashutosh Varshney, *Battles Half Won*: *India's Improbable Democracy*, New Delhi: Penguin Books, 2013.

护政党的执政。而政党的政治精英则对政党的延续发展有重要影响，政党领袖必须有足够的能力维系政党的团结和统一，否则在印度独特的政治环境中政党的分裂与消亡会变得不可避免。然而，为了维护政党内部的稳定，需维持党内政治精英对自己的政治生涯和利益获取前景有充足的信心，这就要求政党除了要有一个富有能力的领袖之外，还必须能够高效地获取选举回报或者让党内成员相信政党可以赢得未来的选举，这样才能满足党内成员的预期。而要赢得选举，政党就需要通过灵活的分配政策获取选票支持，还需要稳定政党联盟关系获取资源支持，所以分配、联盟与精英这三个变量是一种相互支持和依赖的关系。

附录　印度政党和政党联盟名称中英文对照表*

平民党	Aam Aadmi Party, AAP
全党山区领导人大会党	All Party Hill Leaders Conference, AHL
全印度安那达罗毗荼进步联盟	All India Anna Dravida Munnetra Kazhagam, AIADMK
全印度纳马苏拉吉亚姆大会党	All India N. R. Congress, AINRC
全印度草根国大党	All India Trinamool Congress, TMC
安纳达罗毗荼进步联盟	Anna DMK
安纳泰卢固之乡党	Anna TDP
阿萨姆人民协会党	Asom Gana Parishad, AGP
大众社会党	Bahujan Samaj Party, BSP
印度人民同盟	Bharatiya Jana Sangh, BJS
印度人民党	Bharatiya Janata Party, BJP
比朱人民党	Biju Janata Dal, BJD
印度共产党（马克思主义）/印共（马）	Communist Party of India (Marxist), CPI (M)
印度共产党	Communist Party of India, CPI
民主大会党	Congress for Democracy, CFD
达罗毗荼进步联盟	Dravida Munnetra Kazhagam, DMK

* （1）该表为在正文中出现过的政党，其中一些政党名称翻译存在争议，一些词汇则很少在中文文献中出现；（2）本附录按照英文字母顺序排序。

廓尔喀民族解放阵线	Gorkha National Liberation Front, GNLF
哈里亚纳发展党	Haryana Vikas Party, HVP
印度国民大会党	Indian National Congress, INC
印度国家人民党	Indian National Lok Dal, INLD
新人民党	Janata Dal, JD
人民党（世俗派）	Janata Dal (Secular), JD (s)
人民党（统一派）	Janata Dal (United), JD (u)
人民党	Janata Party, JP
人民军党	Jana Sena Party
贾坎德解放阵线	Jharkhand Mukti Morcha, JMM
贾坎德党	Jharkhand Party, Jhapa
左翼民主阵线	Left Democratic Front, LDF
曼尼普尔邦大会党	Manipur State Congress Party, MSCP
曼尼普尔人民党	Manipur Peoples Party, MPP
马哈拉施特拉果阿党	Maharashtrawadi Gomantak Party, MGP
米佐民族阵线	Mizo National Front, MNF
米佐拉姆人民大会党	Mizoram People's Conference, PPC
那加兰民族主义组织	Nagaland Nationalist Organisation, NNO
那加人民阵线	Naga People's Front, NPF
全国民主联盟	National Democratic Alliance, NDA
“国民阵线”	National Front Coalition
民族主义国大党	Nationalist Congress Party, NCP
国家人民党	National People's Party, NPP
民族主义民主进步党	Nationalist Democratic Progressive Party, NDPP
泰卢固之乡党罗摩·拉奥派	Nandamuri Taraka Rana Rao Telugn Desam Party, NTRRTDP
奥里萨人民大会党	Orissa Gana Parishad, OGP
人民民主党	People's Democratic Party, PDP
公共领域党	Praja Rajyam Party, PRP

全国人民党	Rashtriya Janata Dal, RJD
国民志愿服务团	Rashtriya Swayamesevak Sangh, RSS
团家族	Sangh Parivar
最高阿卡利党	Shiromani Akali Dal, SAD
湿婆军	Shiv Sena, SS
锡金民主阵线	Sikkim Democratic Front, SDF
锡金人民大会党	Sikkim Janata Parishad, SJP
锡金革命阵线	Sikkim Krantikari Morcha, SKM
锡金斗争大会党	Sikkim Sangram Parishad, SSP
自由党	Swatantra Party, SP
特伦甘纳民族委员会党	Telangana Rashtra Samithi, TRS
泰卢固之乡党	Telugu Desam Party, TDP
团结民主联盟	United Democratic Alliance, UDA
团结进步联盟	United Progressive Alliance, UPA
乌特卡尔国大党	Utkal Congress, UC
解放黑豹党	Viduthalai Chiruthaigal Katchi, VCK
YSR 大会党	Yuvajana Sramika Rythu Congress Party, YS-RCP

参考文献

一、中文文献

陈金英：《印度地方政党及其政治影响》，《南亚研究季刊》2007 年第 3 期。

童宇韬：《印度国内政治行为体在领土争端问题上的作用——以印孟陆地边界争端为例》，《南亚研究》2019 年第 2 期。

王正绪、耿曙、唐世平主编：《比较政治学》复旦大学出版社 2021 年版。

王子涵：《多元社会背景下印度地方政党的崛起——基于 1951—2011 印度人民院及地方选举统计资料分析》，华中师范大学硕士学位论文，2013 年。

谢超：《印度政党政治碎片化的成因和历程》，《国际政治科学》2015 年第 4 期。

二、英文文献

（一） 文章和专著

Aiyar, Swaminathan S. Anklesaria, Deepa Narayan and K. Raju, "Empowerment through Self – Help Groups," in Deepa Narayan and Elena Glinskaya eds., *Ending Poverty in South Asia: Ideas that Work*, Washington, D. C.: World Bank, 2007.

Alam, Mohammed Badrul, "Mapping the Contours of State Politics in Odisha in Context of Elections in Recent Decades," in Himanshu Roy, M. P. Singh and A. P. S. Chouhan eds., *State Politics in India*, Delhi: Primus Books, 2017.

Barnett, Marguerite Ross, *The Politics of Cultural Nationalism in South India*, *New Jersey*: *Princeton University Press*, 1976.

Bhattacharjee, Govind, *Special Category States of India*, New Delhi: Oxford University Press, 2016.

Bhuyan, Dasarathi, *Orissa Politics from* 1936 *to Contemporary Politics*, Delhi: Manglam Publications, 2010.

Björkman, Lisa, and Jeffrey Witsoe, "Money and Votes: Following Flows through Mumbai and Bihar," in Devesh Kapur and Milan Vaishnav eds., *Costs of Democracy*: *Political Finance in India*, New Delhi: Oxford University Press, 2018.

Bussell, Jennifer, *Corruption and Reform in India*: *Public Services in the Digital Age*, Cambidge: Cambridge University Press, 2018.

Bussell, Jennifer, "Whose Money, Whose Infulence? Multilevel Politics and Campaign Finance in India," in Devesh Kapur and Milan Vaishnav eds., *Costs of Democracy*: *Political Finance in India*, New Delhi: Oxford University Press, 2018.

Carter, Anthony T., *Elite Politics in Rural India*: *Political Stratification and Political Alliances in Western Maharashtra*, Cambridge: Cambridge University Press, 1974.

Chandok, H. L., *India Database*: *The Economy*, New Delhi: Living Media, 1990.

Chandra, Kanchan ed., *Democratic Dynasties*: *States*, *Party*, *and Family in Contemporary Indian Politics*, Cambridge: Cambridge University Press, 2016.

Chandra, Kanchan, *Why Do Ethnic Parties Succeed*? *Patronage and Ethnic Head Counts in India*, Cambridge: Cambridge University Press, 2004.

Chauchard, Simon, "What Costs So Much in Indian Elections? Institution from Recent Electoral Campaigns in Mumbai," in Devesh Kapur and Milan Vaishnav eds., *Costs of Democracy*: *Political Finance in India*, New Delhi: Oxford University Press, 2018.

Chaudhury, Sukant, *Tribal Identity*, New Delhi: Rawat Publications, 2004.

Chhibber, Pradeep K. , and Ken Kollman, *The Formaiton of National Party System: Federalism and Party Competition in Canada, Great Britan, India, and the United States*, Princeton: Princeton University Press, 2004.

Chhibber, Pradeep K. , and Rahul Verma, *Ideology and Identity: The Changing Party System of India*, New Delhi: Oxford University Press, 2018.

Chhibber, Pradeep, and Ken Kollman, "Centralization and Provincialization," in Pradeep Chhibber and Ken Kollman eds. , *The Formation of National Party Systems: Federalism and Party Competition in Canada, Great Britain, India, and the United States*, Oxford: Princeton University Press, 2004.

Chibber, Vivek, *Locked in Place: State – Building and Late Industrialization in India*, Princeton, N. J. : Princeton University Press, 2003.

Collins, Michael A. , "Navigating Fiscal Constraints: Dalit Parties and Electoral Politics in Tamil Nadu," in Devesh Kapur and Milan Vaishnav eds. , *Costs of Democracy: Political Finance in India*, New Delhi: Oxford University Press, 2018.

Cyr, Jennifer, *The Fates of Political Parties: Institutional Crisis, Continuity, and Change in Latin America*, Cambridge: Cambridge University Press, 2017.

Deo, Neelam, and Arjun Chawla, "The Paradox of Dynastic Politics in India," in Surendra Munshi ed. , *Democracy under Threat*, New Delhi: Oxford University Press, 2018.

Frankel, Francine, *India's Political Economy, 1947 – 1977: The Gradual Revolution*, Princeton, N. J. : Princeton University Press, 1978.

Gallagher, Michael, and Paul Mitchell eds. , *The Politics of Electoral Systems*, Oxford: Oxford University Press, 2005.

Gino Germani, Authoritarianism, *Fascism and National Populism*, New Brunswick: Transaction, 1978.

Gilartin, David, "The Paradox of Patronage and the People's Sovereignty," in Anastasia Piliavsky ed. , *Patronage as Politics in South Asia*, Delhi: Cambridge University Press, 2014.

Gill, Anthony, *Rendering unto Caesar: The Catholic Church and the State in Latin America*, Chicago: University of Chicago Press, 1998.

Grossman, Gene M., and Elhanan Helpman, *Special Interest Politics*, Cambridge, MA: MIT Press, 2001.

Subhadra Sen Gupta and Francine R. Frankel, "Andhra Pradesh's Long March toward 2020: Electoral Detours in a Developmentalist State," in Subhadra Sen Gupta and Francine R. Frankel eds., *Doing Business in India: Political, Social and Cultural Overview*, Philadelphia, PA: Centre for the Advanced Study of India, University of Pennsylvania, 2005.

Harriss, John, "Do Political Regimes Matter? Poverty Reduction and Regime Differences across India," in Peter Houtzager and Mick Moore eds., *Changing Paths: International Development and the New Politics of Inclusion*, Ann Arbor: University of Michigan Press, 2003.

Hinich, Melvin J., and Michael C. Munger, *Ideology and the Theory of Political Choice*, Ann Arbor: University of Michigan Press, 1994.

Jaffrelot, Christophe, *India's Silent Revolution: The Rise of the Low Caste in North Indian Politics*, London: Hurst & Co, 2003.

Jayal, Niraja Gopal, *Citizenship and its Discontents: An Indian History*, Cambridge, Massachusetts: Harvard University Press, 2013.

Jenkins, Rob, *Democratic Politics and Economic Reform in India*, Cambridge: Cambridge University Press, 1999.

Jha, Dayadhar, *State Legislature in India: Legislature in the Indian System*, New Delhi: Abhinav Publication, 1977.

Jha, Sashishekbar, *Political Elite in Bihar*, Bombay: Vora and Company, 1972.

Kaltwasser, Cristóbal Rovira, Paul Taggart, Paulina Ochoa Espejo and Pierre Ostiguy eds., *The Oxford Handbook of Populism*, Oxford: Oxford University Press, 2017.

Kapur, Devesh, and Milan Vaishnav, "Builders, Politicians, and Election Finance," in Devesh Kapur and Milan Vaishnav eds., *Costs of Democracy: Political Finance in India*, New Delhi: Oxford University Press, 2018.

Kennedy, Loraine, "The Political Determinants of Reform Packaging: Contrasting Responses to Economic Liberalization in Andhra Pradesh and Tamil Nadu," in Rob Jenkins ed., *Regional Reflections: Comparing Politics across India's States*, New Delhi: Oxford University Press, 2004.

Kenny, Paul D., *Populism and Patronage: Why Populist Win Elections in India, Asia, and Beyond*, Oxford: Oxford University Press, 2017.

Khosla, Ritu, "Lok Sabha Elections in (Un) Divided Andhra Pradesh: Issues and Implications in Telangana and Seemandhra," in Mujibur Rehman ed., *Rise of Saffron Power: Reflections on Indian Politics*, Abingdon: Routledge, 2018.

Kirchheimer, Otto, "The Transformation of Western European Party System," in Joseph La Palombara and Myron Weiner eds., *Political Parties and Political Development*, Princeton: Princeton University Press, 1966.

Kitschelt, Herbert, and Steven I. Wilkinson, "Citizen – Politician Linkages: An Introduction," in Herbert Kitschelt and Steven I. Wilkinson eds., *Patrons, Clients and Policies: Patterns of Democratic Accountability and Political Competition*, New York: Cambridge University Press, 2007.

Kochanek, Stanley A., *The Congress Party of India: The Dynamics of One – Party Democracy*, Princeton: Princeton University Press, 1968.

Kohli, Atul, *Democracy and Discontent: India's Growing Crisis of Governability*, Cambridge: Cambridge University Press, 1990.

Kohli, Atul, *Poverty Amid Plenty in the New India*, Cambridge: Cambridge University Press, 2012.

Kohli, Atul, *The State and Poverty in India: The Politics of Reform*, Cambridge Cambridge University Press, 1987.

Kornhauser, William, *The Politics of Mass Society*, Glencoe: The Free Press, 1959.

Kumar, Sanjay, "A Shift towards Regionalization of Indian Politics," in Sudha Pai ed., *Handbook of Politics in India States: Regions, Parties, and Economic Reforms*, New Delhi: Oxford University Press, 2013.

Kulke, Herman, *State Formation and Legitimation in India*, New

Delhi: Manohar Publisher, 2001.

Levitsky, Steven, *Transforming Labor – Based Parties in Latin America: Argentine Peronism in Comparative Perspective*, Cambridge: Cambridge University Press, 2003.

Lipest, Seymour, and Stein Rokkan, *Party System and Voter Alignments*, New York: Free Press, 1967.

Maiorano, Diego, *Autumn of the Matriarch: Indira Gandhi's Final Term in Office*, London: Hurst&Co, 2015.

Mandelsohn, Oliver, and Marika Vicziany, *The Untouchables, the Subordination, Poverty and the State in Morden India*, Cambridge: Cambridge University Press, 2000.

McGann, Anthony J. and Herbert Kitschelt, *The Radical Right in Western Europe*, Ann Arbor: Michigan University Press, 1995.

Medina, Luis Fernando, and Susan C. Stokes, "Monopoly and Monitoring: An Approach to Political Clientelism," in Herbert Kitschelt and Steven I. Wilkinson eds., *Patrons, Clients, and Policies: Patterns of Democratic Account – Ability and Political Competition*, Cambridge: Cambridge University Press, 2007.

Mehta, Pratap Bhanu, "Hinduism and the Politics of Rights in India," in Thomas Banchoff and Robert Wuthnow eds., *Reglions and the Global Politics of Human Rights*, New York: Oxford University Press, 2011.

Mooij, Jos, "Hype, Skill and Class: A Comparative Analysis of the Politics of Reforms in Andhra Pradesh, India," in Sudha Pai ed., *Handbook of Politics in Indian States: Region, Parties, and Economic Reforms*, New Delhi: Oxford University Press, 2003.

Mozoomdar, Ajit, "The Rise and Decline of Development Planning in India," in Terence Byres ed., *The State and Development Planning in India*, Delhi: Oxford University Press, 1994.

Mudde, Cas, "Populism: An Ideational Approach," in Cristóbal Rovira Kaltwasser, Paul Taggart, Paulina Ochoa Espejo and Pierre Ostiguy eds., *The Oxford Handbook of Populism*, Oxford: Oxford University Press, 2017.

Naseemullah, Adnan, *Development after Statism: Industrial Firms and the Political Economy of South Asia*, Cambridge: Cambridge University Press, 2017.

Ostiguy, Pierre, "Populism: A Socio – Cultural Approach," in Cristóbal Rovira Kaltwasser, Paul Taggart, Paulina Ochoa Espejo and Pierre Ostiguy eds., *The Oxford Handbook of Populism*, Oxford: Oxford University Press, 2017.

Pai, Sudha ed., *Handbook of Politics in India States: Regions, Parties, and Economic Reforms*, New Delhi: Oxford University Press, 2013.

Papachristou, G., "The Inter – Play of Local and State Politics: The Rajas – than Case," in S. P. Varma and Iqbal Narain eds., *The Fourth General Election in India, Vol. 1*, Delhi: Orient Longmans, 1968.

Pareto, Vilfredo, *The Rise and Fall of the Elites: An Application of Theoretical Society*, New Jersey: The Badminton Press, 1968.

Piliavsky, Anastasia ed., *Patronage as Politics in South Asia*, Delhi: Cambridge University Press, 2014.

Prasad, R. J. Rajendra, *Emergence of Telugu Desam: And an Overview of Political Movement in Andhra*, Hyderabad: Master Minds, 2004.

Puri, Shashilata, *Legislative Elite in an Indian State: A Case study of Rajasthan*, New Delhi: Abhinav Publication, 1978.

Rao, K. V. N, "N. T. Rama Rao in Power in Andhra Pradesh 1983 – 1989: A Review," in Agarala Easwara Reddi and D. Sundar Ram eds., *State Politics in India: Reflection on Andhra Pradesh*, New Delhi: MD Publication, 1994.

Reddy, G. Ram, and K. Seshadri eds., *Developing Society and Police*, Hyderabad: Osmania University, 1972.

Reddy, G. Ram., "The Politics of Accommodation: Caste, Class and Dominance in Andhra Pradesh," in Francine Frankel and M. S. A. Rao, eds., *Dominance and State Power in Modern India: Decline of a Social Order*, Delhi: Oxford University Press, 1989.

Robinson, Marguerite S., *Local Politics: The Law of the Fishes: Devel-*

opment through Political Change in Medak District, *Andhra Pradesh* (*South India*), Delhi: Oxford University Press, 1988.

Roy, Himanshu, M. P. Singh and A. P. S. Chouhan eds., *State Politics in India*, Delhi: Primus Books, 2017.

Scarrow, Susan E., Paul D. Webb and Thomas Poguntke eds., *Organizing Political Parties: Representation, Participation, and Power*, Oxford: Oxford University Press, 2017.

Sferza, Serenella, "Party Organization and Party Performance: The Case of the French Socialist Party," in Richard Gunther, José Ramón Montero and Juan Linz eds., *Political Parties: Old Concepts and New Challenges*, Oxford: Oxford University Press, 2002.

Shils, Edward, *The Torment of Secrecy*, New York: The Free Press, 1956.

Snyder, Richard, *Politics after Neoliberalism: Reregulation in Mexico*, Cambridge: Cambridge University Press, 2001.

Sircar, Neelanjan, "Money in Elections: The Role of Personal Wealth in Elections," in Devesh Kapur and Milan Vaishnav eds., *Costs of Democracy: Political Finance in India*, New Delhi: Oxford University Press, 2018.

Sridharan, Eswaran, "The Fragmentation of the India Party System, 1952 – 1999," in Zoya Hasan ed., *Parties and Party Politics in India*, New Delhi: Oxford University Press, 2002.

Srinivas, Mysore Narasimhachar, *Social Change in Modern India*, New Dehli: Orient Longman, 1966.

Srinivasulu, K., "Region, Caste and Politics in Andhra Pradesh: Mapping the Paradigm Shift in the State Politics," in Himanshu Roy, M. P. Singh and A. P. S. Chouhan eds., *State Politics in India*, Delhi: Primus Books, 2017.

Srinivasulu, Karli, "Andhra Pradesh: Political Mobilization, Competitive Populism, and Changing Party Dynamics in Andhra Pradesh," in Paul Wallace and Ramashray Roy eds., *India's 2009 Elections: Coalition Politics, Party Competition and Congress Continuity*, Los Angeles: SAGE Publications,

2011.

Staniland, Paul, and Vipin Narang, "State and Politics," in David M. Malone, C. Raja Mohan, Srinath Raghavan eds., *The Oxford Handbook of Indian Foreign Policy*, Oxford: Oxford University Press, 2015.

Stepan, Alfred, Juan J. Linz, and Yogendra Yadav eds., *Crafting State – Nations: India and Other Multinational Democracies*, Baltimore, Maryland: John Hopkins University Press, 2011.

Stokes, Susan C., "Political Clientelism," in Robert E. Goodin ed., *The Oxford Handbook of Political Science*, Oxford: Oxford University Press, 2011.

Stokes, Susan C., Thad Dunning, Marcelo Nazareno and Valeria Brusco eds., *Brokers, Voters, and Clientelism: The Puzzle of Distributive Politics*, Cambridge: Cambridge University Press, 2013.

Suri, K. C., "From Dominance to Disarray: The Telugu Desam Party in Andhra Pradesh," in Sudha Pai ed., *Handbook of Politics in India States: Regions, Parties, and Economic Reforms*, New Delhi: Oxford University Press, 2013.

Thachil, Tariq, *Elite Parties, Poor Voters: How Social Services Win Votes in India*, Cambridge: Cambridge University Press, 2013.

Thirumali, Inukonda, *Telangana – Andhra: Castes, Regions and Politics in Andhra Pradesh*, Delhi: AAKAR Books, 2013.

Tillin, Louise, Rajeshwari Deshpande and K. K. Kailash eds., *Politics of Welfare: Comparison across Indian States*, New Delhi: Oxford University Press, 2015.

Vaishnav, Milan, *When Crime Pays: Money and Muscle in Indian Politics*, New Haven: Yale University Press, 2017.

Varshney, Ashutosh, *Battles Half Won: India's Improbable Democracy*, New Delhi: Penguin Books, 2013.

Varshney, Ashutosh, *Democracy, Development, and the Countryside: Urban – Rural Struggles in India*, Cambridge: Cambridge University Press, 1995.

Weiner, Myron, *Party Building in a New Nation: The Indian National Congress*, Chicago: University of Chicago Press, 1967.

Weyland, Kurt, "Populism: A Political – Strategic Approach," in Cristóbal Rovira Kaltwasser, Paul Taggart, Paulina Ochoa Espejo and Pierre Ostiguy eds., *The Oxford Handbook of Populism*, Oxford: Oxford University Press, 2017.

Wilkinson, Steven I., "Explaining Changing Patterns of Party – Voter Linkages in India," in Herbert Kitschelt and Steven I. Wilkinson eds., *Patrons, Clients, and Policies: Patterns of Democracy Accountability and Political Competition*, Cambridge: Cambridge University Press, 2007.

Wilkinson, Steven I., "Patronage Politics in Post – Independence India," in Anastasia Piliavsky ed., *Patronage as Politics in South Asia*, Cambridge: Cambridge University Press, 2014.

Wilkinson, Steven I., *Votes and Violence: Electoral Competition and Ethnic Riots in India*, Cambridge: Cambridge University Press, 2004.

Woldendorp, Jaap, Hans Keman and Ian Budge, *Party Government in 48 Democracies (1945 – 1998): Composition – Duration – Personnel*, Dordrecht: Springer, 2000.

Wren Anne, and Kenneth M. McElwain, "Party as linkage," in Robert E. Goodin ed., *The Oxford Handbook of Political Science*, Oxford: The Oxford University, 2011.

Ziegfeld Adam, "Dynasticism across Indian Political Parties," in Kanchan Chandra ed., *Democratic Dynasties: States, Party, and Family in Contemporary Indian Politics*, Cambridge: Cambridge University Press, 2016.

Ziegfeld Adam, *Why Regional Parties? Clientelism, Elites, and the Indian Party System*, New York: Cambridge University Press, 2016.

Acharya, Avidit, John E. Roemer and Rohini Somanathan, "Caste, Corruption and Political Competition in India," *Research in Economics*, Vol. 69, No. 3, 2015.

Aggrawal, Ankita, "The PDS in Rural Orissa: Against the Grain?" *Economic and Political Weekly*, Vol. 66, No. 36, 2011.

Ahluwalia, Deepak, "Public Distribution of Food in India: Coverage, Targeting and Leakages," *Food Policy*, Vol. 18, No. 1, 1993.

Alt, James, Ethan Bueno de Mesquita and Shanna Rose, "Accountability and Competence in Elections: Theory and Evidence from Us Term Limits," *The Journal of Politics*, Vol. 73, No. 1, 2011.

Anderson, Siwan, Patrick Francois and Ashok Kotwal, "Clientelism in Indian Villages," *American Economic Review*, Vol. 105, No. 6, 2015.

Arora, Satish K., "The Social Background of V Lok Sabha," *Economic and Political Weekly*, Vol. 8, No. 31/33, 1973.

Arulampalam, Wiji, Sugato Dasgupta, Amrita Dhillon and Bhaskar Dutta, "Electoral Goals and Center - State Transfers: A Theoretical Model and Empirical Evidence from India," *Journal of Development Economics*, Vol. 88, No. 1, 2009.

Bakke, Kristin M., "State, Society and Separatism in Punjab," *Regional & Federal Studies*, Vol. 19, No. 2, 2009.

Bennett, Daniel L., and Jason T. Long, "Is it the Economic Policy, Stupid? Economic Policy, Political Parties & the Gubernatorial Incumbent Advantage," *European Journal of Political Economy*, Vol. 58, 2019.

Berlinski, Samuel, Torun Dewan and Keith Dowding, "The Length of Ministerial Tenure in the UK, 1945 - 97," *British Journal of Political Science*, Vol. 37, No. 2, 2007.

Besley, Timothy, and Anne Case, "Does Electoral Accountability Affect Economic Policy Choices? Evidence from Gubernatorial Term Limits," *Quarterly Journal of Economics*, Vol. 110, No 3, 1995.

Bhat, K. Sham, and V. Nirmala, "Political Economy of Tax Revenue Determination in Indian States," *Indian Journal of Economics*, Vol. 73, No. 290, 1993.

Biswas, Rongili, Sugata Marjit and Velayoudom Marimoutou, "Fiscal Federalism, State Lobbying and Discretionary Finance: Evidence from India," *Economics and Politics*, Vol. 22, No. 1, 2010.

Breitkreuz, Rhonda, Carley - Jane Stanton, Nurmaiya Brady, John Pattison – Williams, E. D. King, Chudhury Mishra and Brent Swallow, "The Mahatma Gandhi National Rural Employment Guarantee Scheme: A Policy Solution to Rural Poverty in India?" *Development Policy Review*, Vol. 35, No. 3, 2017.

Brzinski, Joanne Bay, "The Changing Forms of Federalism and Party Electoral Strategies: Belgium and the European Union," *Publius*, Vol. 29, 1999.

Cali, Massimiliano, and Kunal Sen, "Do Effective State – Business Relations Matter for Economic Growth? Evidence from Indian States," *World Development*, Vol. 39, No. 9, 2011.

Cali, Massimiliano, Siddhartha Mitra and Purnima Purohit, "Measuring State – Business Relations within Developing Countries: An Application to Indian State," *Journal of International Development*, Vol. 23, No. 3, 2011.

Carswell, Grace, and Geert De Neve, "MGNREGA in Tamil Nadu: A Story of Success and Transformation?" *Journal of Agrarian Change*, Vol. 14, No. 4, 2014.

Chacko, Priya, and Peter Mayer, "The Modilahar (Wave) in the 2014 Indian National Election: A Critical Realignment?" *Australian Journal of Political Science*, Vol. 49, No. 3, 2014.

Chhibber, Pradeep, and Irfan Nooruddin, "Do Party Systems Count?" *Comparative Political Studies*, Vol. 37, No. 2, 2004.

Chowdhary, Rekha, and V. Nagendra Rao, "National Conference of Jammu and Kashmir: From Hegemonic to Competitive Politics," *Economic and Political Weekly*, Vol. 39, No. 14/15, 2004.

Coviello, Decio, and Stefano Gagliarducci, "Tenure in Office and Public Procurement," *American Economic Journal: Economic Policy*, Vol. 9, No. 3, 2017.

Das, Upasak, and Diego Maiorano, "Post – Clientelistic Initiatives in a Patronage Democracy: The Distributive Politics of India's MGNREGA," *World Development*, Vol. 117, 2019.

Dasgupta, Aditya, "Technological Change and Political Turnover: The

Democratizing Effects of the Green Revolution in India," *American Political Science Review*, Vol. 112, No. 4, 2018.

Dash, Satya Prakash, "Development and Poverty in an Indian State: A Study of KBK Districts of Orissa," *Social Change*, Vol. 37, No. 2, 2007.

Deshingkar, Priya, Craig Johnson and John Farrington, "State Transfers to the Poor and Back: The Case of the Food – for – Work Program in India," *World Development*, Vol. 33, No. 4, 2005.

Dewan, Torun. and David P. Myatt, "Dynamic Government Performance: Honeymoons and Crises of Confidence," *American Political Science Review*, Vol. 106, No. 1, 2012.

Elliott, Carolyn, "Clientelism and the Democratic Deficit," *Studies in Indian Politics*, Vol. 4, No. 1, 2016.

Elliott, Carolyn, "Political Society, Civil Society and the State in India: An Ethnographic Narrative of the 2009 Assembly Election in Andhra Pradesh," *Asian Survey*, Vol. 52, No. 2, 2012.

Forrester, Duncan, "The Madras Anti – Hindi Agitation, 1965: Political Protest and Its Effects on Language Policy in India," *Pacific Affairs*, *University of British Columbia*, Vol. 39, No. 1 – 2, 1996.

Fowler, Anthony, and Andrew B. Hall, "Disentangling the Personal and Partisan Incumbency Advantages: Evidence from Close Elections and Term Limits," *Quarterly Journal of Political Science*, Vol. 9, 2014.

Ghertner, D. Asher, "Gentrifying the State, Gentrifying Participation: Elite Governance Programs in Delhi," *International Journal of Urban and Regional Research*, Vol. 35, No. 3, 2011.

Giraudy, Agustina, "The Distributive Politics of Emergency Employment Programs in Argentina (1993 – 2002)," *Latin American Research Review*, Vol. 42, No. 2, 2007.

Giri, Mukund, "Sikkim: Politics of Inclusiveness and One – Party Dominance," *Economic and Political Weekly*, Vol. 44, No. 39, 2009.

Golden, Miriam, and Brian Min, "Distributive Politics around the World," *Annual Review of Political Science*, Vol. 16, 2013.

Gowda, M. V. Rajeev, and E. Sridharan, "Reforming India's Party Financing and Election Expenditure Laws," *Election Law Journal: Rules, Politics, and Policy*, Vol. 11, No. 2, 2012.

Gulati, Ashok, Surbhi Jain and Nidhi Satija, "Rising Farm Wages in India —The 'Pull' and 'Push' Factors," *Journal of Land and Rural Studies*, Vol. 2, No. 2, 2014.

Gulzar, Saas, and Benjamin J. Pasquale, "Politicians, Bureaucrats, and Development: Evidence from India," *American Political Science Review*, Vol. 111, No. 1, 2017.

Gupta, Dipankar, "Whither the India Village: Culture and Agriculture in 'Rural' India," *Economic and Political Weekly*, Vol. 40, No. 8, 2005.

Gupta, P., "Lok Sabha Elections in Andhra Pradesh: A Tale of Two States," *Research Journal Social Sciences*, Vol. 22, No. 2, 2014.

Haragopal, G., "The Telangana People's Movement: The Unfolding Political Culture," *Economic and Political Weekly*, Vol. 45, No. 42, 2010.

Hicken, Allen, "Clientelism," *Annual Review of Political Science*, Vol. 14, No. 1, 2011.

Huber, John D., and Pavithra Suryanarayan, "Ethnic Inequality and the Ethnification of Political Parties: Evidence from India," *World Politics*, Vol. 68, No. 1.

Imbert, Clément, and John Papp, "Labor Market Effects of Social Programs: Evidence from India's Employment Guarantee," *American Economic Journal: Applied Economics*, Vol. 7, No. 2, 2015.

Ishiyama, John T, "Party Organization and the Political Success of the Communist Successor Parties," *Social Science Quarterly*, Vol. 82, No. 4, 2001.

Jaffrelot, Christophe, and Gilles Verniers, "Re – Nationalization of India's Political Party System or Continued Prevalence of Regionalism and Ethnicity?" *Asian Survey*, Vol. 51, No. 6, 2011.

Jakimow, Tanya, "Breaking the Backbone of Farmers: Contestations in a Rural Employment Guarantee Scheme," *Journal of Peasant Studies*,

Vol. 41, No. 2, 2014.

Jena, B. B. "Orissa Politics," *The Indian Journal of Political Science*, Vol. 55, No. 3, 1994.

Jha, Nalini Kant, "Paradox of Indian Politics: Backward Elite, Forward Mass," *The Indian Journal of Political Science*, Vol. 62, No. 2, 2001.

Joshi, Devin K., "The Impact of India's Regional Parties on Voter Turnout and Human Development," *Journal of South Asian Development*, Vol. 7, No. 2, 2012.

Kale, Sunila S., "Democracy and the State in Globalizing India: A Case Study of Odisha," *India Review*, Vol. 12, No. 4, 2013.

Keefer, Philip, and Stuti Khemani, "Why Do the Poor Receive Poor Services?" *Economic and Political Weekly*, Vol. 40, No. 6, 2004.

Kitschelt, Herbert, "Linkages between Citizens and Politicians in Democratic Politics," *Comparative Political Studies*, Vol. 33, No. 1, 2000.

Kochanek, Stanley A., "Brieacase Politics in India: The Congress Party and the Business Elite," *Asian Survey*, Vol. 27, No. 12, 1987.

Kohli, Atul, "The NTR Phenomenon in Andhra Pradesh: Political Change in a South Indian State," *Asian Survey*, Vol. 28, No. 10, 1988.

Kokab, Rizwan Ullah, and Mahboob Hussain, "Challenges of Separatism in East Pakistan and Tamil Nadu: Comparative Appraisal of Political Leadership," *A Research Journal of South Asian Studies*, Vol. 31, No. 1, 2016.

Krishnaraj, Maithreyi, Divya Pandey and Aruna Kanchi, "Does EGS Require Restructuring for Poverty Alleviation and Gender Equality?" *Economic and Political Weekly*, Vol. 39, No. 16, 2004.

Kumar, Ashutosh, "Electoral Politics in Indian Punjab," *South Asia Research*, Vol. 37, No. 1, 2017.

Kumar, K., "Confronting Extractive Capital: Social and Environmental Movements in Odisha," *Economic and Political Weekly*, Vol. 49, No. 14, 2014.

Kumar, S. Nagesh, "Second Thoughts in Andhra Pradesh," *Frontline*,

Vol. 15, No. 26, 1999.

Lehne, J., J. N. Shapiro and O. Vanden Eynde, "Building Connections: Political Corruption and Road Construction in India," *Journal of Development Economics*, Vol. 131, 2018.

Maiorano, Diego Upasak, Das and Silvia Masiero, "Decentralisation, Clientelism and Social Protection Programs: A Comparative Study of India's MGNREGA," *Oxford Development Studies*, Vol. 46, No. 4, 2018.

Maiorano, Diego, "Politics of the Mahatma Gandhi National Rural Employment Guarantee Act in Andhra Pradesh," *World Development*, Vol. 58, 2014.

Maiorano, Diego, Suruchi Thapar – Björkert and Hans Blomkvist, "The Paradoxes of Empowerment: Gendering NREGA in the Rural Landscape of India," *Development in Practice*, Vol. 26, No. 1, 2016.

Manor, James, "An Odisha Landslide Buries both National Parties: Assessing the State and Parliamentary Elections of 2014," *Contemporary South Asia*, Vol. 23, No. 2, 2015.

Manor, James, "How and Why Liberal and Representative Politics Emerged in India," *Political Studies*, Vol. 38, No. 1, 1990.

Manor, James, "What Do They Know of India Who Only India Know? The Use of Comparative Politics," *Journal of Commonwealth and Comparative Politics*, Vol. 45, No. 4, 2010.

Mehta, Soumya Kapoor and Yamini Aiyar, "Spectators or Participants? Effects of Social Audits in Andhra Pradesh," *Economic and Political Weekly*, Vol. 50, No. 7, 2015.

Misra, Surya Narayan, "Naveen Patnaik Authors a New Chapter for Orissa," *Economic and Political Weekly*, Vol. 14, No. 39, 2009.

Mitra, Subrata Kumar, "Room to Maneuver in the Midldle: Local Elites, Political Action, and the State in India," *World Politics*, Vol. 43, No. 3, 1991.

Mohanty, Manoranjan, "Orissa Elections and Kalahandi's Tularam," *Economic and Political Weekly*, Vol. 33, No. 5, 1998.

Mohapatra, Bishnu N. , "Elections and Everyday Politics: Local Narratives of a National Event," *Economic and Political Weekly*, Vol. 35, No. 4, 2000.

Morris – Jones, W. H. , "Dominance and Dissent: Their Inter – Relations in the Indian Party System," *Government and Opposition*, Vol. 1, No. 4, 1966.

Mukherji, Rahul, Seyed Hossein Zarhani and K. Raju, "State Capacity and Welfare Politics in India: Implementing the Mahatma Gandhi National Rural Employment Guarantee Scheme in Undivided Andhra Pradesh," *Indian Journal of Human Development*, Vol. 12, No. 2, 2018.

"Obituary: Biju Patnaik," *The Economist*, Vol. 343, No. 8014, 1997.

Palshikar, Suhas, and S. Kumar, "Participatory Norms: How Broad Based Is It?" *Economic and Political Weekly*, Vol. XXXIX, No. 51, 2004.

Panda, Prasant Kumar, "Central Fiscal Transfers and States' Own – Revenue Efforts in India: Panel Data Models," *The Journal of Applied Economic Research*, Vol. 3, No. 3, 2009.

Panwar, Namrata, "Explaining Cohesion in an Insurgent Organization: The Case of the Mizo National Front," *Small Wars & Insurgencies*, Vol. 28, No. 6, 2017.

Patel, Sujata, "Baliapal Agitation: Socio – Economic Background," *Economic and Political Weekly*, Vol. 24, No. 12, 1989.

Patnaik, Prabhat, "Trends of Centre – State Relations in India under the Neo – Liberal Regime," *Studies in People's History*, Vol. 5, No. 1, 2018.

Pattanaik, Smruti S. , "Federalising India's Neighbourhood Policy: Making the States Stakeholders," *Strategic Analysis*, Vol. 38, No. 1, 2014.

Rath, Nilakantha, "Economic Origin of Regional and Caste Parties," *Economic and Political Weekly*, Vol. 47, No. 30, 2012.

Ray, Amal, "Sub – Regional Politics and Elections in Orissa," *Economic and Political Weekly*, Vol. 9, No. 49, 1974.

Reddy, G. Krishna, "New Populism and Liberalisation: Regime Shift under Chandrababu Naidu in AP," *Economic and Political Weekly*, Vol. 37,

No. 9, 2002.

Reddy, M. Gopinath, "Status of Decentralised Local Bodies: Post – 73rd Amendment Scenario," *Economic and Political Weekly*, Vol. 38, No. 12/13, 2003.

Rose, Richard, "Comparing Forms of Comparative Analysis," *Political Studies*, Vol. 39, No. 3, 1991.

Routledge, Paul, "Geopoetics of Resistance: India's Baliapal Movement," *Alternatives*, Vol. 25, No. 3, 2000.

Roy, Indrajit, "Reserve Labor, Unreserved Politics: Dignified Encroachments under India's National Rural Employment Guarantee Act," *The Journal of Peasant Studies*, Vol. 41, No. 4, 2014.

Roy, Ramashray, "BJP's Emergency as Third Force in Orissa," *Economic and Political Weekly*, Vol. 32, No. . 44 – 45, 8 – 14, November 1997.

Saxena, N. C. , "Rural Poverty Reduction through Centrally Sponsored Schemes," *Indian J Med Res*, Vol. 126, 2007.

Singh, N. Somorendro, "Integration and Development in North – East India: An Assessment," *The Indian Journal of Political Science*, Vol. 67, No. 2, 2006.

Somjee, A. H. , "Voting Behavior in an Indian Village," *Political Science Series*, No. 2, 1959.

Sridharan, Eswaran, "Coalitions and Party Strategies in India's Parliamentary Federation," *Publius*, *Vol.* 33, No. 4, 2003.

Sridharan, Eswaran, "Coalition Strategies and the BJP 's Expansion, 1989 – 2004," *Commonwealth & Comparative Politics*, Vol. 43, No. 2, 2005.

Sridharan, Eswaran, "Coalitions and Party Strategies in India's Parliamentary Federation," *The Journal of Federalism*, Vol. 33, No. 4, 2003.

Srinivas, M. N. , "The Dominant Caste in Rampura," *American Anthropologist*, Vol. 61, No. 1, February 1959.

Srinivasulu, K. , "Political Articulation and Policy Discourse in the 2004 Election in Andhra Pradesh," *Economic and Political Weekly*, Vol. 39, No. 34, 2004.

Stepan, Alfred, "Federalism and Democracy: Beyond the US Model," *Journal of Democracy*, Vol. 10, No. 4, 1999.

Subramanyam, P. and B. V. Chalapathi, "Regional Political Party in Andhra Pradesh," *The Indian Journal of Political Science*, Vol. 67, No. 3, 2006.

Sud, Nikita, "The State in the Era of India's Sub – National Regions: Liberalization and Land in Gujarat," *Geoforum*, Vol. 51, 2014.

Suri, K. C., "Telugu Desam Party: Rise and Prospects for Future," *Economic and Political Weekly*, Vol. 39, No. 14/15, 2004.

Suri, K. C., Carolyn Elliott and David Hundt, "Democracy, Governance and Political Parties in India: An Introduction," *Studies in Indian Politics*, Vol. 4, No. 1, 2016.

Suri, K. C., P. Narasimha Rao and V. Anji Reddy, "Andhra Pradesh: A Vote for Status Quo?" *Economic and Political Weekly*, Vol. 50, No. 23, 2009.

Swenden, Wilfried, "Centre – State Bargaining and Territorial Accommodation: Evidence from India," *Swiss Political Science Review*, Vol. 22, No. 4, 2016.

Thomas, Jayan Jose, "India's Labour Market during the 2000s," *Economic and Political Weekly*, Vol. 47, No. 51, 2012.

Tillin, Louise, "Regional Resilience and National Party System Change: India's 2014 General Elections in Context," *Contemporary South Asia*, Vol. 23, No. 2, 2015.

Tillin, Louise, "National and Subnational Comparative Politics: Why, What, and How," *Studies in Indian Politics*, Vol. 1, No. 2, 2013.

Torri, Michelguglielmo, "The 'Modi Wave': Behind the Results of the 2014 General Elections in India," *The International Spectator*, Vol. 50, No. 2, 2015.

Veeraraghavan, R., "Strategies for Synergy in a High Modernist Project: Two Community Responses to India's NREGA Rural Work Program," *World Development*, Vol. 99, 2017.

Verniers, Gilles, and Christophe Jaffrelot, "The Reconfiguration of

India's Political Elite: Profiling the 17th Lok Sabha," *Contemporary South Asia*, Vol. 28, No. 2, 2020.

Washbrook, David, "Country Politics: Madras 1880 to 1930," *Modern Asian Studies*, Vol. 7, 1973.

Wendy Olsen, K., "Eat Now Pay Later: Impact of Rice Subsidy Scheme," *Economic and Political Weekly*, Vol. 24, No. 28, 1989.

Ziegfeld, Adam, "Coalition Government and Party System Change: Explaining the Rise of Regional Political Parties in India," *Comparative Politics*, Vol. 45, No. 1, 2012.

Holla, Chinmaya U., "Welfare Implications of Regional Parties and National Parties in India: A Comparative Analysis," Master, Public Policy Dissertation, Georgetown University, 2017.

Sastry, K. Ramaswamy, "Social Background of the Dravida Munnetra Kazhagam (DMK) Legislative Elite," Master, University of New Brunswick, 1978.

Srivastava, Saraswathi, "The Pattern of Political Leadership in Emerging Areas: A Case Study of Uttar Pradesh," Ph. D, Banaras Hindu University, 1969.

（二） 报告和文件

"Assessment of Micro – Macro Linkages in Poverty Alleviation: South Asia," United Nations Development Programme Evaluation Office, 2003.

Bardhan, Pranab, and Dilip Mookherjee, "Political Clientelism and Capture: Theory and Evidence from West Bengal, India," United Nations University WIDER Working Paper 2012/97, 2012.

Biswas, R. and S. Marjit, "Political Lobbying and Discretionary Finance in India: An Aspect of Regional Political Influence in a Representative Democracy," Centre for Studies in Social Sciences, Kolkata, 2000.

"Chapter 2 – Performance Reviews Relating to Government Companies," in Audit Reports: Comptroller and Auditor General of India, Government of India, 2010, https://saiindia.gov.in/sites/default/files/audit_report_files/Odisha_Civil_2010_Chapter_2.pdf.

Desai, Ashok, "The Economics and Politics of Transition to an Open Market Economy: India," IDEAS Working Paper Series from RePEc, 1999.

"Economic Survey 2001 – 2002," Ministry of Finance, Government of India, https: //mof. gov. np/uploads/document/file/Economic% 20Survey% 202001 – 02_20141224061835. pdf.

"Evaluation of Rural Development Schemes in Gonda District," Planning Commission of India, http: //planningcommission. nic. in/reportsf. htm.

"FAQs – Registration of Political Parties," Election Commission of India, http: //eci. nic. in/eci_main1/RegisterationPoliticalParties. aspx.

Ferraz, Claudio, and Frederico Finan, "Electoral Accountability and Corruption: Evidence from the Audits of Local Governments," NBER Working Paper, 2009.

Ministry of Mines, "Annual Report, 2010 – 11," New Delhi: Government of India, 2011.

Nayak, Radhika, N. C. Saxena and John Farrington, "Reaching the Poor: The Influence of Policy and Administrative Process on the Implementation of Government Poverty Scheme in India," ODI Working Paper No. 175, September, 2002.

"Overview of Rural Decentralization in India, Volume II," Washington, D. C. : World Bank, 2000.

"Panchayati Raj and Natural Resources Management: How to Decentralize Management over Natural Resources, Karnataka: Situation Analysis and Literature Review," Working Document, Oversea Development Institute, 2002.

"Poverty and Shared Prosperity 2018: Piecing Together the Poverty Puzzle – Frequently Asked Questions," World Bank Brief, September 19, 2018, https: //www. worldbank. org/en/research/brief/poverty – and – shared – prosperity – 2018 – piecing – togethe – the – poverty – puzzle – frequently – asked – questions.

Radhakrishna, R. , K. Subbarao, S. Indrakant and C. Ravi, "India's Public Distribution System: A National and International Perspective," World

Bank Discussion Paper, Washington, D. C. : The World Bank, 1997.

"Rajya Sabha – An Introduction," Parliament of India, Rajya Sabha, https: //rajyasabha. nic. in/rsnew/about_parliament/rajya_sabha_introduction. asp#top.

Rao, M. Govinda and Nirvikar Singh, "The Political Economy of Center – State Fiscal Transfers in India," Working Paper No. 107, Center for International Development, Stanford University, 2001.

Rao, M. Govinda, "Central Transfers to States in India Rewarding Performance While Ensuring Equity," New Delhi: National Institute of Public Finance and Policy, 2017.

Rattaiah, Gadde Peda, "Organisations Processes and Changing Power Relations: A Study of UNDP Aided Project Area Kurnool DT, AP," University of Hyderabad, 2012, http: //hdl. handle. net/10603/105301.

"ST & SC Develpment, Minorities & Backward Class Welfare Department, About the Department," Government of Orissa, http: //www. stscodisha. gov. in/Aboutus. asp? GL = abt&PL = 1.

Suri, K. C. , "Democratic Process and Electoral Politics in Andhra Pradesh, India," London: Overseas Development Institute, 2002.

（三） 数据库

"Archive of General Election 2014 and 2019," Election Commission of India, https: //eci. gov. in/statistical – report/statistical – reports/.

"Election Results – Full Statistical Reports: Statistical Reports of General Elections to Lok Sabha," Election Commission of India, 1951 – 2019, https: //eci. gov. in/statistical – report/statistical – reports/.

"Election Results – Full Statistical Reports: Statistical Reports of General Elections to State Legislative Assembly (Vidhansabha)," Election Commission of India 1951 – 2019, https: //eci. gov. in/statistical – report/statistical – reports/.

"Global MPI 2018," Oxford Poverty & Human Development Initiative, https: //ophi. org. uk/multidimensional – poverty – index/global – mpi – 2018/.

"National Election Survey Questionnaires," CSDS Data Unit, http: //

www. lokniti. org/national – election – studies. php.

"Number and Percentage of Population Below Poverty Line (2011 – 2012)," Reserve Bank of India, 2015, https: //www. rbi. org. in/SCRIPTs/PublicationsView. aspx? id = 16603.

"Party Wise Performance and List of Party Participated 2014," Election Commission of India, http: //eci. nic. in/eci_main1/GE2014/Party_Contested_GE_2014. xlsx.

"PC Elections (Lok Sabha)," India Votes, 2019, https: //www. indiavotes. com/.

"Population Census 2011," Census Organization of India, 2011, https: //www. census2011. co. in/.

"Sixteenth Lok Sabha: Party – Wise Representation of Members," Parliament of India, Lok Sabha, http: //164. 100. 47. 194/loksabha/Members/PartyWiseStatisticalList. aspx.

"State/UT Wise Seats in the Lok Sabha and their Reservation Status," Election Commission of India, http: //eci. nic. in/eci _ main1/seats _ of _ loksabha. aspx.

"Statistical Profile of Scheduled Tribes in India," Ministry of Tribal Affairs, Government of India 2013.

（四） 报道和网络资料

Agrawal, Nisha, "Inequality In India: What's The Real Story?" World Economic Forum, October 4, 2016, https: //www. weforum. org/agenda/2016/10/inequality – in – india – oxfam – explainer/.

Ahmed, Hilal, and Gyanaranjan Swain, "Post – Poll Survey: Naveen's Track Record Helps to Overcome BJP Blitz in Odisha," *The Hindu*, May 28, 2019, https: //www. thehindu. com/elections/lok – sabha – 2019/naveens – track – record – helps – to – overcome – bjp – blitz/article27267792. ece.

Ashraf, Syed Firdaus, "Charismatic Leaders Do Not Need any Ideology," Rediff , April, 1997, http: //www. rediff. com/news/apr/17biju1. htm.

Bhatia, Gurman, Simon Scarr and Subrat Patnaik, "Drugs, Gold, Cash and Alcohol: Counting the Gifts that were Meant to Buy Votes," Reuters,

May 25, 2019, https: //graphics. reuters. com/INDIA – ELECTION – SEIZURES/010091DS1ZW/index. html.

"Biju Patnaik Dead," Rediff, April 18, 1997, http: //www. rediff. com/news/apr/17biju. htm.

"BJP Ends Alliance with PDP in J&K: Top Developments," *Times of India*, January 19, 2018, https: //timesofindia. indiatimes. com/india/bjp – ends – alliance – with – pdp – in – jk – top – developments/articleshow/64653373. cms.

"Chief Minister Seeks Japan's Help to Do a Tokyo in Amaravati," *The New Indian Express*, July 13, 2017, http: //www. newindianexpress. com/states/andhra – pradesh/2017/jul/13/chief – minister – seeks – japans – help – to – do – a – tokyo – in – amaravati – 1627989. html.

D'souza, Shanthie Mariet, "All India Dravidian Progressive Federation," Encyclopedia Britannica, https: //www. britannica. com/topic/All – India – Dravidian – Progressive – Federation.

Dash, Preeti Pratishruti, and Abinash Dash Choudhury, "More Ally Than Enemy: BJP and BJD's Strange Connection in Odisha," *The Wire*, August 16, 2019, https: //thewire. in/government/more – ally – than – enemy – bjp – and – bjds – strange – connection – in – odisha.

Devulapalli, Rahul, "Congress – TDP Split: Too Late to Reverse the Effect?" The Week, January 24, 2019, https: //www. theweek. in/news/india/2019/01/24/congress – tdp – split – too – late – to – reverse – the – effect. html.

"Half of AP BJP is TDP Faction, Says Lakshmi Parvathi," *Times of India*, August 29, 2019, https: //timesofindia. indiatimes. com/city/visakhapatnam/half – of – ap – bjp – is – tdp – faction – says – lakshmi – parvathi/articleshow/70882377. cms.

Harris, Gardiner, "Maverick Minister in India is as Perplexing as she is Powerful," *New York Times*, September 20, 2012, https: //cn. nytimes. com/world/20120920/c20delhi/dual/.

"How TDP Quitting will Affect NDA: 10 Points," *Times of India*, March

16, 2018, https: //timesofindia. indiatimes. com/india/tdp – pulls – out – of – coalition – a – look – at – the – bjp – led – nda – governments – numbers/articleshow/63326980. cms.

"Industry Attracted to Orissa: CM," *Times of India*, September 2, 1980.

Jha, Ajay, and Chief Correspondent, "Haryana Vikas Party Announces Merger with Congress," Culf News, October 15, 2004, https: //gulfnews. com/world/asia/india/haryana – vikas – party – announces – merger – with – congress – 1. 335702.

Krishnan, Revathi, "How Political Elites are Placed in India Today, and their Impact on State Capacity," The Print, March 3, 2020, https: // theprint. in/india/how – political – elites – are – placed – in – india – today – and – their – impact – on – state – capacity/375074/.

Kumaresan, S., "AIADMK Ditches BJP in 1999, DMK Makes Ties," *The New Indian Express*, March 12, 2019, https: //www. newindianexpress. com/states/tamil – nadu/2019/mar/12/aiadmk – ditches – bjp – in – 1999 – dmk – makes – ties – 1949968. html.

Lasania, Yunus Y., "TDP is Likely to Rekindle Alliance with BJP in Andhra Pradesh," *The Siasat Daily*, July 21, 2020, https: //www. siasat. com/tdp – is – likely – to – rekindle – alliance – with – bjp – in – andhra pradesh – 1927065/.

"Maharashtrawadi Gomantak Party: All you Need to Know about the Kingmaker Party in Goa," *The India Express*, March 11, 2017, https: //indianexpress. com/elections/goa – assembly – elections – 2017/maharashtrawad i – gomantak – party – all – you – need – to – know – about – the – kingmak er – party – in – goa/.

Mariappan, Julie, "AIADMK Firm on Two – Language Policy," *Times of India*, September 14, 2019, https: //timesofindia. indiatimes. com/city/chennai/aiadmk – firm – on – two – language – policy/articleshow/71127220. cms.

Misra, Satish, "Regional Parties and India Politics," Observer Research Foundation, October 7, 2016, https: //www. orfonline. org/expert – speak/regional – parties – indian – politics/.

"Naveen Patnaik Meets PM Modi, Requests Special Category Status for Odisha after Cyclone Fani," *The Indian Express*, June 11, 2019, https: //indianexpress. com/article/india/naveen – patnaik – meets – pm – modi – requests – special – category – status – for – odisha – after – cyclone – fani – 5774716/.

Nichenametla, Prasad, "TDP Back in NDA, Ties up with BJP for Andhra Polls," *Hindustan Times*, https: //www. hindustantimes. com/india/tdp – back – in – nda – ties – up – with – bjp – for – andhra – polls/story – QpiQQCTLhk1H8bfcOlrY4I. html.

Panda, Sitakanta, "Why does Odisha Love Naveen Patnaik?" *The New Indian Express*, May 24, 2019, https: //www. newindianexpress. com/states/odisha/2019/may/24/why – does – odisha – love – naveen – 1981119. html.

Paul, Sonia, "The Politics of Gift Giving in India," *The New York Time*, April 30, 2014, https: //india. blogs. nytimes. com/2014/04/30/the – politics – of – gift – giving – in – india/.

Radhakrishna, G. S., "Factionalism, Violence and Politics in Andhra Pradesh's Rayalaseema," *The Wire*, March 31, 2017, https: //thewire. in/politics/rayalaseema – politics – andhra – pradesh.

Sagar, "The Brahmin – Kayastha Hegemony has Overridden Political Social Justice in Odisha," The Caravan, May 21, 2019, https: //caravanmagazine. in/politics/brahmin – kayastha – hegemony – re.

Sircar, N., "How Political Parties Choose their Candidates to Win Elections," *Hindustan Times*, March 26, 2018, https: //www. hindustantimes. com/opinion/how – political – parties – choose – their – candidates – to – win – elections/story – 26nqJKdMEQfYm8Uq29tbwJ. html.

St Das, Anand, "Naveen Patnaik Set to Make History as Odisha Hands Him Power for a Record Fifth Straight Term," News 18, May 23, 2019, https: //www. news18. com/news/politics/naveen – patnaik – set – to – make –

history – as – odisha – hands – him – power – for – a – record – fifth – straight – term –2156905. html.

"The Real Politics behind TDP's Pullout, And Why Modi Can't Give What Chandrababu Naidu Wants," *The Economic Times*, March 8, 2008, https: //economictimes. indiatimes. com/news/politics – and – nation/tdp – versus – bjp – everything – you – should – know – about – the – andhra – tussle/articleshow/63215064. cms.

Uttam, Kumar, "BJP – TDP Alliance Did Not Come Easy," *Hindustan Times*, https: //www. hindustantimes. com/india/bjp – tdp – alliance – did – not – come – easy/story – iy6IOKsNgH1x6BN9KXiOQI. html.

Vaishnav, Milan, and Neelanjan Sircar, "The Rural/Urban Divide Dies out," Carnegie Endowment for International Peace, April 3, 2014, https: //carnegieendowment. org/posts/2014/04/the – ruralurban – divide – dies – out? lang = en.

Venkateshwarlu, K., "News Analysis: How the TDP – BJP Marriage of Convenience Broke," *The Hindu*, March 8, 2018, https: //www. thehindu. com/news/national/andhra – pradesh/news – analysis – how – the – tdp – bjp – marriage – of – convenience – broke/article22982324. ece.

"What is Special Category Status and Why Andhra Pradesh Wants it," *Times of India*, March 16, 2018, https: //timesofindia. indiatimes. com/india/what – is – special – category – status – and – why – andhra – pradesh – wants – it/articleshow/63328026. cms.

"'You Are Senior in Stabbing your own Father – in – Law in Back': PM Modi Turns Chandrababu Naidu's Jibe on its Head," DNA, https: //www. dnaindia. com/india/photo – gallery – you – are – senior – in – stabbing – your – own – father – in – law – in – back – pm – modi – turns – chandrababu – naidu – s – jibe – on – its – head –2718310.

后　记

本书是在我的博士论文基础上进行修改扩充后的成果，主要内容写于2018—2021年。在2014年和2019年的两次印度大选中，印人党在人民院的议席占比均过半数，其在中央的执政空前强势，不依赖与地区性政党进行联合。面对如此强大的国家政党，地区性政党在印度政治中的影响力相对回落。然而，在本书即将出版之际，印度2024年的新一轮大选结果将印度再次带回“悬浮议会”时代，印人党虽然获得了相对多数的人民院议席，却未能独自过半，这导致印人党在中央执政需依靠其地区性政党盟友支持。而此次大选后，印人党最重要的地区性政党盟友正是泰卢固之乡党，它是印人党主导的政党联盟中赢得人民院议席最多的地区性政党，它还在同期举行的安得拉邦邦议会选举中获胜，赢得了该邦执政权。在印人党未来的执政中，泰卢固之乡党的支持必不可少。此次大选，国大党同样依靠数个强大的地区性政党组成了新的反对党联盟——印度国家发展包容性联盟，该联盟在此次大选中赢得的人民院议席有一半以上是地区性政党获得的。未来，在野的国大党将比过去任何时候都依赖地区性政党盟友的支持。整体而言，印度政治中地区性政党的影响力将持续存在，地区性政党是研究印度政治不可规避的话题。

印度哲学家吉杜·克里希那穆提说过，“我们必须把无数的复杂变成简单；我们必须在我们的内在生活和外在需求上变得简单”。这本关于印度地方政治和地区性政党的拙作，期望的就是从印度政治纷繁复杂的现实中凝练出一些简单的逻辑和道理。虽然未能达到印度哲学家所说的此种境界，但在各位师长、家人和朋友的热心帮助和关心之下，这本拙作付梓出版，对此我十分感激。

首先，我要感谢的是我的导师王联教授。王老师在学术上给了我耐心细致的指导，他正直、真诚、谦逊的为人成为了我的人生榜样，在他身上我不但学到了专业知识，也学到了作为一个学者应有的品德。在王老师的关心和帮助之下，我才能够如此顺利地完成我的博士研究生学业。同时万分感谢在读博期间给我帮助和指导的各位老师。特别感谢韩华老师对我学习生涯的帮助、支持以及在我论文研究中给予的意见，同时感谢陈绍峰、节大磊、孔凡君、李颖、梁云祥、刘莲莲、钱雪梅、王旭、韦民、项左涛、叶海林等各位老师给予我的帮助以及在我论文研究各个阶段提出的宝贵意见。陈利君、毛悦、许娟、杨思灵、张晓东、庄弘泰等各位南亚学界的长辈、知己和同仁们给予我的关心、鼓励与支持也让我十分感激。

其次，感谢时事出版社这个平台，感谢出版社编辑的辛苦付出。同时也非常感谢北京外国语大学的出版资助，该资助对于我这样刚刚踏进学术圈、开启学术生涯的青年学者万分宝贵。同时，本书的出版也得益于北京外国语大学区域与全球治理高等研究院的领导和同事的关心支持。

再次，这本拙作之所以能付梓出版，很大程度上得益于我在美国哈佛大学和印度尼赫鲁大学的学习、调研和资料搜集工作。感谢哈佛—燕京学社南亚研究项目的慷慨资助，也感谢哈佛—燕京学社的裴宜理、李若虹老师对南亚研究项目的支持，感谢我的合作导师叶敏教授的启发、鼓励和支持。还要特别感谢哈佛大学南亚系的 Richard Delacy 老师破例让我旁听印地语课程以及对我的印地语启蒙，以及万分感谢哈佛—燕京学社的工作人员 Susan Scott、James Flaherty、Lindsay Strogatz 和 Francesca Coppola。在新冠疫情肆虐的 2020 年，是他们热心周到的帮助和辛勤工作才使我能够在美国顺利完成访学并平安回到祖国。同时，也非常感谢我在印度尼赫鲁大学的合作导师 T. C. Suresh，他对我的研究和在印度的访学都给予了很大的帮助。

最后，我要特别感谢我的家人。多年来，是父母的开明和鼓励才使我渡过了一个又一个的难关；是父母为我撑起了在学术道路上不断探索的空间与时间；是父母在背后的支持，才让我不论处在世界的哪个角落、不论面对任何困难，都有足够的勇气走下去，感激他们对我的支持、鼓励和辛勤付出！除此之外，在我完成这本著作的岁月里，最幸运和最幸福的事是遇到了我的妻子，她的支持、陪伴与鼓励是我继续前行的动力!

本书尚有不足，它更多的是为印度地方政治和地区性政党的研究提供了一个视角、一种思路。未来，希望自己在今后的研究工作中，以该著作为基础，不断加深对印度政治和政党的研究，对其进行完善与提升。

2024 年 7 月 3 日

于北京外国语大学

图书在版编目（CIP）数据

印度政治中的地区性政党：分配、联盟与精英 / 童宇韬著. -- 北京：时事出版社，2025. 3. -- ISBN 978-7-5195-0635-3

Ⅰ. D735.164

中国国家版本馆 CIP 数据核字第 2024307JW2 号

出版发行：时事出版社
地　　址：北京市海淀区彰化路 138 号西荣阁 B 座 G2 层
邮　　编：100097
发行热线：（010）88869831　88869832
传　　真：（010）88869875
电子邮箱：shishichubanshe@sina.com
印　　刷：北京良义印刷科技有限公司

开本：787×1092　1/16　印张：17　字数：265 千字
2025 年 3 月第 1 版　2025 年 3 月第 1 次印刷
定价：160.00 元
（如有印装质量问题，请与本社发行部联系调换）